21 世纪全国高职高专旅游系列规划教材

# 旅游法规案例教程

主　编　王志雄
副主编　成宏峰　王艳文
参　编　李　鑫　宋丽丽　刘剑锋
　　　　王卫涛　吴爱芹
主　审　康晓燕

北京大学出版社
PEKING UNIVERSITY PRESS

## 内容简介

本书是高职高专旅游专业的专业基础课“旅游法律法规”的案例辅助教材，紧紧围绕旅游业相关法律法规及规范性文件，选取旅游业新近发生的典型案例作分析对象，以旅游法律法规条文为分析基础，以学界通行的法学理论为法理支撑，用通俗易懂的语言分析旅游案例，以案说法、以法析理，着力分析了旅游业基础法律知识和重点法条。

本书选材真实新颖、分析浅显易懂、体例完整充实、紧跟教学需求，以高职高专旅游类专业学生为主要读者对象，可作为考前辅导用书服务于导游人员资格考试的报考人员。


**图书在版编目(CIP)数据**

旅游法规案例教程/王志雄主编. —北京：北京大学出版社，2012.1

(21 世纪全国高职高专旅游系列规划教材)

ISBN 978-7-301-19932-9

Ⅰ. ①旅… Ⅱ. ①王… Ⅲ. ①旅游业—法规—案例—中国—高等职业教育—教材 Ⅳ. ①D922.296.05

中国版本图书馆 CIP 数据核字(2011)第 265157 号

**书　　名**：旅游法规案例教程
**著作责任者**：王志雄　主编
**策 划 编 辑**：刘国明　李　辉
**责 任 编 辑**：李　辉
**标 准 书 号**：ISBN 978-7-301-19932-9/D・3018
**出　版　者**：北京大学出版社
**地　　址**：北京市海淀区成府路 205 号　100871
**网　　址**：http://www.pup.cn　http://www.pup6.cn
**电　　话**：邮购部 62752015　发行部 62750672　编辑部 62750667　出版部 62754962
**电 子 邮 箱**：pup_6@163.com
**印　刷　者**：河北滦县鑫华书刊印刷厂
**发　行　者**：北京大学出版社
**经　销　者**：新华书店

787mm×1092mm　16 开本　18.25 印张　426 千字

2012 年 1 月第 1 版　2012 年 1 月第 1 次印刷

**定　　价**：36.00 元

# 前　言

在我国职业教育蓬勃发展的大背景下，高等职业教育迎来了前所未有的发展机遇，尤其是近年来高职高专院校人才培养工作评估提供的契机，高等职业教育教学改革工作也向纵深发展，高职高专院校办学理念和人才培养模式均发生了明显改变。按照教育部[2006]16 号《关于全面提高高等职业教育教学质量的若干意见》的精神，高等职业教育主要培养“以服务为宗旨，以就业为导向，走产学结合发展道路，培养高素质技能型专门人才”，这是对高职教育人才培养目标的清晰界定。在此指导下，我国高职院校大力推行“校企合作，工学结合”的人才培养模式，积极探索“工学交替、任务驱动、项目导向、顶岗实习”教学新模式，同时配套开展高职教材改革与建设工作，取得了可喜的成绩。就教材建设而言，高职教材目前种类、数量繁多，涉及的学科领域比较全面，在“量”上有了巨大突破，但“质”上依然相对滞后，不能较好适应教学需要和市场需求，理论偏重、内容偏旧、特色不明、定位不准、缺乏实操、重复建设、内容与职业资格证书制度缺少有效衔接等问题依然很突出。因此，加快建设一大批教师爱教、学生爱学、市场适应性强的特色教材、精品教材仍旧是高职教材建设的重要任务。

“旅游法律法规”(部分省市称为“旅游政策与法规”)是旅游管理类专业的一门专业基础课程，更是全国导游人员资格考试的必考科目，在教学和考试中的重要性不言而喻。近年来，我国旅游法律法规的教材建设也取得了丰硕成果，出版发行数量可观，基本涵盖了本科、专科(高职)、中专等不同学历层次，覆盖了学历教育、非学历教育、培训教育等不同教育类型，既有课堂教学教材，又有考试辅导教材，辐射面较广。鉴于旅游法律法规知识本身的逻辑性、理论性、抽象性较强，可实际操作的内容不是很多，因而这些教材多未对相关理论和法条进行系统介绍与说明，较为枯燥与抽象。虽然法律事务与人们的生活息息相关，但学生们学习起来依旧颇为吃力，这从全国导游人员资格考试的成绩和通过率可以看出，笔者多年的从教经历对此也有切身感受。实践证明，缺乏鲜活的案例、没有配套的案例教学、不进行大量的案例分析训练，旅游法律法规教学就很难达到应有之效果，学生也难以熟练掌握所学旅游法律知识，准确分析和解决旅游法律纠纷。因此，开发和建设与旅游法律法规同步配套的《旅游法规案例教程》显得尤为重要。

目前，我国已出版的一些旅游案例分析或旅游纠纷解决方面的著作，对引导民众正确认识旅游纠纷、提高民众解决旅游纠纷的能力、增强民众的旅游法制意识等方面均起到了积极作用，对旅游法律法规教学也有不小的帮助作用。但这些著作多属普法性读物，读者对象主要针对普通民众而非院校学生，实践性有余而教学性不足，加之编著者多为行业人士，缺乏与院校的有效沟通，不很了解学生现状与教学规律，使得这些著作与院校专业教学衔接不紧，甚至脱节，对教学的帮助较为有限。

基于教学实践的需求，本书组织相关旅游院校经验丰富的旅游法教师，编写了这本《旅游法规案例教程》。本书立足于广大学生的知识现状与实际，以旅游业典型案例作分析对象，以现行有效的法律法规为分析依据，以法析理，以案说法，通过案例分析帮助学生理解、掌握法律规定，帮助考生顺利通过导游人员资格考试。与现有的教材和著作相比，本书体现了以下特点。

(1) 选材真实新颖。本书所选案例不仅典型，而且多为新近发生的真实案例，能够客观反映我国目前旅游纠纷的焦点问题和热点问题。

(2) 分析浅显易懂。本书案例分析淡化学理成分，在适当注重法言法语使用的同时，又尽量避免抽象论证，在分析中合理援引相关法律条文，用较通俗的语言使分析变得浅显易懂，有助于学生深刻理解把握法律法规的规定。

(3) 体例完整充实。本书采用模块化设计，每一节设置“案前导读”、“典型案例”、“知识拓展”、“思考与实训”模块，每一典型案例又设置了“案情介绍”、“请你思考”、“涉及法条”、“法理分析”、“处理结果”模块，体例较为完整，符合学生的学习和思维习惯，有助于学生启发思考，激发热情。

(4) 紧跟教学需求。本书定位为“旅游法律法规”的案例辅助教材，在知识结构上紧跟现行多数《旅游法律法规》，章节安排基本符合这些教材的编排，在编写同时参照了不同省份《导游人员资格考试<旅游法律法规>考试大纲》的要求，力求在点透基础知识和重点法条规定的基础上，全面适应学生的考证需求，满足学生考证辅导的需要。

本书由太原旅游职业学院王志雄任主编，太原旅游职业学院成宏峰、山西旅游职业学院王艳文任副主编，具体编写任务分工如下：序言、第 1 章和第 6 章由王志雄编写，第 2 章由山西职业技术学院商贸旅游学院宋丽丽编写，第 3 章、第 4 章由成宏峰编写，第 5 章由山东济宁职业技术学院吴爱芹编写，第 7 章由山西旅游职业学院李鑫编写，第 8 章、第 11 章由王艳文编写，第 9 章由山西职业技术学院商贸旅游学院刘剑锋编写，第 10 章由太原大学旅游系王卫涛编写。本书由王志雄最后统稿，山西省旅游局人教处康晓燕审稿。北京大学出版社编辑为本书的出版发行付出了大量心血，在此诚表谢意！在编写中，编者也参考吸收了许多前辈学者和同仁的著作与观点，在此一并致谢！

由于作者水平有限，编写时间仓促，书中不足之处在所难免，恳请广大读者批评指正。

编 者

2011 年 4 月

# 目　录

# 序　言

一、我国的旅游立法

目前普遍认为，旅游法是指调整旅游活动中各种社会关系的法律法规的总称，是旅游业发展到一定阶段的产物。旅游法随着社会经济和旅游业的发展而产生，又随着旅游业的继续发展而不断完善、健全。

改革开放以来，我国旅游业发展迅速，成为国民经济新的增长点。伴随着旅游产业的蓬勃发展，我国旅游法也经历了从无到有、从粗到细的发展历程，旅游法制建设取得了明显成就，初步建立起中国的旅游法体系。目前，我国专门针对旅游业的立法主要集中在行政法规、部门行政规章以及地方性法规3个层次上。

具体而言，由国务院制定颁布的旅游行政法规主要有《自然保护区条例》、《导游人员管理条例》、《中国公民出国旅游管理办法》、《旅行社条例》、《风景名胜区条例》五部(见表1)。由国务院下属的有关部、委、局、署等部门制定的旅游行政规章数量较多，是目前我国规范旅游业的最主要的法律规范，涉及旅游业吃、住、行、游、购、娱等各个环节和不同领域(见表2)。涉及旅游业的地方性法规为数也不少，全国各地人大和政府均颁布过此类法规，这里就不一一赘述。

**表1　现行旅游行政法规一览表**

| 序号 | 制定机关 | 规章名称 | 施行日期 | 令号 |
|---|---|---|---|---|
| 1 | 国务院 | 《自然保护区条例》 | 1994年12月1日 | 国务院令第167号 |
| 2 | 国务院 | 《导游人员管理条例》 | 1999年10月1日 | 国务院令第263号 |
| 3 | 国务院 | 《中国公民出国旅游管理办法》 | 2002年7月1日 | 国务院令第354号 |
| 4 | 国务院 | 《旅行社条例》 | 2009年5月1日 | 国务院令第550号 |
| 5 | 国务院 | 《风景名胜区条例》 | 2006年12月1日 | 国务院令第474号 |

**表2　现行主要旅游行政规章一览表**[①]

| 序号 | 制定机关 | 规章名称 | 施行日期 | 令号/文号 |
|---|---|---|---|---|
| **旅行社管理方面的规章** | | | | |
| 1 | 国家旅游局 | 《旅行社条例实施细则》 | 2009年5月3日 | 30号令 |
| 2 | 国家旅游局 | 《旅行社质量保证金存取管理办法》 | 2009年5月21日 | 旅发[2009]25号 |

[①] 此处只罗列了一些最主要的旅游行政规章，为不完全统计，截至2011年4月。

续表

| 序号 | 制定机关 | 规章名称 | 施行日期 | 令号/文号 |
|---|---|---|---|---|
| | | **旅行社管理方面的规章** | | |
| 3 | 国家旅游局<br>商务部 | 《中外合资经营旅行社试点经营出境旅游业务监管暂行办法》 | 2010年8月29日 | 33号令 |
| 4 | 国家旅游局 | 《旅行社服务质量赔偿标准》 | 2011年4月12日 | 旅办发[2011]44号 |
| | | **旅游从业人员管理方面的规章** | | |
| 5 | 国家旅游局 | 《导游人员管理实施办法》 | 2002年1月1日<br>2005年6月3日修订 | 15号令<br>21号令 |
| 6 | 国家旅游局 | 《出境旅游领队人员管理办法》 | 2002年10月28日 | 18号令 |
| 7 | 国家旅游局 | 《导游人员等级考核评定管理办法(试行)》 | 2005年7月3日 | 22号令 |
| | | **旅游饭店管理方面的规章** | | |
| 8 | 国家旅游局 | 《<旅游饭店星级的划分与评定>(GB/T 14308—2010)实施办法》 | 2011年1月1日 | 旅监管发[2010]234号 |
| 9 | 国家旅游局 | 《旅游饭店星级的划分与评定(GB/T 14308—2010)》 | 2011年1月1日 | |
| | | **旅游安全管理和旅游保险方面的规章** | | |
| 10 | 国家旅游局 | 《旅游安全管理暂行办法》 | 1990年3月1日 | 1号令 |
| 11 | 国家旅游局 | 《旅游安全管理暂行办法实施细则》 | 1994年3月1日 | 旅政法发[1994]004号 |
| 12 | 国家旅游局 | 《重大旅游安全事故报告制度试行办法》 | 1993年4月15日 | 旅综发[1993]009号 |
| 13 | 国家旅游局<br>中国保监会 | 《旅行社责任保险管理办法》 | 2011年2月1日 | 35号令 |
| | | **出境旅游与边境旅游方面的规章** | | |
| 14 | 国家旅游局<br>外交部<br>公安部<br>海关总署 | 《边境旅游暂行管理办法》 | 1997年10月15日 | 旅办发[1997]153号 |
| 15 | 国家旅游局<br>公安部<br>国务院台湾事务办公室 | 《大陆居民赴台湾地区旅游管理办法》 | 2006年4月16日 | 26号令 |

续表

| 序号 | 制定机关 | 规章名称 | 施行日期 | 令号/文号 |
|---|---|---|---|---|
| **旅游资源保护方面的规章** | | | | |
| 16 | 国家旅游局 | 《旅游景区质量等级评定管理办法》 | 2005 年 8 月 5 日 | 23 号令 |
| 17 | 国家旅游局 | 《旅游资源保护暂行办法》 | 2007 年 9 月 4 日 | 旅办发[2007]131 号 |
| **旅游纠纷处理方面的规章** | | | | |
| 18 | 国家旅游局 | 《旅游投诉处理办法》 | 2010 年 7 月 1 日 | 32 号令 |

此外，我国规范民事、经济活动或行政行为的许多法律对旅游业的发展和旅游企业的经营均有规范指导作用，与前述旅游立法共同构成旅游法体系。例如《民法通则》、《合同法》、《公司法》、《护照法》、《出境入境管理法》、《消费者权益保护法》、《反不正当竞争法》、《价格法》、《保险法》、《道路交通安全法》、《民航法》、《铁路法》、《食品安全法》、《文物法》、《仲裁法》、《民事诉讼法》等。另外，《最高人民法院关于审理旅游纠纷案件适用法律若干问题的规定》的司法解释对解决旅游纠纷也有重大指导作用。

我国旅游法制建设虽取得了明显成就，但仍滞后于旅游产业的发展，在部分领域尚存在法制空白地带，部分法律规范在某些具体事项上还存在一些冲突和矛盾，尤其是我国到目前还没有一部统一的旅游基本法——《中华人民共和国旅游法》，极大地制约了旅游业的进一步发展，因此，我国旅游法制建设的任务依然任重道远。

二、旅游纠纷的类型

旅游纠纷也称旅游争议，指旅游活动的参与者之间，由于一方或双方违反法律规定或合同约定而引起的矛盾和争议。近些年随着旅游热潮的高涨，旅游纠纷越来越突出，成为民众关注的热点和焦点，旅游纠纷的数量和种类也越来越多。按照不同分类标准，旅游纠纷可划分为以下几种不同类型。

(1) 以争议主体为标准，旅游纠纷可分为旅游者与旅游经营者之间的纠纷、旅游经营者相互间的纠纷、旅游经营者与行政管理机关之间的纠纷、旅游经营者与企业员工之间的纠纷。

(2) 以争议内容为标准，旅游纠纷可以分为旅行社服务纠纷、旅游饭店服务纠纷、旅游餐饮服务纠纷、旅游景区服务纠纷、旅游交通纠纷、旅游购物纠纷、旅游保险纠纷、其他旅游服务纠纷。

(3) 以争议权益为标准，旅游纠纷可分为涉及财产权益的旅游纠纷、涉及人身权益的旅游纠纷、涉及财产权益和人身权益的旅游纠纷。

旅游纠纷还可有其他类型，比如以争议产生的原因为标准，可将旅游纠纷分为因侵权行为引起的纠纷和因违约行为引起的纠纷等。

三、旅游纠纷的解决途径

根据国家旅游局旅游质量监督管理所通报的官方数据，2010 年全国各级旅游质监执法机构接到投诉 9942 件，比上年增加 1319 件，同比上升 15.30%；正式受理 8768 件，比上年增加 1185 件，同比上升 15.63%；2010 年投诉总人数是 32817 人，比上年增加 4878 人，同比上升 17.46%。[①]由此可见，旅游纠纷案数量很大，而这还未将各级消费者协会受理的旅游投诉案件以及各级法院受理的旅游纠纷案件计算在内，更没有将争议双方私下解决的纠纷准确统计出来。因此，旅游纠纷的有效解决已成为摆在有关部门面前较为紧迫的任务之一。

根据我国现行法律法规的规定，当发生旅游纠纷时，当事人可以通过诉讼方式和非诉讼方式解决争端，维护自己的合法权益。非诉讼的方式包括 4 种，即当事人双方协商和解、请求消费者协会调解、向有关行政部门投诉、申请仲裁机构仲裁。非诉讼的方式方便快捷，成本较低，且能较好地巩固和发展当事人双方间的关系，因而在纠纷解决实践中占有很大比例。诉讼的方式是人民法院依据法律和事实解决争端的方式，具有很高的法律效力，许多旅游纠纷最终都是靠诉讼的方式解决的。

需要提到的是，为统一旅游纠纷案件裁判尺度，依法维护旅游者合法权益，构建规范有序、和谐稳定的旅游市场，最高人民法院于 2010 年 9 月 13 日审议通过了《最高人民法院关于审理旅游纠纷案件适用法律若干问题的规定》(以下简称旅游司法解释，于 2010 年 11 月 1 日起开始施行)。旅游司法解释的制定出台，具有填补法律空白的作用，不仅对全国各级法院统一裁判尺度具有重要意义，也为全国旅游质监执法机构进一步加强旅游质监执法工作、妥善处理旅游投诉，提供了切实可行的法律依据。同时对于依法维护旅游者和旅游经营者、旅游辅助服务者的合法权益，构建规范有序、和谐稳定的旅游环境也具有非常重要的意义。

---

① 数据来源：国家旅游局旅游质量监督管理所 2011 年 3 月发布的《2010 年全国旅游投诉情况通报》，见国家旅游局官方网站。

# 1 旅行社管理法规制度

## 相关法律法规

目前，我国有关旅行社管理的法规主要包括《旅行社条例》、《旅行社条例实施细则》、《旅行社服务质量赔偿标准》、《旅行社质量保证金存取管理办法》、《中外合资旅行社试点出境游监管办法》、《旅行社责任保险管理办法》等。

当然，我国规范民事活动和经济活动的相关法律对旅行社的经营也有指导作用，例如《民法通则》、《合同法》、《消费者权益保障法》、《反不正当竞争法》、《广告法》、《公司法》等。

# 一　旅行社的设立

## 案前导读

旅行社行业是特许经营行业，未经国家有关机关审批设立，取得相应的资质，任何单位和个人均不得擅自以旅行社名义开展旅游业务、招揽游客，违者将会受到相应的处罚。设立旅行社或者设立旅行社的分支机构，均应依照《公司法》和《旅行社条例》及其实施细则等相关法律法规的规定，满足一定的条件，依照法定程序提出设立申请，由旅游、工商等相关行政主管机关作出审批。旅行社和其分支机构应在相关部门核准的业务范围内进行经营活动，不得超范围经营。

## 典型案例

### 案例 1-1　无证旅行社非法经营案

**【案情介绍】**

2010 年 3 月 17 日，湖南长沙 3 名游客去三亚游玩，拨打“海南省 A 国际旅行社”广告宣传单上的电话预定了 3 月 23 日的“兴隆、博鳌一日游”。3 月 23 日早上 7 时左右，该 3 名游客和其他 6 名游客每人交给该“旅行社”的汝某 120 元费用，在汝某的带领下出游。汝某却将 9 名游客直接拉到一处购物点，要求游客下车购物。3 月 23 日 9 时左右，已购物的其他 6 名游客被汝某安排到另一部车上，而来自湖南的这 3 名游客因未购物，未被安排去博鳌旅游，汝某也不肯退还已收取 3 人的 360 元旅游费用。双方因此发生争执，湖南游客立即报警并投诉。

经三亚市旅游发展委员会查实，汝某以“海南省 A 国际旅行社”的名义长期开展一日游业务，组织招徕“一日游”游客，但并未取得《旅行社业务经营许可证》和《企业法人营业执照》，汝某本人也没有相关的从业资格。

(摘自新华网，略有改动。)

**【请你思考】**

(1) 汝某可否以旅行社的名义开展旅游业务？

(2) 对汝某的行为应如何处罚？

(3) 设立旅行社的条件和程序是什么？

**【涉及法条】**

(1)《旅行社条例》第六条：申请设立旅行社，经营国内旅游业务和入境旅游业务的，应当具备下列条件。

① 有固定的经营场所。

② 有必要的营业设施。

③ 有不少于 30 万元的注册资本。

(2)《旅行社条例》第八条：旅行社取得经营许可满两年，且未因侵害旅游者合法权益受到行政机关罚款以上处罚的，可以申请经营出境旅游业务。

(3)《旅行社条例》第四十六条：违反本条例的规定，有下列情形之一的，由旅游行政管理部门或者工商行政管理部门责令改正，没收违法所得。违法所得 10 万元以上的，并处违法所得 1 倍以上 5 倍以下的罚款；违法所得不足 10 万元或者没有违法所得的，并处 10 万元以上 50 万元以下的罚款。

① 未取得相应的旅行社业务经营许可经营国内旅游业务、入境旅游业务、出境旅游业务的。

② 分社的经营范围超出设立分社的旅行社的经营范围的。

③ 旅行社服务网点从事招徕、咨询以外的活动的。

(4)《公司法》第二百二十四条：未依法登记为有限责任公司或者股份有限公司，而冒用有限责任公司或者股份有限公司名义的，责令改正或者予以取缔，并可处以 1 万元以上 10 万元以下的罚款，构成犯罪的，依法追究刑事责任。

**【法理分析】**

旅行社行业是特许经营行业，未取得《旅行社业务经营许可证》并且未在工商行政管理机关注册登记领取《企业法人营业执照》，任何单位和个人均不得从事旅行社业务的经营活动。但在非法利益的驱动下，无证违法经营旅游业务的黑旅行社并不少见。每到旅游旺季，各地游客数量激增，旅游景区人满为患，一些未取得旅行社业务经营许可证的单位和个人，便趁机混入旅游市场，实行零负团费的低成本竞争，欺骗游客，严重地扰乱了市场秩序，破坏了旅游业的整体形象。各地旅游部门常在旅游旺季联合相关部门开展集中检查整治工作，严肃查处部分无证违规经营旅行社业务的单位和个人，但限于执法经费和人员的不足及其他多方面原因，无证经营旅行社现象屡禁不止。本案便是此类案件的典型。据了解，无证的黑社多将外地游客作为对象，推出的旅游线路也多为“一日游”活动，曾经较为混乱的“北京一日游”、“上海一日游”等现象均被众多媒体报道过。

从法律法规的角度看，黑社非法经营旅游业务，侵害了三类法律主体的利益。首先，无证经营严重侵害了国家利益，破坏了国家的旅游管理体制，扰乱了旅游市场的正常秩序，损害了旅游业的良好形象，也造成国家税收的流失。其次，无证经营侵害了广大旅游者的合法权益，黑社多推出零负团费线路，做虚假宣传和承诺，以超低价吸引游客，诱使游客上当，然后靠减少景点、缩短行程、频繁购物、增加自费项目等非法手段欺骗游客进行消费，获取非法利益，游客选择黑社往往是“花钱买气受”，而且总的花费比正规旅行社的报价还要高。最后，无证经营也严重侵害了其他合法经营诚实守信的正规旅行社的利益，黑社往往采用各种不正当手段参与市场竞争，典型的不正当竞争手段有假冒知名旅行社名称、商标、企业标志，低价竞争，虚假宣传等，通过这些不正当竞争手段，黑社侵占了一部分市场份额，损害了一部分正规旅行社的声誉，使大量正规旅行社利益受损。

正因为如此，我国《公司法》第二百二十四条、《旅行社条例》第四十六条均对无证经营行为作出明确的处罚规定，《反不正当竞争法》、《旅行社条例》及其《实施细则》等法律法规也对不正当竞争行为作出相应的禁止性规定。旅游、工商等行政管理机关应不断积累执法经验，增强执法力量，加大监督检查力度，坚决取缔无证经营的黑社，还旅游市场一个纯洁规范的秩序。

本案中，汝某在不具备开展旅行社业务的条件下，擅自组织“一日游”活动，理应受到相应处罚。进一步讲，即便汝某取得相应许可设立了旅行社，也应合法经营，严格履行旅游合同，不得强迫游客购物。(有关旅行社的经营原则和经营规则，将在后面介绍分析，本案不再讨论)

**【处理结果】**

海南省A国际旅行社属典型的黑社，汝某的行为已涉嫌非法从事经营旅游业务，损害了游客的利益。故此，三亚市旅游委依法对汝某开出了20万元的罚单。

### 知识拓展

无证经营旅游业务的行为不仅指未取得《旅行社业务经营许可证》而擅自开展旅游业务的行为，也包括已取得《旅行社业务经营许可证》，但许可证有效期届满而未去旅游行政管理机关办理许可证到期换发手续，仍继续从事旅游业务的行为。另外，旅行社如果未经工商、旅游等行政管理机关许可取得相应手续，而擅自设立分社、服务网点、代表处、办事处、联络处等机构，也属违规行为，其分社的经营行为同属无证经营，应依法予以纠正。

### 典型案例

## 案例1-2　外商独资旅行社成立案

**【案情介绍】**

2010年9月10日，山东商务之窗网站发布题为《我市第一家外商独资旅行社获批》

的消息，文中提到，韩国投资者独资设立的青岛瑞麟旅行社有限公司通过了国家旅游局和商务部的审批，正式落户青岛城阳区。该公司主要经营国内旅游业务和入境旅游业务。这是自 2009 年《旅行社条例》实施以来，青岛市设立的第一家外商独资旅行社，标志着青岛市服务业定向招商取得了新进展。

(摘自山东商务之窗，有改动。)

【请你思考】

(1) 外商投资旅行社的种类有哪些？

(2) 有关外商投资旅行社设立的规定是什么？

(3) 外商投资旅行社的经营范围是什么？

【涉及法条】

(1)《旅行社条例》第二十一条第二款：前款所称外商投资旅行社，包括中外合资经营旅行社、中外合作经营旅行社和外资旅行社。

(2)《旅行社条例》第二十二条：设立外商投资旅行社，由投资者向国务院旅游行政主管部门提出申请，并提交符合本条例第六条规定条件的相关证明文件。国务院旅游行政主管部门应当自受理申请之日起 30 个工作日内审查完毕。同意设立的，出具外商投资旅行社业务许可审定意见书；不同意设立的，书面通知申请人并说明理由。

申请人持外商投资旅行社业务许可审定意见书、章程，合资、合作双方签订的合同向国务院商务主管部门提出设立外商投资企业的申请。国务院商务主管部门应当依照有关法律法规的规定，作出批准或者不予批准的决定。予以批准的，颁发外商投资企业批准证书，并通知申请人向国务院旅游行政主管部门领取旅行社业务经营许可证，申请人持旅行社业务经营许可证和外商投资企业批准证书向工商行政管理部门办理设立登记；不予批准的，书面通知申请人并说明理由。

(3)《旅行社条例》第二十三条：外商投资旅行社不得经营中国内地居民出国旅游业务以及赴香港特别行政区、澳门特别行政区和台湾地区旅游的业务，但是国务院决定或者我国签署的自由贸易协定和内地与香港、澳门关于建立更紧密经贸关系的安排另有规定的除外。

(4)《中外合资经营旅行社试点经营出境旅游业务监管暂行办法》第二条：国家在试点的基础上，逐步对外商投资旅行社开放经营中国内地居民出境旅游业务。

(5)《中外合资经营旅行社试点经营出境旅游业务监管暂行办法》第四条：本办法所称的中外合资经营旅行社试点经营出境旅游业务，是指取得试点资格的中外合资经营旅行社，从事招徕、组织、接待中国内地居民出国旅游和赴香港、澳门特别行政区旅游的经营活动；大陆居民赴台湾地区旅游的除外。

【法理分析】

在 2001 年中国加入 WTO 之前，外资不可以在我国涉足旅行社行业，自从我国加入 WTO 以后，外商投资旅行社在我国经历了快速的发展历程。为加快服务业领域对外开放的速度，早在 2003 年，我国就已经提前兑现了 WTO 谈判中关于开放我国旅游市场的承诺，规定外资可以在华设立外商独资、外资控股和中外合资旅行社。随后于 2005 年、2007 年和 2009 年，我国政府分别三度降低外资设立旅行社的注册资本门槛，设立条件已与内资旅行社待遇等同，包括质量保证金也完全享受国民待遇。根据 2009 年新实施的《旅行社条例》的规定，外商投资旅行社的经营范围主要是国内游和入境游，暂不能经营出境游和港澳游、台湾游等业务。2010 年 9 月 6 日，国家旅游局、商务部 33 号令《中外合资经营旅行社试点经营出境旅游业务监管暂行办法》公布施行，允许中外合资旅行社试点经营出境游业务，并会逐步对全外资旅行社开放。该办法的实施给外资旅行社带来了新的发展机遇，外资旅行社的数量从 2009 年的不到 30 家，迅速发展为 2010 年的 56 家，留下较大的发展空间。

业内人士一般认为，降低外资旅行社准入条件，放宽外资旅行社经营范围，对我国旅行社行业益处较多。一方面，国外先进的旅行社管理、经营理念的进入，将在很大程度上改变目前低价竞争的不利市场环境。传统旅行社要生存，建立实力雄厚的旅游集团，做大做强是唯一的选择，这样将更加接近发达国家的旅行社模式，旅行社向专业化、规模化、网络化的方向发展。另一方面，外资旅行社完善的服务和先进的管理经验，将使得旅游市场竞争加剧，行业整合的集中度提高，中、小规模的旅行社或将面临淘汰，而大型旅行社通过提升品牌与服务竞争，可以实现行业的上档升级。

按照《旅行社条例》第二十二条的规定，外商投资旅行社的设立程序包括 4 步。如图 1.1。

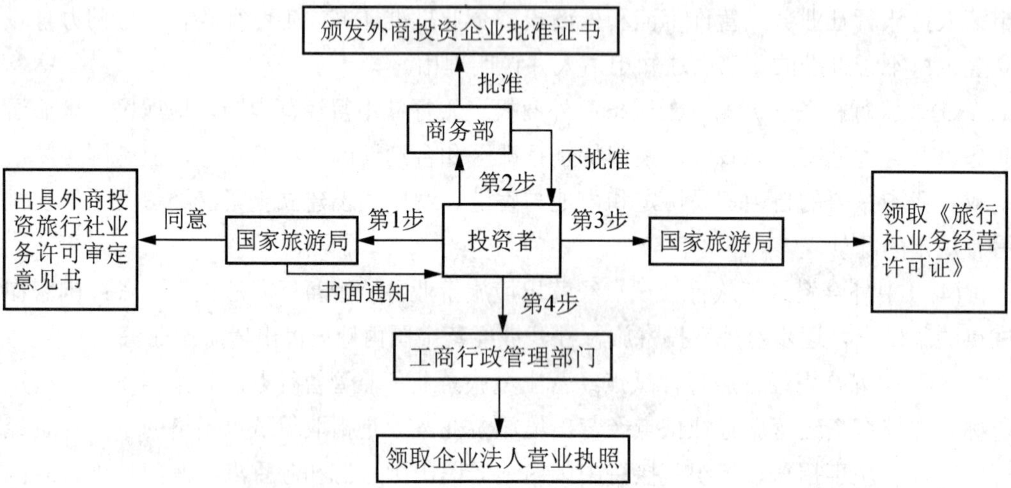


图 1.1 外商投资旅行社的设立程序

## 思考与实训

1. 案例分析题

2010 年 12 月 25 日，某省旅游局发布公告，称 Y 国际旅行社有限公司于 2010 年 6 月 18 日在工商局登记注册成立分社，但未按规定在 3 日之内向所在地旅游行政管理部门提交备案，经旅游部门督促仍不予理睬，违反了《旅行社条例》之相关规定。故依法对 Y 旅行社作出相应处罚。请问：

(1) Y 旅行社的行为违反了什么规定？

(2) 旅游部门对 Y 旅行社作出处罚的依据是什么？

(3) 根据相关法律法规的规定，旅行社分社和服务网点有何不同？

2. 多项选择题

W 旅行社的《旅行社业务经营许可证》的有效期截止日期为 2010 年 4 月 30 日，但有效期届满前，该旅行社未去主管的旅游局办理许可证的换发手续，有效期届满后，仍继续从事旅游业务。当地旅游部门经催告后对该旅行社下达了处罚通知书。

(1) 对 W 旅行社可作出哪些行政处罚？

A. 责令改正

B. 没收违法所得

C. 罚款

D. 吊销旅行社业务经营许可证

(2) 下列属于无证经营旅行社业务的行为的是______。

A. 未获取《旅行社业务经营许可证》而从事旅游业务的行为

B. 《旅行社业务经营许可证》有效期届满后仍从事旅游业务的行为

C. 旅行社分社未经工商部门注册登记而擅自从事旅行社业务经营行为

D. 超出《旅行社业务经营许可证》上核准的经营范围的经营行为

(3) 无证经营旅行社业务的行为侵害了哪些法律主体的权益？

A. 旅游者　　B. 正规旅行社

C. 国家　　D. 其他企业

(4) 下列哪些部门可对无证经营旅行社业务的行为作出处罚？

A. 旅游行政管理机关

B. 工商行政管理机关

C. 税务机关

D. 消费者协会

## 二　旅行社的经营原则及经营规则

### 案前导读

在市场竞争中，旅行社应依法开展业务经营活动，遵守有关法律法规等规范性文件所确立的经营原则和经营规则。按照《合同法》、《公司法》、《反不正当竞争法》等法律以及《旅行社条例》、《旅行社条例实施细则》等法规、规章的规定，旅行社须遵守的经营原则有平等、自愿、公平、诚实信用等；须遵守的经营规则有不得做虚假宣传、不得超范围经营、不得介绍和安排含有违法内容的旅游项目、不得以低于旅游成本的报价招徕旅游者、提供服务或进行业务合作应签订合同、应选择有资质的旅游辅助服务者、不得组织旅游者到国家公布的中国公民出境旅游目的地之外的国家和地区旅游等。旅行社如果违背上述经营原则和规则，势必侵害旅游市场其他主体的合法权益，扰乱旅游市场的正常秩序，破坏我国旅游法制的统一。

### 典型案例

### 案例 1-3　旅行社虚假宣传案

**【案情介绍】**

2010 年 5 月，游客陈先生看到福州某旅行社的宣传海报上有一条北京、天津豪华双飞五日游的线路，称全程入住“准三星级”或同级酒店，无购物和自费项目，是纯玩团。陈先生对此线路的安排均满意，且报价也合适，遂报名参加，旅游合同及行程单上均承诺全程入住“准三星级”或同级酒店。但抵京后入住的并非星级酒店，更谈不上三星级了。陈先生等人当即向导游提出质疑，但导游答复说此酒店虽非三星级，但配备和服务都是按三星级标准提供的，况且合同上约定的是“准三星级”，并未承诺入住三星级。陈先生对此很不满意，游程结束后即向福州旅游局投诉，要求旅行社退还全部住宿费用并承担违约责任。经旅游质监所调查，陈先生反映属实。

(摘自中国旅游新闻网，有改动。)

【请你思考】

(1) 如何看待导游的答复？

(2) 旅行社的行为是否违规？

(3) 旅行社是否存在违约？应否承担违约责任？

【涉及法条】

(1)《旅行社条例》第二十四条：旅行社向旅游者提供的旅游服务信息必须真实可靠，不得做虚假宣传。

(2)《旅行社条例》第二十九条：旅行社在与旅游者签订旅游合同时，应当对旅游合同的具体内容作出真实、准确、完整的说明。

(3)《旅行社条例》第五十三条：违反本条例的规定，旅行社向旅游者提供的旅游服务信息含有虚假内容或者做虚假宣传的，由工商行政管理部门依法给予处罚。

(4)《消费者权益保护法》第十九条：经营者应当向消费者提供有关商品或者服务的真实信息，不得做引人误解的虚假宣传。经营者对消费者就其提供的商品或者服务的质量和使用方法等问题提出的询问，应当作真实、明确的答复。

(5)《广告法》第四条：广告不得含有虚假的内容，不得欺骗和误导消费者。

【法理分析】

国家各级旅游行政管理机关三令五申，强调旅游业务广告不得利用模糊、不确定的用语故意误导、欺骗旅游者和公众。各地旅游、工商部门也曾多次针对旅游业违规广告现象开展过专项查处行动。然而生活中还是经常会看到含有“全包价、半包价”、“名额有限”、“绝无杂费”、“豪华团”、“豪华空调车、豪华游轮”、“当地最好的××”等字眼的旅游广告，还有用“准×星、相当于×星、同星级、同标准”等字眼来表述酒店等级的旅游广告，就是同一条旅游线路，打出的广告也会有贵宾团、豪华团、品质团、纯玩团等五花八门的说法，让游客如坠云里，不知该如何选择。《旅游饭店星级的划分及评定》对星级饭店的划分并无准星级这样的级别，对于普通游客而言，准星级的说法足以让其相信入住的就是具有相应星级的酒店。因此，准星级的说法是典型的引人误解的虚假宣传，旅游海报和旅游合同中都不应出现，旅行社此举是违规的。本案导游面对游客陈先生的质疑，答复牵强附会，不能令人信服。

再者，诚实信用是现代市场经济的基本原则，被称为帝王准则，我国《民法通则》、《合同法》、《消费者权益保护法》以及《旅行社条例》等法律法规对此都有规定。旅行社在业务经营中，应以诚信为本，不得做引人误解的虚假宣传，不得故意隐瞒真实信息，对旅游者和其他合作伙伴的提问应做真实、准确、完整的说明，否则，就有可能损害旅游者和其他合作伙伴的合法权益，应受到法律法规的严惩。本案中，旅行社的宣传海报和旅游合同以及行程单上都对住宿标准做了承诺，就应按此标准提供服务。事实上旅行社提供的酒店根本不符合合同约定，存在违约行为，且没有免除责任的情形。因此，旅行社应该承担相应的违约责任。

【处理结果】

按照有关法律法规的规定，该旅行社安排的住宿标准与合同行程不符，造成旅游者经济损失，应退还旅游合同金额与实际花费的差额，并赔偿同额违约金。另外，按照《旅行社条例》第五十三条的规定，由工商行政管理部门依法对该旅行社处罚。

### 知识拓展

企业宣传和商业广告是促成经营者与消费者之间发生商业交易关系的媒介，是经营者之间一种重要的竞争手段。从某种程度上讲，当今社会的商业竞争已经变成了宣传和广告的竞争。

违规宣传包括两种行为类型，一是虚假宣传；二是引人误解的宣传。虚假宣传是指商品或服务的宣传内容与客观事实不符；引人误解的宣传是指可能使宣传对象或受宣传影响的人对商品或服务的真实情况(例如质量、成分、性能、用途、用法、生产者、有效期限、产地，价格等)产生错误的联想，从而影响其购买决策的宣传。在通常情况下，虚假宣传必然导致误解，但是引人误解的不一定都是虚假宣传。引人误解的虚假宣传有多种表现形式，广告只是其中的一种。只要实际上能够使社会公众知悉的各种宣传方式，包括店堂展示、雇托误导、信息发布会、展销会、产品说明书、商品包装、标签标注等都可以构成引人误解的虚假宣传。

### 典型案例

## 案例 1-4　旅行社超范围经营案

**【案情介绍】**

某年 8 月，大连市 A 单位组织出境考察团，委托大连市 B 旅行社全权办理具体事务。B 旅行社把考察团分别交由大连 C 旅行社和 D 旅行社安排接待。同年 9 月下旬，该考察团经韩国绕道赴台湾旅游。同年(当年我国尚未开放大陆居民赴台湾旅游业务)10 月 2 日，考察团在台湾发生翻车事故，造成 5 名游客和 1 名台湾导游死亡，2 人重伤，12 人轻伤。

事故发生后，有关部门和单位立即启动紧急预案，成立事故处理小组。经查，B 旅行社无出境旅游经营资格，C 旅行社和 D 旅行社均为出境游组团社，但并无赴台游经营资格。

(摘自中华人民共和国国家旅游局官网，有改动。)

【请你思考】

(1) B 旅行社的经营行为是否违规？为什么？

(2) C、D 两旅行社的行为是否违规？为什么？

(3) 我国法律法规对旅行社超范围经营有哪些处罚规定？

【涉及法条】

(1)《旅行社条例》第二十五条：经营出境旅游业务的旅行社不得组织旅游者到国务院旅游行政主管部门公布的中国公民出境旅游目的地之外的国家和地区旅游。

(2)《旅行社条例》第四十六条：违反本条例的规定，有下列情形之一的，由旅游行政管理部门或者工商行政管理部门责令改正，没收违法所得，违法所得 10 万元以上的，并处违法所得 1 倍以上 5 倍以下的罚款；违法所得不足 10 万元或者没有违法所得的，并处 10 万元以上 50 万元以下的罚款。

① 未取得相应的旅行社业务经营许可，经营国内旅游业务、入境旅游业务、出境旅游业务的。

② 分社的经营范围超出设立分社的旅行社的经营范围的。

③ 旅行社服务网点从事招徕、咨询以外的活动的。

(3)《旅行社条例》第五十一条：违反本条例的规定，外商投资旅行社经营中国内地居民出国旅游业务以及赴香港特别行政区、澳门特别行政区和台湾地区旅游业务，或者经营出境旅游业务的旅行社组织旅游者到国务院旅游行政主管部门公布的中国公民出境旅游目的地之外的国家和地区旅游的，由旅游行政管理部门责令改正，没收违法所得，违法所得 10 万元以上的，并处违法所得 1 倍以上 5 倍以下的罚款；违法所得不足 10 万元或者没有违法所得的，并处 10 万元以上 50 万元以下的罚款；情节严重的，吊销旅行社业务经营许可证。

(4)《大陆居民赴台湾地区旅游管理办法》第二条：大陆居民赴台湾地区旅游，须由指定经营大陆居民赴台旅游业务的旅行社(以下简称组团社)组织，以团队形式整团往返。参游人员在台湾期间须集体活动。

(5)《大陆居民赴台湾地区旅游管理办法》第三条：除被指定的组团社外，任何单位和个人不得经营大陆居民赴台旅游业务。

(6)《关于试行旅行社委托代理招徕旅游者业务有关事项的通知》(旅监管发[2010]77 号)第一条：旅行社可以在其业务经营范围内，委托其他旅行社代理招徕国内旅游、出境旅游(不含赴台湾地区旅游)和边境旅游的旅游者。

【法理分析】

依据我国《公司法》、《旅行社条例》等法律法规的立法精神和相关规定，旅行社应当按照核定的经营范围开展经营活动，严禁超范围经营。旅行社的业务经营范围主要包括国内旅游业务、入境旅游业务、出境旅游业务以及为旅游者提供其他相关旅游业务。申请经营某种旅游业务，需要满足相应的经营条件，不具备相应的经营条件而违法进行超范围经营，不仅无法保证为旅游者提供相应服务，而且还会侵害旅游者的合法权益，扰乱正常的旅游市场秩序。因此，旅行社如有超范围经营行为，理应依法受到旅游、工商等行政管理部门的处罚。具体到本案，B 旅行社并无出境旅游业务的经营资格却组织出境旅游业务，属于超范围经营，显然是违规的。虽然按照国家旅游局旅监管发[2010] 77 号文件《关于试行旅行社委托代理招徕旅游者业务有关事项的通知》的规定，旅行社可以就旅游业务委托其他旅行社代理招徕旅游者，但也只是招徕旅游者，无其他代理权限，而且只限于其自身的经营范围，同样不可超范围作出委托，因此 B 旅行社的委托行为也是违规的。

《大陆居民赴台湾地区旅游管理办法》第三条明确规定，赴台旅游的组团社由国家旅游局会同有关部门，从已批准的特许经营出境旅游业务的旅行社范围内指定，由海峡两岸旅游交流协会公布，除被指定的组团社外，任何单位和个人不得经营大陆居民赴台旅游业务。国家旅游局多年来也一直强调严禁旅行社违规组团绕道赴台旅游。本案的 C、D 两旅行社虽然是出境游组团社，有出境旅游业务经营权，但并无赴台游经营权，且案发当时我国并未开放大陆居民赴台旅游项目，不可以组织大陆居民赴台湾旅游。因此，C、D 两旅行社也属超范围经营。

**【处理结果】**

大连 C 旅行社和 D 旅行社的行为违反了《大陆居民赴台湾地区旅游管理办法》第三条和《旅行社条例》第二十五条的有关规定，事实清楚，情节严重。国家旅游局依据《旅行社条例》第五十一条之规定，给予 C、D 两家旅行社取消出境旅游业务经营资格，责令停业整顿三个月的处罚。大连市 B 旅行社并无出境旅游经营权却分别与上述 C、D 两家组团社签订出境旅游合同，属超范围经营，应按照《旅行社条例》第四十六条予以处罚，即应由旅游行政管理部门或者工商行政管理部门责令改正，没收违法所得，违法所得 10 万元以上的，并处违法所得 1 倍以上 5 倍以下的罚款；违法所得不足 10 万元或者没有违法所得的，并处 10 万元以上 50 万元以下的罚款。

## 知识拓展

超范围经营是严重的违规行为，任何旅行社均应在旅游、工商等行政管理部门核准的经营范围内从事经营活动，严禁从事超范围经营活动。在实践操作中，旅行社的下列行为均可视为超范围经营活动：①未获许可擅自经营出境旅游业务；②未获许可擅自组织大陆居民赴港、澳、台旅游活动；③未获许可擅自从事边境旅游活动；④旅行社分支机构超范围经营(如分社超出设立社的经营范围从事经营活动，服务网点从事招徕、咨询以外的活动，旅行社设立的办事处、代表处或者联络处等办事机构从事旅行社业务经营活动等)；⑤外商投资旅行社擅自经营中国内地居民出国旅游业务以及赴港、澳、台地区旅游业务；⑥国家旅游局认定的其他超范围经营活动(如一般旅行社受出境游组团社委托代理经营出境旅游业务并自行组团，出境游组团社组织旅游者到国家旅游局公布的中国公民出境旅游目的地之外的国家和地区旅游，旅行社超出营业执照的范围私自出售旅游用品及旅游纪念品，或者未获许可为普通民众和其他单位代办交通、住宿、餐饮、会务等事务)。

**典型案例**

## 案例 1-5　游客网报旅游未签合同案

**【案情介绍】**

林某一行 12 人通过某旅行社网站报名参加深圳一日游，团费合计 4070 元。出团前，旅行社电话要求林某等人通过汇款方式先交纳 1000 元预付团款，出团当天上车后再向导游补交 3070 元余款。双方未签订旅游合同，旅行社也未开具发票。旅途中导游要求林某等人到珠宝店购物，因行程没有此项安排，林某等人拒绝前往。与导游交涉未果后，林某等人被强制赶下旅游车，行程被迫结束。林某等人随即向旅游部门投诉，要求旅行社退还旅游费用并赔偿损失。

由于游客无法提供旅游合同、发票等参团依据，旅游质监部门通过被投诉旅行社网站的参团信息才证实了游客在该旅行社参团的事实。

(摘自中国旅游新闻网，略有改动。)

**【请你思考】**

(1) 本案旅行社有哪些违规行为？旅行社在网上组团是否可与游客不签合同？

(2) 按照《旅行社条例》及其实施细则等法规、规章，旅行社在网上经营旅行社业务有什么规定？

(3) 旅行社是否应赔偿游客的损失？

(4) 旅行社应受到什么处罚？

(5) 本案对消费者有何启示？

**【涉及法条】**

(1)《旅行社条例》第二十七条第二款：未经旅游者同意，旅行社不得在旅游合同约定之外提供其他有偿服务。

(2)《旅行社条例》第二十八条：旅行社为旅游者提供服务，应当与旅游者签订旅游合同。

(3)《旅行社条例》第三十三条：旅行社及其委派的导游人员和领队人员不得有下列行为。

① 拒绝履行旅游合同约定的义务。

② 非因不可抗力改变旅游合同安排的行程。

③ 欺骗、胁迫旅游者购物或者参加需要另行付费的游览项目。

(4)《旅行社条例》第五十五条：违反本条例的规定，旅行社有下列情形之一的，由旅游行政管理部门责令改正，处 2 万元以上 10 万元以下的罚款；情节严重的，责令停业整顿 1 个月至 3 个月。

① 未与旅游者签订旅游合同。

② 与旅游者签订的旅游合同未载明本条例第二十八条规定的事项。

③ 未取得旅游者同意，将旅游业务委托给其他旅行社。

④ 将旅游业务委托给不具有相应资质的旅行社。

⑤ 未与接受委托的旅行社就接待旅游者的事宜签订委托合同。

(5)《旅行社条例》第五十九条：违反本条例的规定，有下列情形之一的，对旅行社，由旅游行政管理部门或者工商行政管理部门责令改正，处 10 万元以上 50 万元以下的罚款；对导游人员、领队人员，由旅游行政管理部门责令改正，处 1 万元以上 5 万元以下的罚款；情节严重的，吊销旅行社业务经营许可证、导游证或者领队证。

① 拒不履行旅游合同约定的义务的。

② 非因不可抗力改变旅游合同安排的行程的。

③ 欺骗、胁迫旅游者购物或者参加需要另行付费的游览项目的。

(6)《旅行社条例实施细则》第三十八条：在旅游行程中，旅游者有权拒绝参加旅行社在旅游合同之外安排的购物活动或者需要旅游者另行付费的旅游项目。

**【法理分析】**

本案中的旅行社有以下 3 种违规行为，严重侵害了游客的合法权益：①未与游客林某等人签旅游合同；②未提供服务发票或其他服务凭证；③委派的导游胁迫游客购物，在遭到拒绝后强行把游客赶下车，单方面终止履行合同。

首先，旅行社未与游客签订旅游合同。旅行社经营旅行社业务，必须与游客签订旅游合同，约定双方的权利、义务，敦促双方积极履行合同约定，这是旅行社必须遵守的业务规则。为此，我国《旅行社条例》第二十八条规定，旅行社为游客提供服务应当签订旅游合同，并明确了旅游合同的具体内容，国家旅游局还会同国家工商行政管理总局联合制定了《团队出境旅游合同》示范文本、《大陆居民赴台湾地区旅游合同》示范文本以及《团队国内旅游合同》示范文本，以规范和指导旅行社业务操作，以充分保障旅行社与旅游者的合法权益。旅行社无论在实体店销售旅游线路还是在网店经营旅游业务，都应该与游客签约。现实生活中，一些旅行社却忽略了这一重要环节，尤其是在一日游项目和网络销售中，不签合同的现象比比皆是，本案就是一个典型。

其次，旅行社提供旅游服务时未出具发票或服务单据。发票或单据是消费者和经营者发生交易的重要凭证，更是消费者维权的重要依据和证据，我国《消费者权益保护法》第二十一条规定，经营者提供商品或者服务，应当按照国家有关规定或者商业惯例向消费者出具购货凭证或者服务单据；消费者索要购货凭证或者服务单据的，经营者必须出具。但本案旅行社并未出具，导致林某等人投诉时出现举证上的障碍。

再次，旅行社的导游未经游客同意擅改行程，强制游客购物并将拒绝购物的游客赶下旅游车，导致游客不能实现游览目的，权益受损。是否购物是游客的自主选择权，即便是在合同内约定的购物店内也不得强迫消费。为此，《旅行社条例》第三十三条第三款明确规定，旅行社及其委派的导游人员和领队人员不得欺骗、胁迫旅游者购物或者参加需要另行付费的游览项目。《旅行社条例实施细则》第三十八条又进一步规定，在旅游行程中，旅游者有权拒绝参加旅行社在旅游合同之外安排的购物活动或者需要旅游者另行付费的旅游项目。本案旅行社导游却安排游客前往合同约定之外的珠宝店，显然违法，应按《旅行社条例》第五十九条规定予以处罚，并应赔偿游客因此而遭受的损失。

需要说明的是，在互联网技术日益提高的今天，电子商务正逐步进入人们的日常生活，网络营销受到了越来越多人的青睐，旅行社在网上销售自己的产品和线路已较为普遍，如何规范旅行社的网上业务是亟待解决的大问题。国家工商行政管理总局于 2010 年 5 月 31 日正式发布的《网络商品交易及有关服务行为管理暂行办法》是目前最主要的规范。另外，我国《旅行社条例实施细则》第二十九条对此也做了规定，即旅行社以互联网形式经营旅行社业务的，除符合法律、法规规定外，其网站首页应当载明旅行社的名称、法定代表人、许可证编号和业务经营范围，以及原许可的旅游行政管理部门的投诉电话。

**【处理结果】**

旅行社应向林某等游客赔礼道歉，返还未发生的旅游费用，并赔偿一定数额的违约金。旅游行政管理部门对旅行社应依据《旅行社条例》第五十五条和第五十九条的规定，责令改正，酌情处以一定数额的罚款，情节严重的，可以吊销旅行社的业务经营许可证。

## 知识拓展

合同是现代经济生活中非常重要的法律现象，许多时候都需要签订合同以维护经济和社会生活的稳定有序，旅游活动也是如此。我国《旅行社条例》第二十八条明确规定了一份完整的旅游合同应具备的条款：①旅行社的名称及其经营范围、地址、联系电话和旅行社业务经营许可证编号；②旅行社经办人的姓名、联系电话；③签约地点和日期；④旅游行程的出发地、途经地和目的地；⑤旅游行程中交通、住宿、餐饮服务安排及其标准；⑥旅行社统一安排的游览项目的具体内容及时间；⑦旅游者自由活动的时间和次数；⑧旅游者应当交纳的旅游费用及交纳方式；⑨旅行社安排的购物次数、停留时间及购物场所的名称；⑩需要旅游者另行付费的游览项目及价格；⑪解除或者变更合同的条件和提前通知的期限；⑫违反合同的纠纷解决机制及应当承担的责任；⑬旅游服务监督、投诉电话；⑭双方协商一致的其他内容。上文提到的 3 种旅游合同示范文本就充分体现了这些必备条款。由于旅游合同是由旅行社提供的格式合同，因而当游客与旅行社对条款的理解发生争议时，应按通常理解予以解释，如果双方对格式条款有两种以上解释的，应当作出有利于旅游者的解释；格式条款和非格式条款不一致的，应当采用非格式条款。

**典型案例**

## 案例 1-6　旅行社低价组团强制购物案

**【案情介绍】**

2010 年 3 月，安徽游客王先生报名参加 A 旅行社组团的港澳四日游，全团 53 人，团费每人 600 多元，到港后又向导游交了 1000 多元(王先生等人到了香港才知道参加的是购物团)。抵港后由香港 J 国际旅行社负责接待，53 人被分为男女两组，王先生所在的男性组共有 24 人，带领他们的导游自称阿珍。第一天团队到海洋公园游玩，随后即被阿珍带到各种出售服饰、手袋和电子产品的名品店购物，第二天又被带到一个珠宝店。在此过程中，阿珍一直要求游客每人购买珠宝，并威胁说“不买就不能走出珠宝店”，甚至在游客踏进珠宝店之后，店里的大门就立即被关上了。迫于无奈，王先生只得买了一块手表、一把剃须刀、一部摄像机和一些珠宝，共花去 7000 多元。但他所在的男性团队对珠宝首饰的需求不大，24 人一共消费 1 万多元，而另一个女性组在珠宝首饰卖场消费了十几万。由于男性组游客消费量不大，购物结束后，阿珍在旅游大巴上开始发飙，恶语辱骂游客。有报道称，在香港的两天时间里，这个 53 人的旅行团总共花去 40 多万元，大部分都用于购买黄金和珠宝首饰。

此事件被媒体曝光后，在内地和香港均引起很大反响，香港旅游业议会随即展开调查，经核查属实，遂对涉案导游阿珍和香港 J 旅行社予以一定处罚，安徽有关旅游部门也对 A 旅行社作出相应处理。

(摘自青岛新闻网，略有改动。)

**【请你思考】**

(1) 组团的 A 旅行社有何违规之处？

(2) 应如何处罚组团旅行社？

(3) 如何看待我国旅行社业中的“零负团费”现象？

**【涉及法条】**

(1)《反不正当竞争法》第十一条：经营者不得以排挤竞争对手为目的，以低于成本的价格销售商品。

(2)《旅行社条例》第二十七条：旅行社不得以低于旅游成本的报价招徕旅游者。未经旅游者同意，旅行社不得在旅游合同约定之外提供其他有偿服务。

(3)《旅行社条例》第三十七条：旅行社将旅游业务委托给其他旅行社的，应当向接受委托的旅行社支付不低于接待和服务成本的费用；接受委托的旅行社不得接待不支付或者不足额支付接待和服务费用的旅游团队。

接受委托的旅行社违约，造成旅游者合法权益受到损害的，作出委托的旅行社应当承担相应的赔偿责任。作出委托的旅行社赔偿后，可以向接受委托的旅行社追偿。

接受委托的旅行社故意或者重大过失造成旅游者合法权益损害的，应当承担连带责任。

(4)《旅行社条例》第五十三条：违反本条例的规定，旅行社以低于旅游成本的报价招徕旅游者的，由价格主管部门依法给予处罚。

(5)《旅行社条例》第三十三条：旅行社及其委派的导游人员和领队人员不得有下列行为。

① 拒绝履行旅游合同约定的义务。

② 非因不可抗力改变旅游合同安排的行程。

③ 欺骗、胁迫旅游者购物或者参加需要另行付费的游览项目。

(6)《旅行社条例》第五十九条：违反本条例的规定，有下列情形之一的，对旅行社，由旅游行政管理部门或者工商行政管理部门责令改正，处 10 万元以上 50 万元以下的罚款；对导游人员、领队人员，由旅游行政管理部门责令改正，处 1 万元以上 5 万元以下的罚款；情节严重的，吊销旅行社业务经营许可证、导游证或者领队证。

① 拒不履行旅游合同约定的义务的。

② 非因不可抗力改变旅游合同安排的行程的。

③ 欺骗、胁迫旅游者购物或者参加需要另行付费的游览项目的。

**【法理分析】**

本案因为游客王先生将导游阿珍辱骂游客的视频上传至互联网而曝光，引起社会各界广泛关注，导游阿珍被网民称为“恶女珍”，本案也成为国家旅游局公布的 2010 年十大旅游案例之一。事实上，一段时期以来，有关香港导游和内地游客纠纷的案例不断涌现，香港导游强迫内地游客购物的案例时有报道。例如，2010 年 5 月下旬，前乒乓球国手陈某与家人参加湖南某旅行社组织的香港游，因拒绝香港接待社导游的强迫购物被导游辱骂，陈某因过度气愤当场心脏病发作抢救无效死亡，引起巨大反响。再如，2011 年 2 月 4 日，安徽籍游客张某夫妇参加广东省某国际旅行社组织的香港三日游，因购物少而招致香港地接导游的辱骂和恐吓，双方发生肢体冲突。这些案例暴露出香港接待内地游客市场的混乱现状。

上述各案件均因旅行社导游强迫游客购物引起，强迫购物背后隐藏的是零负团费现象，此类现象是目前我国旅游市场混乱最主要的因素。据报道称，这类现象在海南游、港澳游、新马泰旅游中普遍存在，且有继续蔓延的趋势。零负团费的操作模式是，组团社以极低的报价(低于成本)组团，再委托地接社负责接待，而地接社只向组团社收取较少的接待费用或不收取接待费用，靠导游增加购物点和强迫游客购物提取回扣实现利润。不仅旅行社的利润来自购物回扣，导游和司机的收入也均出于此。有些旅行社甚至让导游垫付团款接待游客，导游只有拼命忽悠游客购物方能收回垫付费用，一旦游客不予配合，赔钱的就是导游个人。在这种不正常的操作模式下，缩短游览时间，增加购物场所，强迫游客购物是不可避免的，出现导游讽刺、辱骂、威胁甚至殴打游客或者导游甩团的事情也就不足为怪了。

从法律的角度看，组团社实行低价组团，地接社运作零负团费，导游大搞强制购物，这些都是违法行为，应予制裁。

首先，组团社以低于成本的价格招徕游客的行为违反了《旅行社条例》第二十七条的规定，也违背了《反不正当竞争法》第十一条的立法精神，是一种恶意竞争行为。这种行为排挤了合法经营的正规旅行社，使许多正规旅行社无法正常经营，导致市场秩序的混乱，应按照《旅行社条例》第五十三条的规定处罚。本案中A旅行社以600多元的报价组织王先生等53名游客参加港澳四日游，低于正常市场报价，属于违规行为。

其次，地接社以低于接待成本的价格接受组团社的委托，为游客提供地接服务的行为违反了《旅行社条例》第三十七条第一款第二项的规定，即接受委托的旅行社不得接待不支付或者不足额支付接待和服务费用的旅游团队。本案中的香港J旅行社就涉嫌操作零负团费，但因香港是我国的特别行政区，实行独立的司法制度，故不能依照内地法律予以处罚。

再次，地接社欺骗、胁迫旅游者购物或者参加需要另行付费的游览项目的行为违反了《旅行社条例》第二十七条第二款和第三十三条第三款的规定，另外，按照《旅行社条例》第三十三条第二款的规定，接受委托的旅行社违约，造成旅游者合法权益受到损害的，作出委托的旅行社应当承担相应的赔偿责任。作出委托的旅行社赔偿后，可以向接受委托的旅行社追偿。虽然本案中的香港旅行社不能按内地法律予以处罚，但游客受到的损失仍可由组团的A旅行社赔偿。

**【处理结果】**

鉴于这起个案性质严重，严重损害香港旅游业的形象和声誉，且导游还曾有一次类似的违规纪录(过去曾触犯强逼购物违规行为，被暂停导游证1个月)，香港旅游业议会决定对导游阿珍施以暂停导游证6个月的处罚，其后如果再次违反有关规例，将永久吊销导游证；并对指派她接待游客的J国际旅行社处以4.75万港元的罚款。而内地A旅行社则被安徽某旅游局责令改正，并处以10万元人民币的罚款。内地游客被迫购买的一些商品，也通过有关部门退了回去。

**典型案例**

## 案例 1-7　旅行社未经游客同意擅自转团案

**【案情介绍】**

2010 年 4 月，刘先生一家三口参加 M 国际旅行社组织的泰国游，双方签订了旅游合同，全额交纳了 3 个人的旅游团费，确定了游览行程。旅游团出发当日，刘先生一家按约定时间赶到机场集合。办完出境手续后，刘先生发现全团 16 个旅游者分别来自 3 家旅行社，且游客手中的旅游行程各不相同。刘先生一家的旅游行程上有送古典泰式按摩和骑大象，但到达泰国后，地接导游却说这是自费项目，要求刘先生一家必须交费。交涉无果，刘先生只好重新交费。

回国后，刘先生找到 M 旅行社，要求给个说法。该社负责人称，组团人数不足，将若干家旅行社的旅游者拼成一个团，是业内通常做法，刘先生一家的泰国游已交由 L 国际旅行社操作，有问题去找 L 旅行社。刘先生又去 L 旅行社，L 旅行社说是按 M 国际旅行社要求操作的，出了问题，应找 M 国际旅行社。无奈，刘先生只好向旅游质量监督管理部门投诉，要求维护自己的权益。

(摘自日照旅游诚信网，略有改动。)

**【请你思考】**

(1) M 组团社可否将游客转给 L 旅行社？

(2) 刘先生一家的损失应由哪家旅行社承担？

(3) 旅游行政管理部门应如何处罚这两家旅行社？

**【涉及法条】**

(1)《旅行社条例》第三十六条：旅行社需要对旅游业务作出委托的，应当委托给具有相应资质的旅行社，征得旅游者的同意，并与接受委托的旅行社就接待旅游者的事宜签订委托合同，确定接待旅游者的各项服务安排及其标准，约定双方的权利、义务。

(2)《旅行社条例》第三十七条第二款：接受委托的旅行社违约，造成旅游者合法权益受到损害的，作出委托的旅行社应当承担相应的赔偿责任。作出委托的旅行社赔偿后，可以向接受委托的旅行社追偿。

第三款：接受委托的旅行社故意或者重大过失造成旅游者合法权益损害的，应当承担连带责任。

(3)《旅行社条例实施细则》第三十三条第一款：在签订旅游合同时，旅行社不得要求旅游者必须参加旅行社安排的购物活动或者需要旅游者另行付费的旅游项目。

(4)《旅行社条例实施细则》第三十五条：旅游行程开始前，当发生约定的解除旅游合同的情形时，经征得旅游者的同意，旅行社可以将旅游者推荐给其他旅行社组织、接待，并由旅游者与被推荐的旅行社签订旅游合同。

未经旅游者同意的，旅行社不得将旅游者转交给其他旅行社组织、接待。

(5)《旅行社条例实施细则》第五十六条：违反本实施细则第三十五条第二款的规定，旅行社未经旅游者的同意，将旅游者转交给其他旅行社组织、接待的，由县级以上旅游行政管理部门依照《条例》第五十五条的规定处罚。

(6)《旅行社条例》第五十五条第三款：旅行社未取得旅游者同意，将旅游业务委托给其他旅行社的，由旅游行政管理部门责令改正，处2万元以上10万元以下的罚款；情节严重的，责令停业整顿1个月至3个月。

**【法理分析】**

M旅行社可以将旅游者转给其他旅行社，但必须征得旅游者的同意，否则转让就是违法的。旅游者购买旅行社推出的旅游产品，除了考虑产品的价格、服务档次、旅游行程等因素外，旅行社的品牌也是吸引旅游者的重要因素，它是无形资产，它体现了旅行社的资信状况、履约能力。根据我国《旅行社条例实施细则》第三十五条的规定，组团社不得擅自将游客转给其他旅行社，否则，就要受到一定的处罚。实践中，此类非法转让游客的行为十分普遍，业内称为“拼团”，游客对此并不知情，往往等团队出发以后才发现提供服务的并非当初签约的旅行社，有时游览线路、景点、住宿、餐饮标准等均不相同，严重侵害了游客利益。本案即是此类典型，M国际旅行社没有经过刘先生一家的同意，擅自将其转让给L旅行社，此行为是非法的。

刘先生一家在泰国被迫交的泰式按摩和骑大象的费用，应由组团的M旅行社退还，原因有以下三个方面。首先，刘先生与M旅行社签订的旅游合同就服务内容、服务档次等进行了约定，其中的服务内容包括泰国的古式按摩和骑大象活动，而泰国地接社仍然要求刘先生一家交纳此两项费用，属重复收费，应该退还。其次，此两项费用是作为自费项目被泰国导游强制收取的，这种强迫消费的行为既违反了《消费者权益保护法》的规定，侵害了消费者的自主选择权，也违反了《旅行社条例》及其实施细则的有关规定，因此应该退还给游客。再次，根据我国《旅行社条例》第三十七条第二款的规定，作出委托的M旅行社应赔偿刘先生一家被迫收取的自费项目的费用。

**【处理结果】**

刘先生在泰国被迫多交的费用由M旅行社退还。另外，M旅行社擅自将刘先生一家转让给L旅行社，按照《旅行社条例》的规定，应由旅游行政管理部门责令改正，处2万元以上10万元以下的罚款；情节严重的还要被责令停业整顿1个月至3个月。

典型案例

## 案例 1-8　旅行社组团中的年龄差别案

【案情介绍】

2010 年 8 月，市民刘小姐计划与丈夫请假去云南旅游，遂去当地 H 旅行社咨询订票。接待员热情地介绍了好几种云南游线路，刘小姐最终选定一条云南六日游的大众线路，每人 3200 多元。就在她和丈夫准备签约交费时，接待员询问他们是否年满 24 周岁，刘小姐回答自己 23 周岁。接待员随即说不满 24 周岁的游客要加价 1000 多元，原因是云南地接社有规定，认为不满 24 周岁的是学生，没有消费能力，所以要加价，给地陪赚的。并且还说，如果是老师、小孩、老人的话，地接社那边也要求加价。刘小姐当即提出质疑，接待员解释说其他旅行社也都会收这样的费用。

刘小姐回家上网一查，果然发现其他旅行社也都有"年龄歧视"，只是加收的费用不同而已，三五百元不等，这种现象已经成了业内的潜规则。刘小姐遂向有关部门反映，希望有关部门能查清楚这些不合理现象。

(摘自中国旅游新闻网，略有改动。)

【请你思考】

(1) 旅行社加收"年龄差别费"的现象是否合法?

(2) 如何看待"年龄差别费"现象? 其背后的实质是什么?

(3) 旅游行政管理部门应如何处理加收"年龄差别费"的旅行社?

【涉及法条】

(1)《消费者权益保护法》第十条：消费者享有公平交易的权利。

消费者在购买商品或者接受服务时，有权获得质量保障、价格合理、计量正确等公平交易条件，有权拒绝经营者的强制交易行为。

(2)《旅行社条例实施细则》第三十三条第二款：同一旅游团队中，旅行社不得由于下列因素，提出与其他旅游者不同的合同事项。

① 旅游者拒绝参加旅行社安排的购物活动或者需要旅游者另行付费的旅游项目的。

② 旅游者存在的年龄或者职业上的差异，旅行社提供了与其他旅游者相比更多的服务，旅游者主动要求的除外。

(3)《旅行社条例实施细则》第五十四条：违反本实施细则第三十三条的规定，要求旅游者必须参加旅行社安排的购物活动、需要旅游者另行付费的旅游项目，或者对同一旅游团队的旅游者提出与其他旅游者不同合同事项的，由县级以上旅游行政管理部门责令改正，处1万元以下的罚款。

**【法理分析】**

旅行社在业务经营中应合法经营，科学核算成本和收益，确定合理的利润率。但在市场竞争日益激烈而法制建设又不完善的当前，许多旅行社不是通过合法经营来获取利润，而是采取低价手段吸收游客，再通过压缩行程、增加景点、增加购物、强制消费等不正当手段弥补亏空，赚取利润，这就是时下较为流行的零负团费线路。尤其是在组团社和地接社之间的业务合作中，零负团费现象最为常见，组团社有时不支付或不足额支付接待和服务费用给地接社，有时支付的费用会低于接待成本，导致地接社较难盈利甚至还会亏损。由于增加购物获取回扣是旅行社弥补亏损最有效的办法，故而旅行社都特别关注游客的消费能力。从旅行社的实践看来，老人、小孩往往消费能力较低，部分职业的游客(例如教师)消费较理性，消费量也不很大，因此，许多操作零负团费的旅行社就别出心裁地对这些特殊年龄和职业的游客区别对待，即多收旅游费用，业内将这些费用称为年龄差别费和职业附加费。本案刘小姐夫妻二人就遭遇了收取年龄差别费的不法旅行社。

从法律的角度看，旅行社收取年龄差别费或职业附加费的行为是不合法的。根据我国《消费者权益保护法》第十条的规定，消费者享有公平交易权，这项权利赋予消费者有权获得质量保障、价格合理、计量正确等公平交易的条件。因此，同样的服务应该收取相同的价格，经营者不得歧视任何消费者，旅行社加收年龄差别费或职业附加费显然是对个别游客的价格歧视。再者，根据我国《旅行社条例实施细则》第三十三条第二款第二项的规定，同一旅游团队中，旅行社不得由于旅游者存在年龄或者职业上的差异，提出与其他旅游者不同的合同事项，这是对年龄差别费或职业附加费的明文禁止。除非旅行社对这类特殊游客提供了与其他旅游者相比更多的服务，或者这些特殊游客主动要求提供更多服务，否则，旅行社是不得收取年龄差别费或职业附加费的。

**【处理结果】**

旅行社如果向老人、小孩、教师等游客加收费用，属于违反《旅行社条例实施细则》第三十三条的行为，也违背了《消费者权益保护法》的立法精神，应向旅游者退还加收的费用；同时，按照《旅行社条例实施细则》第五十四条的规定，应由县级以上旅游行政管理部门责令改正，处1万元以下的罚款。

## 思考与实训

1. 案例分析题

2010 年 8 月 14 日，吴某等 31 名游客参加邯郸某旅行社组织的赴山东日照二日游，在 2010 年 8 月 16 日 18 时返回途中行至日照高速路口时，因车辆发生故障导致游客滞留。随团的该旅行社总经理以调车为由，乘同行的其他旅游车回邯郸，并在随后的 12 个小时内和游客失去联系，导致游客恐慌无助。接到举报后，邯郸市旅游局组织人员连夜通过日照旅游局协调车辆，于 2010 年 8 月 17 日 9 时将游客安全送抵邯郸。经查，这家旅行社此次组团，多处违反了《旅行社条例》的规定，且在车发生故障后，该旅行社总经理置游客于不顾擅自离去，违背了一个旅游企业经营者最基本的职业道德，侵犯了旅游者的合法权益，造成了严重的社会影响。在市旅游局旅游质监所多次督导协调下，该旅行社支付车费 3800 元，赔偿游客 3570 元，被处以罚款 2.5 万元。

根据所学知识，回答下列问题。

(1) 对旅行社的处罚有何法律依据？

(2) 旅行社有哪些业务经营规则？

2.单项选择题

(1) 旅行社聘用导游人员、领队人员应当依法签订劳动合同，并向其支付不低于______的报酬。

A. 当地平均工资标准　　B. 当地最低工资标准

C. 双方约定　　D. 最低生活保障标准

(2) 旅行社采用格式条款订立合同，有利的一面是可以______。

A. 保护自身权益　　B. 提高经营收入

C. 防止经济损失　　D. 降低交易成本

3. 多项选择题

(1) 下列不属于旅行社服务网点业务范围的是______。

A. 招徕旅游者　　B. 提供导游服务

C. 宣传旅行社业务　　D. 组织接待旅游者

(2) 旅行社以互联网形式经营旅游业务的，其网站首页应当载明旅行社的______。

A. 名称　　B. 许可证号码

C. 法定代表人　　D. 业务经营范围

(3) 旅行社不得向旅游者介绍和提供______旅游项目。

A. 有损害国家利益和民族尊严内容的

B. 含有民族、种族、宗教、性别歧视内容的

C. 含有淫秽、迷信、赌博内容的

D. 含有其他被法律法规禁止内容的

## 三　旅行社的管理

### 案前导读

作为企业法人，旅行社在经营业务的同时要搞好管理工作，抓管理保经营，以管理促生产，努力提高企业效益。按照《旅行社条例》和《旅行社条例实施细则》的有关规定，旅行社的管理制度既有行业主管部门对企业的外部管理制度，又有规范企业内部管理的规定。前者主要包括旅行社设立审批制度、旅行社业务经营许可证管理制度、旅行社公告制度、旅行社质量保证金管理制度、旅行社责任保险制度、旅行社监督检查制度、外商投资旅行社管理制度；后者主要包括人事管理制度(例如旅行社聘用导游和领队应签订劳动合同，旅行社聘用的导游和领队应持有导游证和领队证)、企业薪酬制度(旅行社聘用导游和领队应支付合理的薪酬)、业务管理制度(旅行社不得要求导游和领队接待零负团费的旅游团队，不得要求导游和领队承担接待费用)、档案管理制度等。

### 典型案例

### 案例 1-9　旅行社未按规定交纳质量保证金案

**【案情介绍】**

因未按《旅行社条例》的规定，在旅游行政管理部门指定的银行存入旅行社质量保证金，也未提交依法取得的担保额度不低于相应数额的银行担保，XS 旅游有限公司、QS 旅行社有限公司、HB 旅游有限公司 3 家旅行社被 T 市旅游局吊销了旅行社业务经营许可证。T 市旅游局曾分别于 2009 年 10 月、2010 年 2 月向上述旅行社下达《责令改正通知书》，但三旅行社不予理睬，一直未存入相应数额的质量保证金。T 市旅游局遂作出吊销上述 3 家旅行社业务经营许可证的决定，并向社会发布了吊销该 3 家旅行社业务经营许可证的公告。

(摘自驴妈妈旅游咨询网，略有改动)

**【请你思考】**

(1) 什么是旅行社质量保证金？

(2) 为何设立旅行社质量保证金制度？

(3)《旅行社条例》对质量保证金的缴存、增存、降低、补足有哪些管理规定？

(4) 哪些情形下可用质量保证金赔偿游客的损失？

**【涉及法条】**

(1)《旅行社条例》第十三条：旅行社应当自取得旅行社业务经营许可证之日起 3

个工作日内，在国务院旅游行政主管部门指定的银行开设专门的质量保证金账户，存入质量保证金，或者向作出许可的旅游行政管理部门提交依法取得的担保额度不低于相应质量保证金数额的银行担保。

经营国内旅游业务和入境旅游业务的旅行社，应当存入质量保证金 20 万元；经营出境旅游业务的旅行社，应当增存质量保证金 120 万元。

(2)《旅行社条例》第十四条：旅行社每设立一个经营国内旅游业务和入境旅游业务的分社，应当向其质量保证金账户增存 5 万元；每设立一个经营出境旅游业务的分社，应当向其质量保证金账户增存 30 万元。

(3)《旅行社条例》第十七条：旅行社自交纳或者补足质量保证金之日起 3 年内未因侵害旅游者合法权益受到行政机关罚款以上处罚的，旅游行政管理部门应当将旅行社质量保证金的交存数额降低 50%，并向社会公告。旅行社可凭省、自治区、直辖市旅游行政管理部门出具的凭证减少其质量保证金。

(4)《旅行社条例》第十八条：旅行社在旅游行政管理部门使用质量保证金赔偿旅游者的损失，或者依法减少质量保证金后，因侵害旅游者合法权益受到行政机关罚款以上处罚的，应当在收到旅游行政管理部门补交质量保证金的通知之日起 5 个工作日内补足质量保证金。

(5)《旅行社条例》第四十八条：违反本条例的规定，旅行社未在规定期限内向其质量保证金账户存入、增存、补足质量保证金或者提交相应的银行担保的，由旅游行政管理部门责令改正；拒不改正的，吊销旅行社业务经营许可证。

(6)《旅行社条例》第四十二条：旅游、工商、价格等行政管理部门应当及时向社会公告监督检查的情况。公告的内容包括旅行社业务经营许可证的颁发、变更、吊销、注销情况，旅行社的违法经营行为以及旅行社的诚信记录、旅游者投诉信息等。

**【法理分析】**

依据《旅行社质量保证金存取管理办法》的规定，旅行社质量保证金(以下简称保证金)是指根据《旅行社条例》的规定，由旅行社在指定银行缴存或由银行担保提供的用于保障旅游者合法权益的专项资金。另据《旅行社条例》第十三条、第十八条和第四十八条的规定可知，开办旅行社必须缴存规定数额的保证金，否则将受到严厉制裁。本案中的 3 家旅行社就是因违反这些规定而被吊销了旅行社业务经营许可证。我国之所以严格执行旅行社质量保证金制度，目的就是加强对旅行社服务质量的监督和管理，保护旅游者的合法权益，保证旅行社的规范经营，维护我国旅游业的声誉，这也是许多旅游业发达国家的成熟做法。必须清楚，保证金是用于保障旅游者合法权益受到旅行社侵害后获得赔偿的专项资金，必须专款专用，非经法定程序，任何组织和个人不得支取，旅行社也不得将缴纳保证金的有关凭证作为抵押或偿还债务的凭证。旅行社须在国家旅游局指定的银行范围内，选择一家(含其银行分支机构)存储保证金。银行应为旅行社开设保证金专用账户。

根据《旅行社条例》第十五条和第十六条的规定，在旅行社的经营中，一旦因旅行社的过错或原因导致游客权益受损，旅行社无力赔偿或拒绝赔偿时，旅游行政管理部门或人民法院即可依法划拨一定数额的保证金以赔偿游客损失，当然，这需要游客向前述有关部门提出赔偿请求。具体而言，以下情形可以使用保证金：①旅行社违反旅游合同约定，侵害旅游者合法权益，经旅游行政管理部门查证属实的；②旅行社因解散、破产或者其他原因造成旅游者预交旅游费用损失的；③人民法院判决、裁定及其他生效法律文书认定旅行社损害旅游者合法权益，旅行社拒绝或者无力赔偿的。由此可知，如果没有保证金这笔专项资金做保障，游客一旦受损而旅行社无力赔偿时，权益将难以得到维护，赔偿将无法落到实处。

有关保证金的缴存、增存、降低、补足的具体规定，见《旅行社条例》第十三条、第十四条、第十七条、第十八条的规定。

**【处理结果】**

旅行社未在规定期限内向其质量保证金账户存入、增存、补足质量保证金或者提交相应的银行担保的，由旅游行政管理部门责令改正；拒不改正的，吊销旅行社业务经营许可证。

**典型案例**

## 案例 1-10　旅行社挂靠承包经营案

**【案情介绍】**

2010 年 5 月 7 日，中国青年报以《内蒙古多家旅行社公开出租部门——一些大型旅行社就像收租子的"地主"》为题，反映内蒙古 H 旅行社和 Z 旅行社涉嫌挂靠承包的违法问题。据记者调查，承包一个部门需缴纳 1 万元保证金，承包费为每年 1.5 万元，承包人可以对外宣称是该旅行社的某一部门，各个承包部门业务独立，旅行社不过问，导致内蒙古旅游市场出现秩序和质量问题。某旅行社负责人介绍说，"承包部门需要签订合同，通常合同期为 1 年，承包之后做得不够好，可以退租，但是不可以转包。在其他地区开分社，总社不会干涉分社的业务，分社可以将分社各部门承包出去。部门外包不仅可以提升旅行社的知名度，还可以收取一定的承包费，减少自己承担的费用"。一位业内人士告诉记者，其实很多承包人在承包了旅行社部门后，发现不赚钱，就私下再次进行转包，并没有人会追究责任。这样，一个看似很知名的旅行社组织的大型旅行活动，可能就是经过层层转包后，几个经营者的个人行为。

国家旅游局要求内蒙古自治区旅游局立即对报道中涉及的内蒙古 H 旅行社和 Z 旅行社挂靠承包问题进行调查。经查，内蒙古自治区旅游局认定其中一家旅行社挂靠承包事实成立，依据《旅行社条例》的有关规定，对其作出了相应处罚。

(摘自国家旅游局官网和中国青年报，有改动。)

**【请你思考】**

(1)《旅行社条例》及其实施细则对旅行社承包挂靠行为有何规定？

(2) 我国法律法规为何禁止旅行社搞业务承包挂靠？

(3) 旅行社可否委托其他旅行社、非旅行社组织或个人代理招徕旅游者业务？

【涉及法条】

(1)《旅行社条例实施细则》第二十七条：旅行社业务经营许可证不得转让、出租或者出借。

旅行社的下列行为属于转让、出租或者出借旅行社业务经营许可证的行为。

① 除招徕旅游者和符合本实施细则第三十四条第一款规定的接待旅游者的情形外，准许或者默许其他企业、团体或者个人，以自己的名义从事旅行社业务经营活动的。

② 准许其他企业、团体或者个人，以部门或者个人承包、挂靠的形式经营旅行社业务的。

(2)《旅行社条例》第四十七条：旅行社转让、出租、出借旅行社业务经营许可证的，由旅游行政管理部门责令停业整顿 1 个月至 3 个月，并没收违法所得；情节严重的，吊销旅行社业务经营许可证。受让或者租借旅行社业务经营许可证的，由旅游行政管理部门或者工商行政管理部门责令停止非法经营，没收违法所得，并处 10 万元以上 50 万元以下的罚款。

(3)《关于试行旅行社委托代理招徕旅游者业务有关事项的通知》第一条：旅行社可以在其业务经营范围内，委托其他旅行社代理招徕国内旅游、出境旅游(不含赴台湾地区旅游)和边境旅游的旅游者。作出委托的旅行社为组团社，接受委托的旅行社为代理社。

(4)《关于试行旅行社委托代理招徕旅游者业务有关事项的通知》第五条：组团社可以将下列事项委托给代理社。

① 招徕宣传。

② 为旅游者提供旅游行程咨询。

③ 与旅游者签订旅游合同。

④ 收取旅游费用。

⑤ 向旅游者通知有关行程事项。

(5)《关于试行旅行社委托代理招徕旅游者业务有关事项的通知》第十一条：旅行社委托非旅行社的组织或个人代理招徕旅游者，将在旅行社业内试行的基础上，适时制定管理办法进行试点和逐步开放。

【法理分析】

旅行社行业是特许经营行业，未获得旅行社业务经营许可证，任何组织和个人均不得从事旅行社业务，故此我国对旅行社实行业务经营许可证管理制度，严格旅行社业务经营许可证的发放、使用、审查和监督。实行这一制度就是要把好旅行社从业的准入关，把不具备旅行社从业资格和实力的组织与个人拒之门外，规范市场行为，维持市场秩序，保障游客权益。然而，一些旅行社和个人为获取非法利益，置相关法律法规于不顾，视广大游客利益为无形，以企业挂靠承包的形式或其他形式，非法转让(受让)、出租(租赁)、出借(借用)业务经营许可证，使一些非旅行社的组织和个人以旅行社的名义从事旅游业务。这些非法经营行为无任何质量保障，经常降低服务标准、随意更改旅游行程、公开强迫游客购物、肆意进行不正当竞争，严重侵害了正规旅行社和广大游客的切身利益，极大地扰乱了旅游市场的正常秩序，使旅行社市场准入制度形同虚设。因此，我国《反不正当竞争法》和《旅行社条例》及其实施细则等法律法规对非法转让、出租、出借旅行社业务经营许可证的行为是明文禁止的，并有严厉的制裁手段。我国旅游、工商等有关部门亦经常开展一些整治行动，打击此类违法行为。

本案中，国家旅游局获悉《中国青年报》的报道信息后，随即要求内蒙古旅游局展开调查。内蒙古旅游局立即成立领导小组，于2010年6月10日至10月30日在全区开展旅行社挂靠承包专项整治，先后召开会议60余次，检查旅行社612家，对其中53家旅行社分别作出了通报批评、停业整顿、罚款、注销等处罚。通过专项整治，统一了对挂靠承包危害性的认识，建立了防范和打击挂靠承包制度，挂靠承包现象得到有效遏制。国家旅游局还转发了内蒙古自治区旅游局《整治旅行社挂靠承包经营专项工作方案》，在全国部署治理旅行社部门挂靠承包违法行为。

另外，按照国家旅游局《关于试行旅行社委托代理招徕旅游者业务有关事项的通知》的规定，我国旅行社可以在其业务经营范围内，委托其他旅行社代理招徕国内旅游、出境旅游(不含赴台湾地区旅游)和边境旅游的旅游者，代理宣传、咨询、签约、收费、通知行程等事项，但不得委托其他旅行社直接代理其他经营活动，目前也不能委托非旅行社的组织或个人代理招徕旅游者。

**【处理结果】**

依据《旅行社条例》第四十七条的规定，内蒙古旅游局对涉嫌违规的旅行社处以停业整顿1个月的行政处罚，并处没收违法所得；对受让或者租借旅行社业务经营许可证的个人，责令停止非法经营，没收违法所得，并处10万元以上50万元以下的罚款。

## 典型案例

### 案例1-11　旅行社拖欠导游垫付团款案

**【案情介绍】**

2008年年初，导游崔某受海口市X旅游公司委托带团出游，但旅游公司每次都未足额支付团款，出游过程中不足的费用由崔某垫付。截至2008年10月9日，经双方结算，X旅游公司共计欠其垫付团款7985元。崔某多次催款未果，便一纸诉状将该公司告上法院，请求依法判令该公司向其偿付团款7985元。X旅游公司在法庭上对崔某的诉请及事实理由没有异议，同意支付所欠崔某的团款，但由于公司现资金周转紧张，希望能分批支付。另一导游陈某也有同样的遭遇，2007年7月至2008年12月期间，陈某为Y旅行社带团垫付款共计 5400 元，但该社一直以各种理由拖欠这笔款项，陈某也将旅行社告上法院。

(摘自中国旅游新闻网，略有改动。)

【请你思考】

(1) 旅行社可否要求导游或领队垫付团款？有何法律依据？

(2) 对旅行社要求导游承担接待旅游团队之相关费用的行为应否予以制裁？

(3) 如何看待旅行社业内较多存在的导游买团、垫付团款等现象？

【涉及法条】

(1)《旅行社条例》第三十四条：旅行社不得要求导游人员和领队人员接待不支付接待和服务费用或者支付的费用低于接待和服务成本的旅游团队，不得要求导游人员和领队人员承担接待旅游团队的相关费用。

(2)《旅行社条例实施细则》第三十一条：《条例》第三十四条所规定的旅行社不得要求导游人员和领队人员承担接待旅游团队的相关费用，主要包括以下几种。

① 垫付旅游接待费用。

② 为接待旅游团队向旅行社支付费用。

③ 其他不合理费用。

(3)《旅行社条例》第六十条：违反本条例的规定，旅行社要求导游人员和领队人员接待不支付接待和服务费用、支付的费用低于接待和服务成本的旅游团队，或者要求导游人员和领队人员承担接待旅游团队的相关费用的，由旅游行政管理部门责令改正，处 2 万元以上 10 万元以下的罚款。

【法理分析】

随着我国社会经济生活水平的逐步提高，人们的精神生活需求越来越高，休闲、娱乐、度假、出游等活动日益频繁，更多的组织和个人进入旅行社行业，使得市场竞争愈发激烈，在法制观念不强、法制不完善的当前，不正当竞争和违规经营行为将会长期存在。虽然《旅行社条例》及其实施细则明确规定了旅行社的经营规则和管理制度，但一些旅行社的非法经营依然屡见不鲜。例如，根据《旅行社条例》第三十四条规定，旅行社不得要求导游人员和领队人员承担接待旅游团队的相关费用，这是规范旅行社业务内部管理的规定，本案中导游垫付的旅游接待费用(即案例中所指的团款)即是此类费用。普遍认为，组织、招徕、接待旅游者是旅行社的主要业务，导游仅是接受旅行社委派，为旅游者提供向导、讲解及其他导游服务的工作人员，主要承担带团任务，无须承担本应由旅行社负担的任务。因此，要求导游或领队垫付团款显然不合理，更不合法，故《旅行社条例》第六十条对此类不合法行为予以了重裁。

事实上，旅行社非法要求导游垫付团款或承担接待旅游团队的其他相关费用，均是低于成本价招徕旅游者的结果。为了揽住客源，一些不法旅行社不惜大幅降低报价吸引游客，搞所谓的零负团费，由于报价低于服务成本，便非法要求导游垫付团款，由导游填补亏空。这种反常现象导致的结果就是，导游为了收回垫付款，在带团中随意更改旅游线路，压缩游览时间，增加购物点，延长购物时间，甚至强迫游客购物，靠购物回佣赚取利润。这种现象直接侵害了导游人员的利益，最终侵害的是广大游客和那些守法经营的正规旅行社的利益，严重扰乱了旅游市场秩序。

【处理结果】

这两起案件事实清楚，证据确凿，有关法院依法判决 X 旅游公司于判决生效之日起 10 日内向崔某偿付旅游团款 7985 元，判决 Y 旅行社于判决生效之日起 10 日内向陈某偿付旅游团款 5400 元，案件受理费由两被告分别承担。另外，依据《旅行社条例》第六十条的规定，X 和 Y 两家旅行社还将被当地旅游行政管理部门责令改正，处 2 万元以上 10 万元以下的罚款。

## 知识拓展

我国《劳动法》和《劳动合同法》都明确要求用人单位必须与员工签订劳动合同，必须向企业员工支付相应报酬，《旅行社条例》也明文规定旅行社聘用导游人员、领队人员应当依法签订劳动合同，并向其支付不低于当地最低工资标准的报酬。但一些旅行社为降低经营成本，往往不与导游签订劳动合同，更不愿支付劳动报酬，严重违反国家有关法律法规的规定。在一些规模较小、经营不规范的旅行社里，导游不仅拿不到应有的工资报酬，无法享受“五险一金”的劳动保障，还要向旅行社交纳许多不合理的费用。比如，去旅行社应聘上岗要交保证金，想要出团就要交买团费(或称上团费)、人头费，带团期间替旅行社垫付团费，诸如此类现象较为常见。旅行社的这些不法行为严重侵害了导游的权利，使得导游的基本生活无法获得保障，导游最终出现两种流向，要么退出导游队伍，要么留下被迫通过违规操作(例如强制购物、增加景点等手段)赚取灰色收入。目前，许多人士强烈呼吁通过立法手段完善导游薪酬制度，解决导游薪酬问题和旅行社劳资矛盾，以促进旅行社规范经营，推动旅游业健康发展。相信《导游人员管理条例》修订后，此问题会得到较为妥善的解决。

## 思考与实训

1. 案例分析题

洪某去广州探亲期间，参加 F 旅行社组织的珠海一日游活动，旅游中导游小贾频繁带领游客出入各种购物场所，游说客人购买各种所谓的珠宝特产，讲解和游览的时间反倒很少，而且讲解质量也不高。洪某对该导游的服务十分不满，请其出示导游证，小贾搪塞半天并未出示。洪某遂向当地旅游部门投诉，要求旅行社赔礼道歉，并退还旅游费用。经查，导游小贾是某高校导游专业学生，但无导游证，因值旅游旺季被 F 旅行社聘用带团，且旅行社未与其签订劳动合同。

根据所学，回答下列问题。

(1) F 旅行社有何违规行为？

(2) F 旅行社是否应该赔偿游客洪某的损失？

(3) F 旅行社应受到什么处罚？

2. 单项选择题

某旅行社增设了两家分社，但未及时向其质量保证金账户增存相应数额的质量保证金，经所属旅游行政部门多次督促后，仍拒不增存。依据所学知识，完成下列题目。

(1) 对某旅行社拒不增存质量保证金的行为，旅游行政管理部门可作何处罚？

A. 责令改正；拒不改正的，吊销旅行社业务经营许可证

B. 责令停业整顿

C. 处以 10 万以上 50 万以下罚款

D. 没收非法所得

(2) 关于旅行社质量保证金，下列说法不正确的是______。

A. 满足法定条件时，旅行社质量保证金的交存数额可降低 50%

B. 保证金须保持满额，支付赔偿后，不足部分须在规定时间内补足

C. 质量保证金的利息完全不属于旅行社所有

D. 质量保证金的利息属于旅行社所有

(3) 旅行社在银行存入质量保证金，应当设立独立账户，存期不得少于______。

A. 半年　B. 1 年　C. 2 年　D. 3 年

(4) 旅行社被吊销旅行社业务经营许可的，其主要负责人在旅行社业务经营许可被吊销之日起______内不得担任任何旅行社的主要负责人。

A. 1 年　B. 2 年　C. 3 年　D. 5 年

(5) 游客向旅游局质监所请求质量保证金赔偿的时效期限为______。

A. 30 天　B. 60 天　C. 90 天　D. 120 天

3. 多项选择题

(1) 旅行社以互联网形式经营旅行社业务的，除符合法律、法规规定外，其网站首页应当载明旅行社的名称和______。

A. 法定代表人

B. 许可证编号

C. 业务经营范围

D. 原许可的旅游行政部门的投诉电话

(2) 旅行社设立的分社与服务网点______。

A. 都是设立社的分支机构

B. 都以设立社名义开展经营活动

C. 都不具备独立法人资格

D. 都在设立社注册地的市、县行政区域以内

# 四　旅行社的权利、义务及法律责任

### 案前导读

本节所指旅行社的权利和义务主要是相对旅游者而言的，旅行社只有依法履行义务方能很好地为游客服务，保障游客的合法权益；旅行社只有充分行使自己的权利才可保障顺利经营，实现企业利润。依据《消费者权益保护法》、《旅行社条例》和《旅行社条例实施细则》的有关规定，旅行社的义务主要有如下几项，提供真实的信息、保证游客的安全、遵守合同的约定、提供合格的导游(或领队)、提供服务的凭证、尊重游客的人格、接受游客的监督等。旅行社的权利主要有要求游客如实提供相关信息、按时提交相关证明、遵守合同约定、妥善保管随身物品、要求游客配合处理以降低损失、拒绝游客的不合理要求、制止游客的违法悖俗行为等。一般而言，因游客多数处于弱势地位，故实践中人们更多关注旅行社的义务。

### 典型案例

## 案例 1-12　旅行社未尽安全保障义务致游客受伤案

**【案情介绍】**

2009 年 7 月 17 日，李女士与上海某 C 旅行社在网上签订旅游合同，参加 C 社组织的贵阳六日游，支付旅游费 12250 元。2009 年 7 月 30 日晚，李女士一行随团出发，乘机到贵阳。2009 年 8 月 1 日上午，在乘坐旅游车从贵州省凯里市到荔波县的途中，坐在旅游车最后一排的李女士，因车子颠簸，两次被从座位上抛起再跌落。因腰部疼痛难忍，李女士没有继续参加之后的游程。受伤后，李女士分别在贵州当地及上海市多家医院进行治疗，诊断结果为第 1 腰椎椎体压缩性、粉碎性骨折，经鉴定，达到九级伤残程度。

经过一年多的治疗，李女士于 2010 年 11 月 26 日向法院提起诉讼，要求 C 旅行社赔偿医疗费、护理费、营养费以及残疾赔偿金等共计 20.93 万元，退还旅游费 7220 元，并保留今后再行手术等费用及其他合法权益的诉权。法院经审理后依法作出判决。

(摘自中国旅游新闻网，略有改动。)

**【请你思考】**

(1) C 旅行社的行为是否构成违约？

(2) C 旅行社是否应对李女士的损伤承担责任？

**【涉及法条】**

(1)《消费者权益保护法》第十八条：经营者应当保证其提供的商品或者服务符合保障人身、财产安全的要求。对可能危及人身、财产安全的商品和服务，应当向消费者作出真实的说明和明确的警示，并说明和标明正确使用商品或者接受服务的方法以及防止危害发生的方法。

(2)《最高人民法院关于审理旅游纠纷案件适用法律若干问题的规定》第七条：旅游经营者、旅游辅助服务者未尽到安全保障义务，造成旅游者人身损害、财产损失，旅游者请求旅游经营者、旅游辅助服务者承担责任的，人民法院应予支持。

(3)《旅行社条例》第三十九条：旅行社对可能危及旅游者人身、财产安全的事项，应当向旅游者作出真实的说明和明确的警示，并采取防止危害发生的必要措施。

发生危及旅游者人身安全的情形的，旅行社及其委派的导游人员、领队人员应当采取必要的处置措施并及时报告旅游行政管理部门；在境外发生的，还应当及时报告中华人民共和国驻该国使领馆、相关驻外机构、当地警方。

(4)《旅行社条例实施细则》第三十九条：旅行社及其委派的导游人员、领队人员，应当对其提供的服务可能危及旅游者人身、财物安全的事项，向旅游者作出真实的说明和明确的警示。

在旅游行程中的自由活动时间，旅游者应当选择自己能够控制风险的活动项目，并在自己能够控制风险的范围内活动。

(5)《消费者权益保护法》第四十一条：经营者提供商品或者服务，造成消费者或者其他受害人人身伤害的，应当支付医疗费、治疗期间的护理费、因误工减少的收入等费用，造成残疾的，还应当支付残疾者生活自助具费、生活补助费、残疾赔偿金以及由其扶养的人所必需的生活费等费用；构成犯罪的，依法追究刑事责任。

**【法理分析】**

游客随团出游最重要的是安全问题。安全保障权是游客最重要的权利，保障游客人身和财产的安全，也是旅行社提供商品和服务最基本的义务。旅行社和游客签订旅游合同后，不仅有提供旅游服务的合同义务，也有保障游客人身和财产安全的合同义务，否则，造成游客损失就要承担违约责任。再者，在旅行游览途中，旅行社及其委派的导游、领队，应当对其提供的服务可能危及旅游者人身、财产安全的事项，向旅游者作出真实的说明和明确的警示，并采取防止危害发生的必要措施。因旅行社及其导游、领队未尽到安全保障义务，造成旅游者人身损害、财产损失时，应承担相应的赔偿责任。对此，《消费者权益保护法》、《旅行社条例》及其实施细则等法律法规均有规定。

本案中，C 旅行社作为旅游产品及相关服务的提供方，在提供服务过程中没有尽到安全保障义务，未提醒游客注意车辆颠簸的问题，也未采取任何防护措施，导致李女士受伤，C 旅行社存在明显过错。因此，C 旅行社已构成违约，应对李女士的合理损失承担违约赔偿责任。由于李女士还需后期治疗，相应费用及其他合法权益的诉权也应予以保留。

【处理结果】

法院对这起旅游合同纠纷案审理后认为，C 旅行社构成违约，应对李女士的合理损失承担违约赔偿责任。因此，判决 C 旅行社赔偿李女士医疗费等各项损失 17.8 万余元，并退还旅游费 1925 元。由于李女士还需后期治疗，相应费用及其他合法权益的诉权予以保留。

典型案例

## 案例 1-13　旅行社拒不履行合同案

【案情介绍】

2010 年 7 月 23 日，王先生在杭州某报纸上看到一则名为《南迦巴瓦山脚 烤全羊喝青稞酒 最美季节走精致川藏线》的旅游广告，其中明确写着：西藏天域旅游提供的优惠价格为 9800 元，包含杭州到成都的单程机票，沿途吃住均为当地旅游最高标准。王先生经过比较，发现该线路属于川藏线上的高团费，因对方承诺全程无任何额外消费，且是最好接待条件，在成都入住当地最好的 SC 宾馆(四星级)，因此便报团参游，签了旅游合同。

2010 年 8 月 7 日，王先生等游客飞到成都后，旅游公司竟未安排专人在机场大厅外举牌等待，王先生等人只好自己联系司机接到住宿地点。没想到旅行社安排入住的并非 SC 宾馆的四星级主楼，而是未评星级的西楼，条件相差很大。王先生当即提出异议，要求按合同提供服务，但旅行社不予理睬。接下来的行程同样令人不满意，王先生等既未住过当地最高档酒店，也未到过南迦巴瓦山脚，甚至也未品尝过烤全羊和青稞酒等当地美食。经常在路边店用餐，吃得最多的菜是青椒肉丝，唯一的一次美食是 10 个人(其中 6 个是男同胞)一起享用了一只鸡。

回到杭州后，王先生通过调查发现旅行社安排的所有车辆都没有旅游营运资质，而保险公司对于无合法旅游客运资质的承运人出的任何伤亡事故，将不支付受到伤害的旅游者任何赔偿，旅行社之前承诺的 50 万保险也便成了空头支票，这让王先生后怕不已。于是，王先生和其他 4 名杭州团友向旅游局投诉要求旅行社赔偿损失。

(摘自中国旅游新闻网，略有改动。)

【请你思考】

(1) 本案旅行社有哪些违规行为？

(2) 旅行社该如何赔偿游客的损失？

(3) 对于旅行社严重降低服务标准、不履行合同的行为，应做如何处罚？

(4) 对于旅行社租用无合法旅游客运资格旅游车的行为该如何处罚？

【涉及法条】

(1)《合同法》第六十条：当事人应当按照约定全面履行自己的义务。

(2)《合同法》第一百零七条：当事人一方不履行合同义务或者履行合同义务不符合约定的，应当承担继续履行、采取补救措施或者赔偿损失等违约责任。

(3)《旅行社条例》第二十九条：旅行社在与旅游者签订旅游合同时，应当对旅游合同的具体内容作出真实、准确、完整的说明。

旅行社和旅游者签订的旅游合同约定不明确或者对格式条款的理解发生争议的，应当按照通常理解予以解释；对格式条款有两种以上解释的，应当作出有利于旅游者的解释；格式条款和非格式条款不一致的，应当采用非格式条款。

(4)《旅行社条例》第三十三条：旅行社及其委派的导游人员和领队人员不得有下列行为。

① 拒绝履行旅游合同约定的义务。

② 非因不可抗力改变旅游合同安排的行程。

③ 欺骗、胁迫旅游者购物或者参加需要另行付费的游览项目。

(5)《旅行社条例》第五十九条：违反本条例的规定，有下列情形之一的，对旅行社，由旅游行政管理部门或者工商行政管理部门责令改正，处 10 万元以上 50 万元以下的罚款；对导游人员、领队人员，由旅游行政管理部门责令改正，处 1 万元以上 5 万元以下的罚款；情节严重的，吊销旅行社业务经营许可证、导游证或者领队证。

① 拒不履行旅游合同约定的义务的。

② 非因不可抗力改变旅游合同安排的行程。

③ 欺骗、胁迫旅游者购物或者参加需要另行付费的游览项目。

(6)《最高人民法院关于审理旅游纠纷案件适用法律若干问题的规定》第十七条：旅游经营者违反合同约定，有擅自改变旅游行程、遗漏旅游景点、减少旅游服务项目、降低旅游服务标准等行为，旅游者请求旅游经营者赔偿未完成约定旅游服务项目等合理费用的，人民法院应予以支持。

旅游经营者提供服务时有欺诈行为，旅游者请求旅游经营者双倍赔偿其遭受的损失的，人民法院应予以支持。

(7)《旅行社条例实施细则》第三十二条：旅行社招徕、组织、接待旅游者，其选择的交通、住宿、餐饮、景区等企业，应当符合具有合法经营资格和接待服务能力的要求。

(8)《旅行社条例实施细则》第五十三条：违反本实施细则第三十二条的规定，旅行社为接待旅游者选择的交通、住宿、餐饮、景区等企业，不具有合法经营资格或者接待服务能力的，由县级以上旅游行政管理部门责令改正，没收违法所得，处违法所得3倍以下但最高不超过3万元的罚款；没有违法所得的，处1万元以下的罚款。

(9)《最高人民法院关于审理旅游纠纷案件适用法律若干问题的规定》第十四条第二款：旅游经营者对旅游辅助服务者未尽谨慎选择义务，旅游者请求旅游经营者承担相应补充责任的，人民法院应予以支持。

**【法理分析】**

按照旅游合同的约定严格履行合同义务，为游客提供约定服务，是旅行社的一项重要义务，非因法定事由，旅行社不得拒绝履行。本案中的旅行社多次不严格履行合同义务，随意降低服务标准，显然存在违约行为，是违法的。

具体而言，本案旅行社有以下违法违规行为：①隐瞒真实信息，未向王先生等人明确交代SC宾馆的情况，误导了游客；②降低住宿标准，将四星级宾馆降为无星级酒店；③降低餐饮标准，未提供烤全羊和青稞酒；④减少旅游景点，未带领游客到过南迦巴瓦山脚；⑤租用无运营资格的旅游车；⑥做引人误解的虚假宣传，广告承诺的服务多数未达标。这些违规行为严重侵害了游客的利益，应予严惩，同时应承担相应的违约责任。

对于该旅行社拒不履行合同约定义务，降低服务质量的行为，应依《旅行社条例》第五十九条的规定予以处罚。因旅行社不能提出降低服务标准的合理理由，可以认定旅行社存在故意欺诈，因此上述违规行为给王某等游客造成的损失，旅行社应赔偿住宿费用的差额、未享受的烤全羊和青稞酒的费用等款项，并可增加赔偿款一倍的违约金。

对于该旅行社租用无旅游营运资格的旅游车的行为，违反了《旅行社条例实施细则》第三十二条的规定，应按《旅行社条例实施细则》第五十三条的规定予以处罚。

**【处理结果】**

在旅游局质监所的介入下，王先生以及其他团友拿到了每人3000元的旅游赔偿款。该旅行社因违法情节严重，被有关旅游部门吊销了旅行社业务经营许可证，遭到查封。

**典型案例**

## 案例1-14　出境游未安排领队案

**【案情介绍】**

孙女士与天津市某旅行社签订旅游合同，交纳人民币1.5万元，参加美国东西海岸夏威夷14日游。2009年12月16日，孙女士乘飞机抵达美国，2009年12月18日早晨8时许，在旅行社安排入住的酒店被盗，证件和财物全部丢失。8时20分，孙女士报警。8时40分，孙女士的信用卡被盗刷2000美元。同时，因护照丢失导致孙女士不能继续游玩剩余景点。回国后，扫兴的孙女士将旅行社诉至天津市河西法院，要求双倍返还旅游费人民币3万元，并赔偿信用卡被盗刷的损失2000美元，赔偿被盗的人民币2000元和美金2000元，被盗的数码相机、手机、手表、首饰损失费人民币1.5万元，以及不能随团旅游产生的住宿费和补办护照费用 1800 美元。

法院查实，被告旅行社未给孙女士团队安排专职领队，孙女士每天支付当地导游 7 美元。另外证实该旅游团在赴美后改变了原旅游行程。

(摘自中国旅游新闻网，略有改动。)

**【请你思考】**

(1) 我国有关法律法规对旅行社组织出境旅游有何规定？

(2) 旅行社未给孙女士团队安排领队的行为是否合法？应否承担法律责任？

(3) 旅行社应否对孙女士的损失承担责任？怎么承担？

**【涉及法条】**

(1)《旅行社条例》第三十条：旅行社组织中国内地居民出境旅游的，应当为旅游团队安排领队全程陪同。

(2)《旅行社条例》第三十一条：旅行社为接待旅游者委派的导游人员或者为组织旅游者出境旅游委派的领队人员，应当持有国家规定的导游证、领队证。

(3)《旅行社条例》第五十六条：违反本条例的规定，旅行社组织中国内地居民出境旅游，不为旅游团队安排领队全程陪同的，由旅游行政管理部门责令改正，处 1 万元以上 5 万元以下的罚款；拒不改正的，责令停业整顿 1 个月至 3 个月。

(4)《中国公民出国旅游管理办法》第十四条：组团社应当按照旅游合同约定的条件，为旅游者提供服务。

组团社应当保证所提供的服务符合保障旅游者人身、财产安全的要求；对可能危及旅游者人身安全的情况，应当向旅游者作出真实的说明和明确警示，并采取有效措施，防止危害的发生。

(5)《中国公民出国旅游管理办法》第十六条：组团社及其旅游团队领队应当要求境外接待社按照约定的团队活动计划安排旅游活动，并要求其不得组织旅游者参与涉及色情、赌博、毒品内容的活动或者危险性活动，不得擅自改变行程、减少旅游项目，不得强迫或者变相强迫旅游者参加额外付费项目。

**【法理分析】**

出境旅游是我国三大旅游市场的重要组成部分，我国《旅行社条例》和《中国公民出国旅游管理办法》等法律法规从出境旅游组团社的从业资格、质量保证金的数额、业务经营规则、监督检查制度、出境游组团社的权利和义务、领队人员的职责和法律责任等多个方面对出境旅游作出具体明确规定。本案中，组团社的行为违反了上述法规关于组团社义务的规定。

首先，未履行委派领队义务。《旅行社条例》第三十条规定，旅行社组织中国内地居民出境旅游的，应当为旅游团队安排领队全程陪同。由于文化背景、生活习惯、思想观念、地域差异等诸多因素，内地居民对境外旅游目的地的情况往往不很了解；加之语言不通且多数居民无出国经历，即便是游客的出境、入境、通关、海关检查等基本事宜也不懂如何操作，需要专业人员的帮助，因而内地居民出境旅游大多选择跟团，由旅行社设计线路组织团队，以团队形式整团出发，整团返回，出境游组团社提供的也正是包括这些内容在内的全套旅游服务。所以，组团社必须安排领队为游客提供旅途全程陪同服务，并由领队协同境外接待社完成旅游计划，协调处理旅游过程中的相关事务。本案中的组团社未安排领队，显然违法，应按《旅行社条例》第五十六条的规定予以处罚。

其次，未履行好安全保障义务。《中国公民出国旅游管理办法》第十四条规定，组团社应当按照旅游合同约定的条件，为旅游者提供服务；组团社应当保证所提供的服务符合保障旅游者人身、财产安全的要求；对可能危及旅游者人身安全的情况，应当向旅游者作出真实说明和明确警示，并采取有效措施，防止危害的发生。这一规定要求组团社必须保障游客的安全，而保证游客人身和财产的安全本来就是旅游合同应尽的义务，组团社应确保游客在境外的住宿、饮食、交通等方面的安全，不致发生损害游客人身和财产权益的事件。本案中由于组团社安排的酒店存在安全问题，导致李女士证件和财物全部被盗，且因此而无法完成后续行程，不仅蒙受较大经济损失，也给出游留下巨大遗憾。对此，组团社难辞其咎。

再次，未严格执行旅游计划。按照《中国公民出国旅游管理办法》第十六条的规定，组团社及其旅游团队领队应当要求境外接待社按照约定的团队活动计划安排旅游活动，不得擅自改变行程、减少旅游项目。而本案旅游团在赴美后改变了原旅游行程计划，显然违规。

**【处理结果】**

河西法院认为，根据相关法律，组团社应当为旅游团队安排专职领队，但被告没有给原告安排专职领队，原告赴美后，也未按原行程旅游；其物品丢失后，致使部分旅游景点未能成行，故被告应适当返还原告的旅游费用。因被告不存在故意欺诈，原告要求双倍返还旅游费没有依据，不予支持。原告物品在美被盗后，因为语言不通延迟报警，致使信用卡被盗刷，原告对自己物品保管不善，应承担 30%损失，被告应赔偿 70%损失。另外，原告丢失的物品没有充分的证据，法院酌情认定损失 8000 元，被告按 70%比例赔偿。综上，河西法院判决被告按 70%的比例赔偿原告旅游费人民币 5900 元，赔偿原告信用卡盗刷损失 2660 美元，赔偿原告物品被盗损失人民币 5600 元。

一审宣判后，被告旅行社不服，上诉至天津市第二中级法院，认为原审法院在没有充分证据确认原告丢失物品的情况下，让其赔偿没有依据，要求撤销一审判决，驳回原告诉讼请求。

第二中级法院认为，原审中，被告并不否认原告赴美未安排专职的领队，以及原旅游行程发生变化，正是基于此次出境组团旅游的不完善、不周密，才导致原告在美发生了财物丢失，直至部分景点未能成行。故对其发生的结果，必须承担相应的责任。因此驳回被告上诉，维持原判。

典型案例

## 案例 1-15　旅行社遭遇不合理赔偿要求案

**【案情介绍】**

孙某与某旅行社签订旅游服务合同，参加该旅行社组织的海南五日游。合同约定旅行期间的住宿标准为四星级或同级酒店双人标间。旅行期间，孙某晚上在酒店（四星级）休息时物品被盗，丢失现金、数码相机、手机，价值共计 5000 余元。孙某向警方报案。派出所调查时，孙某称自己睡觉时已将房门锁好，但是否关窗记不清了。案件侦查期间，孙某收到保险公司赔偿款 900 元。孙某认为余下损失应由旅行社承担，在与旅行社协商未果后，向法院提起诉讼，请求法院判令旅行社赔偿 4000 余元。

旅行社认为孙某被盗是自己原因造成的，旅行社已按合同约定安排孙某入住在四星酒店，旅行社在此事故中没有违约行为，不同意承担赔偿责任。

(摘自中国旅游新闻网，略有改动。)

**【请你思考】**

(1) 游客孙某提出的赔偿要求是否合理？为什么？

(2) 该案应如何处理？

**【涉及法条】**

(1) 《旅行社条例实施细则》第四十三条：旅行社及其委派的导游人员、领队人员在经营、服务中享有下列权利。

① 要求旅游者如实提供旅游所必需的个人信息，按时提交相关证明文件。

② 要求旅游者遵守旅游合同约定的旅游行程安排，妥善保管随身物品。

③ 出现突发公共事件或者其他危急情形，以及旅行社因违反旅游合同约定采取补救措施时，要求旅游者配合处理防止扩大损失，以将损失降低到最低程度。

④ 拒绝旅游者提出的超出旅游合同约定的不合理要求。

⑤ 制止旅游者违背旅游目的地的法律、风俗习惯的言行。

(2) 《民法通则》第一百零六条第二款：公民、法人由于过错侵害国家的、集体的财产，侵害他人财产、人身的，应当承担民事责任。

【法理分析】

根据民事责任过错责任原则的基本理论，行为人对其行为后果承担民事责任的要件包括以下几点：第一，民事违法行为的存在；第二，损害事实的客观存在；第三，违法行为与损害事实之间存在直接的因果关系；第四，行为人主观上必须有过错。否则，行为人不应承担民事责任。本案中，孙某的损失不是因旅行社行为引起，而是第三人盗窃所致，孙某的损失与旅行社的行为之间无因果关系；且旅行社对于该损失并无过错，故而旅行社并无责任。孙某提出的赔偿要求是不合理的。按照《旅行社条例实施细则》第四十三条第四项的规定，旅行社在提供服务中，有权拒绝旅游者提出的超出旅游合同约定的不合理要求，因此，旅行社完全可以拒绝游客的赔偿要求。

法院审理后，认为孙某与旅行社签订的《国内旅游合同》系双方当事人真实意思表示，内容不违反法律规定，并由双方当事人签字、盖章，已经成立生效。合同签订后，旅行社组织了相关旅游活动，并提供了符合合同约定要求的各项相关服务。案件中旅行社已经按照约定提供了四星级酒店住宿，尽到了全部义务，并未有违反合同约定的情形。孙某财物丢失的直接原因系他人入室盗窃所致，而所丢失财物作为私人财物，特别是在宾馆房间等私人区域，财物所有人、管理人应当具有直接的保管义务。孙某要求旅行社承担丢失财物的损害赔偿责任，不合理地扩大了旅行社义务范围，于法无据，不应支持。

【处理结果】

法院判决驳回孙某的诉讼请求，案件受理费由孙某承担。

## 思考与实训

1. 案例分析题

沈女士报名参加 G 旅行社组织的赴台湾旅游团，双方签订了《大陆居民赴台湾旅游合同》。2009 年 12 月 9 日，沈女士随团出行，12 月 11 日晚被安排在台湾某宾馆客房单独住宿。沈女士称，次日 7 时许，她在卫生间洗澡时，导游叫早电话多次响起，她在急忙接听时滑倒摔伤，造成左肱骨颈骨折，此后虽经长期治疗，但部分功能受限落下终身残疾，经鉴定已构成十级伤残。事故发生后，旅行社仅向台湾保险公司索赔了医药费用，拒绝承担其他责任。为此，沈女士诉至法院，要求 G 旅行社赔偿其误工费、残疾赔偿金、精神抚慰金等共计 8.5 万余元。被告 G 旅行社辩称，其已经履行了合同义务，不存在违约责任，原告摔伤是因其疏忽所致，与旅行社无关。经查，旅行社领队和导游的服务较周到，经常提醒游客注意安全，宾馆客房的卫生间也有“小心滑倒”的提示语。

根据所学知识，回答下列问题。

(1) G 旅行社有无过错？应否承担违约责任？

(2) 本案应如何处理？

2. 单项选择题

(1) 根据《旅行社条例》的规定，某旅行社组织 20 名旅游者赴新马泰旅游，由于境外协作社的过失，这些旅游者权益遭受严重侵害。他们若起诉索赔，其被告应为______。

A. 该组团社　　B. 境外协作社

C. 该组团社和境外协作社　　D. 该组团社或境外协作社

(2) 某旅行社在其云南昆明-丽江-大理双飞六日游的旅游广告中郑重承诺全程入住五星级酒店，并在合同中予以确认，但在丽江却并未安排游客下榻五星级酒店，理由是云南除昆明外其他市县尚无五星级酒店。对此，旅行社是否应承担责任______。

A. 旅行社未违约，无须承担责任

B. 旅行社违约，但因是客观因素导致无法履约，故只应退还五星级酒店和实际入住酒店的差价

C. 旅行社存在故意欺诈，应双倍赔偿游客受到的损失

D. 旅行社存在故意欺诈，应全额返还游客旅游费用

3. 多项选择题

(1) 下列可能吊销旅行社业务经营许可证的情形有______。

A. 旅行社未在规定期限内向其质量保证金账户存入、增存、补足质量保证金或者提交相应的银行担保的，拒不改正的

B. 旅行社不投保旅行社责任险的，拒不改正的

C. 未与旅游者签订旅游合同

D. 欺骗、胁迫旅游者购物或者参加需要另行付费的游览项目，情节严重的

(2) 旅行社对游客的义务有______。

A. 按照旅游合同的约定提供服务

B. 提示旅游者购买旅游意外保险

C. 提供的服务符合人身、财务安全需要

D. 聘用合格的导游和领队

# 2

# 导游人员管理制度

## 相关法律法规

目前，我国有关导游人员管理的法规主要包括。《导游人员管理条例》、《导游人员管理实施办法》、《出境旅游领队人员管理办法》《中国公民出国旅游管理办法》等。

当然，我国规范民事活动的相关法律对导游人员的管理也有一定指导作用，例如《民法通则》、《合同法》、《消费者权益保障法》、《行政复议法》等。

# 一　导游人员概念

## 案前导读

导游人员是旅游接待工作的排头兵，是旅行社人员结构中一支最基本、最庞大的队伍，在旅游活动中的地位十分重要。在导游带团活动中，导游代表的是一个旅行社的形象，甚至是一个民族、一个国家的形象，为了加强导游队伍建设，维护旅游市场秩序，提高旅游服务质量，规范服务工作，更好地保护旅游者的合法权益，《导游人员管理条例》规定，导游人员必须依法取得导游证，接受旅行社委派才能为客人提供向导、讲解及相关服务。

## 典型案例

### 案例 2-1　无证导游非法从业案

**【案情介绍】**

王某是某大学外语系学生，非常向往导游工作，业余时间对旅游方面的书籍借阅甚多，但是多次参加导游资格证考试都未合格。在一次旅游旺季，听说A旅行社需要兼职导游，所以前去应聘。由于时间比较紧张，A旅行社又急需用人，考虑到王某是知名大学学生，有一定的旅游方面知识，自身素质也非常不错，所以让王某带外国团队在市内游览。在游览的过程中，王某因业务流程不够熟悉，讲解不够流畅引起了外国客人的极大不满，最终遭到投诉。

(图片来源：http://www.ycwb.com，王云涛绘)

【请你思考】

(1) 王某能否担任团队导游？

(2) 旅行社能否聘用王某这样条件的人做临时导游？

(3) 对于王某应该怎么处罚？

【涉及法条】

(1)《导游人员管理条例》第二条：本条例所称导游人员，是指依照本条例的规定取得导游证，接受旅行社委派，为旅游者提供向导、讲解及相关旅游服务的人员。

(2)《导游人员管理条例》第四条：在中华人民共和国境内从事导游活动，必须取得导游证。

取得导游人员资格证书的，经与旅行社订立劳动合同或者在导游服务公司登记，方可持所订立的劳动合同或者登记证明材料，向省、自治区、直辖市人民政府旅游行政部门申请领取导游证。

具有特定语种语言能力的人员，虽未取得导游人员资格证书，旅行社需要聘请临时从事导游活动的，由旅行社向省、自治区、直辖市人民政府旅游行政部门申请领取临时导游证。

(3)《导游人员管理条例》第十八条：无导游证进行导游活动的，由旅游行政部门责令改正并予以公告，处1000元以上3万元以下的罚款；有违法所得的，并处没收违法所得。

【法理分析】

导游工作性质非常特殊，在工作中往往是单人行动，独当一面，为了提高旅游服务质量，更好地维护旅游者合法权益，《导游人员管理条例》第四条第一款规定，在中华人民共和国境内从事导游活动，必须取得导游证。想要取得导游证，必须参加国家统一组织的导游资格证考试合格，经与旅行社订立劳动合同或者在导游服务公司登记，持所订立的劳动合同或者登记证明材料，向旅游行政部门申请领取导游证。本案例中，王某虽然阅读学习旅游方面书籍甚多，但是始终没有通过导游资格证考试，未取得导游证，故不能担任团队导游。

从旅行社角度来讲，在旅游旺季游客数量增多，仅有的一些导游分身乏术，为了不让客人流失掉，旅行社需要临时聘用一些持证导游，即依法取得导游证的人员。如果旅行社需要特殊语种的导游，但又缺乏这类人才该怎么办呢？为了规范行业秩序，保证服务质量，《导游人员管理条例》第四条第三款明确规定：具有特定语种语言能力的人员，虽未取得导游人员资格证书，旅行社又需要聘请其临时从事导游活动的，应由旅行社向省、自治区、直辖市人民政府旅游行政部门申请领取临时导游证。

对于无证导游，有可能不具备导游的基本素质、基本带团能力及语言能力，不能为游客提供优质服务，所以《导游人员管理条例》第十八条明确规定了对于无证导游人员的处罚。

【处理结果】

王某未取得导游证不可以从事导游活动。由于王某是外语系学生，具有特殊的语种能力，虽未通过导游资格证考试，但旅行社如果需临时聘用其从事导游工作，旅行社可以为其申请领取临时导游证后委派其从事导游工作。对于王某的无证导游行为，应由旅游行政部门责令改正并予以公告，处 1000 元以上 3 万元以下的罚款；有违法所得的，并处没收违法所得。

### 知识拓展

旅行社在经营旅游业务过程中，要聘用合格的导游。导游应该是通过导游资格证考试，并依法取得导游证的人员，但是有些时候旅行社需要某些具有特定语言能力的人从事导游活动，此时旅行社要向省、自治区、直辖市人民政府旅游行政部门申请领取临时导游证。

正式导游证和临时导游证的区别有以下几点。

(1) 是否取得导游资格证。正式导游证持有者是经过导游人员资格证考试并合格，取得导游人员资格证书者，而临时导游证持有者是没有经过导游人员资格证考试，没有取得导游人员资格证书者。

(2) 有无语种语言能力的限制。正式导游证持有者无语言语种能力的限制，而临时导游证持有者必须是具有特定语言语种能力的人员。

(3) 领取导游证的程序不同。申领正式导游证由申请领取者个人向旅游行政管理部门领取，而临时导游证则是由旅行社根据需要向旅游行政管理部门申请领取。

(4) 有效期限不同。导游证的有效期限是 3 年，临时导游证的有效期限最长不超过 3 个月，可以是数天、1 个月或者两个月，但最长不超过 3 个月。此外，导游证有效期届满后可以申请办理换发导游证手续，而临时导游证有效期届满后，不得展期，如果需继续聘请，则必须由旅行社重新向旅游行政部门申请领取。

### 典型案例

## 案例 2-2　导游失误致游客损伤案

**【案情介绍】**

某国际旅行社组织了一个赴长白山旅游团，委派导游李某作为全程导游随团服务。当此旅游团将要攀跃天池的前一天晚上，该团的团员们询问李某，上天池是否要多添衣服，以免天气变化。李某根据其多次在这个季节上天池的经验，回答游客不必多添衣服，以便轻装上山。第二日，该团游客在李某及地陪的引导下上了天池，不料，天气突然变化，天降大雪，气候骤然下降，李某急忙引导该团下山，但由于该团有些客人未带衣帽围巾等御寒之物，致使不少人耳、鼻及手脚严重冻伤，其中 3 人经医院诊断为重度冻伤。

为此，该团游客投诉导游李某，要求李某承担医治冻伤等费用，并赔偿因此造成的损失。李某所属的国际旅行社接到此投诉后，认为此次冻伤事故是由于李某工作失误所致，责令其自行处理游客投诉，旅行社不承担任何责任；李某则认为此起冻伤事故是由于天气突然变化所致，是出乎意料的事情，与其无关，不应由其承担法律责任。

(摘自导游资格证考试试题库，略有改动)

【请你思考】

(1) 旅行社认为此次冻伤事故是导游李某工作失误所致，与旅行社无关的说法是否正确？有何依据？

(2) 导游李某认为此起冻伤事故是由于天气突然变化所致，与其工作无关是否正确？有何依据？

【涉及法条】

(1)《导游人员管理条例》第二条：本条例所称导游人员，是指依照本条例的规定取得导游证，接受旅行社委派，为旅游者提供向导、讲解及相关旅游服务的人员。

(2)《导游人员管理条例》第十四条：导游人员在引导旅游者旅行、游览过程中，应当就可能发生危及旅游者人身、财物安全的情况，向旅游者作出真实说明和明确警示，并按照旅行社的要求采取防止危害发生的措施。

【法理分析】

旅行社在经营旅游业务的过程中，需要聘用导游人员，无论是兼职的还是专职的，都应该聘用合格的导游。导游在带团的时候不应该私自承担，必须接受旅行社的委派。从这样的关系看，导游是旅行社的员工，既然是旅行社的员工，旅行社就要为其员工的职务行为负责。

从合同的角度来看，旅行社在游客出游之前，为了保证游客合法权益不受侵害，旅行社需要跟游客签订旅游合同，通过旅游合同来约束双方当事人。而导游是旅行社的员工，法律上明确的规定，旅行社聘用导游，要与导游签订劳动合同。在合同关系中，承担责任的原则有三个方面，即谁违约谁承担；双方违约时，双方都应该承担；如果是第三方原因导致的违约，应由违约方先向对方承担，再向第三方追偿。根据这些原则，可能是导游的原因导致了旅行社对游客的违约，那么不管是导游主观上有无过错，旅行社应该向游客承担责任，至于旅行社是否会向导游追究责任，不做讨论。本案中旅行社拒绝承担导游工作失误所致游客损失的赔偿责任，于法不合。

根据《导游人员管理条例》第十四条规定，导游人员在引导旅游者旅行、游览过程中，应当就可能发生危及旅游者人身、财物安全的情况，向旅游者作出真实说明和明确警示，并按照旅行社的要求采取防止危害发生的措施。本案提到李某是此条线路多次带团的导游，既然是此线路多次带团的导游，那么根据自己的带团经验和带团常识，应该预见到长白山气候多变，即使预见不到，那也应该对于一些可能发生的安全事故做一些防范措施，防患于未然，因为旅行社和导游都有一个重要的义务，就是保证客人的人身和财产安全。所以在上山之前应该根据常识提醒游客多添衣服，李某没有让游客多添衣服，造成了冻伤事故，应承担一定责任。

【处理结果】

依据《旅行社条例》第六十五条的规定，旅行社违反规定，损害旅游者合法权益的，应当承担相应的民事责任，所以本案旅行社应赔偿游客的损失。

**思考与实训**

1. 案例分析题

2010 年 9 月，王某等 12 名游客参加了太原某旅行社组织的西安—洛阳古都五日游，双方团在西安先后游览了大雁塔、城墙、碑林博物馆，导游小张在碑林博物馆外的仿古一条街向王某等游客极力推荐某纪念品商店的拓片质量好、价值高。王某等 3 名游客喜欢书法艺术，每人购买了两幅。在前往西岳华山的路上得知前方道路被渭河水冲断，导游小张经大多数游客同意，取消了华山之行，并报告旅行社。在洛阳游览过程中，游客王某在品尝有名的洛阳水席时，发现水席饭菜质量很差，远远低于行业标准，向小张提出异议，导游小张承诺退还水席一半餐费。当团队返回太原后要求旅行社按照导游所承诺的进行赔偿，但旅行社却称退水席一半餐费是导游个人行为，与旅行社无关。

问：旅行社认为退还水席一半餐费是导游的个人行为，与旅行社无关，此说法是否正确？有何法律依据？

2. 单项选择题

导游是指依法取得______，接受旅行社委派，从事向导、讲解及相关服务的人员。

A. 导游资格证　　B. 导游证

C. 领队证　　D. 带团证

3. 多项选择题

导游人员是指为旅游者提供向导、讲解及相关服务的人员。相关服务包括______。

A. 代办各种旅行证件　　B. 代购交通票据

C. 安排旅游住宿、旅程　　D. 安排就餐

## 二　导游人员资格考试制度

**案前导读**

国家实行统一的导游人员资格考试制度。统一的考试制度，体现了国家对导游工作的高度重视，也表明了导游工作在旅游业中的重要性，而实行统一的导游资格证考试，既规范了旅游市场的管理、保证了导游人员的素质，也为旅游者享受优质的导游服务提供了保障。国家旅游局为了加强导游队伍建设，调动导游人员努力工作的积极

性，为旅行社服务的等级化创造人员条件，在《导游人员管理条例》第七条第二款规定：国家对导游人员实行等级考核制度。

**典型案例**

## 案例 2-3　导游证申领纠纷案

**【案情介绍】**

张某在2010年12月份参加全国导游人员资格证考试并通过了考试。2011年年初，张某持有与某旅行社签订的劳动合同向当地省人民政府旅游行政管理部门申请领取导游证，经过一个月的等待都没有任何消息。随后，张某去旅游行政管理部门追问，旅游行政管理部门相关负责人的回答一直是处于研究的状态。张某气愤不过，向人民法院提起诉讼。经查，张某在2008年9月曾因与经营者串通欺骗旅游者消费，情节严重被吊销过导游证。

**【请你思考】**

(1) 针对旅游行政管理部门一个多月的不确定颁证状态，张某可以向人民法院提起诉讼吗？

(2) 旅游行政管理部门的处理得当吗？

**【涉及法条】**

(1)《导游人员管理条例》第四条：取得导游人员资格证书的，经与旅行社订立劳动合同或者在导游服务公司登记，方可持所订立的劳动合同或者登记证明材料，向省、自治区、直辖市人民政府旅游行政部门申请领取导游证。

(2)《导游人员管理条例》第五条：有下列情形之一的，不得颁发导游证。

① 无民事行为能力或者限制民事行为能力的。

② 患有传染性疾病的。

③ 受过刑事处罚的、过失犯罪的除外。

④ 被吊销导游证的。

(3)《导游人员管理条例》第六条：省、自治区、直辖市人民政府旅游行政部门应当自收到申请领取导游证之日起15日内，颁发导游证；发现有本条例第五条规定情形，不予颁发导游证的，应当书面通知申请人。

(4)《行政复议法》第六条：有下列情形之一的，公民、法人或者其他组织可以依照本法申请行政复议。

…………

⑧ 认为符合法定条件，申请行政机关颁发许可证、执照、资质证、资格证等证书，或者申请行政机关审批、登记有关事项，行政机关没有依法办理的。

⑨ 认为行政机关的其他具体行政行为侵犯其合法权益的。

(5)《行政诉讼法》第二条：公民、法人或者其他组织认为行政机关和行政机关工作人员的具体行政行为侵犯其合法权益，有权依照本法向人民法院提起诉讼。

【法理分析】

旅游行政管理部门颁发导游证，是行政管理中的一项法律制度。旅游行政管理部门颁发导游证是确定申领者能否从事导游活动的具体行政行为，这种具体行为直接决定申领者能否从事导游活动。如无法定不得发放的情形而拒绝发放或者逾期发放，会使申领者的利益受到损失。所以，根据《导游人员管理条例》第六条规定：旅游行政管理部门对符合颁发导游证条件的申领者，必须在收到领取导游证申请之日起 15 日内，颁发导游证；如果有符合规定情形不予颁发的，也应当书面通知申请人，不可以口头形式通知或者不答复。即旅游行政管理部门在申请领取者符合条件的情况下，应该在 15 日内颁发导游证；如果有不予颁发的情形，也应当书面通知申请人不予颁发。对于旅游行政管理部门这种研究状态，是属于不作为的表现，王某有权依照《行政复议法》向上一级旅游行政管理部门申请复议，或者依据《行政诉讼法》向人民法院提起诉讼。

根据《导游人员管理条例》第五条规定，如果是无民事行为能力或者限制民事行为能力的、患有传染性疾病的、受过刑事处罚的(过失犯罪除外)和曾经被吊销导游证的人员，旅游行政管理部门不得颁发导游证。本案王某属于完全民事行为能力人，没有传染性疾病，也未受过刑事处罚，但是曾经被吊销过导游证，旅游行政管理部门应该在 15 日内书面通知不予颁发导游证，而不应该迟迟不作为。那么被吊销导游证的王某能否参加导游资格证考试呢？按照规定，只要学历属于高中及中专以上学历，身体健康，具有一定语言能力的中华人民共和国公民就可以参加考试，与是否被吊销过导游证没有关系。

【处理结果】

王某可以向上一级旅游行政管理部门申请复议或者向人民法院提起诉讼，但因其存在不予颁发导游证的法定情形，故其请求不会获得支持，有关旅游行政部门或法院应告知其理由。

## 知识拓展

《导游人员管理条例》规定无民事行为能力或者是限制民事行为能力的不予颁证。我国的《民法通则》以年龄、智力和精神健康状况为根据，将公民的民事行为能力划分为以下三种。①完全民事行为能力。18 周岁以上的公民，具有完全民事行为能力，可以独立进行民事活动的，是完全民事行为能力人；16 周岁以上不满 18 周岁的公民，以自己的劳动收入为主要生活来源，视为完全民事行为能力人。②限制民事行为能力。10 周岁以上不满 18 周岁的未成年人，不能完全辨认自己行为的精神病人(包括痴呆症人)。③无民事行为能力。不满 10 周岁的未成年人，不能辨认自己行为的精神病人(包括痴呆症人)。

## 典型案例

### 案例 2-4 导游人员资格考试报考争议案

**【案情介绍】**

张女士是一位下岗女士，现年33岁。某日聊天时她听说，旅游业发展很快，导游人员供不应求，收入也很可观，但必须参加国家统一组织的导游资格证考试，考试合格后取得导游资格证书，然后和旅行社签订劳动合同或者在旅游服务公司登记，再向省旅游局申请领取导游证，取得导游证才能上岗。张女士对此很感兴趣，决心试一试。她向市旅游局申请参加导游资格证考试。但是，她的申请遭到了旅游局的拒绝，理由是她心脏有疾病，不适合导游工作。

**【请你思考】**

(1) 张女士可以参加导游资格证考试吗?

(2) 张女士对于旅游局的行为可以向上一级申请复议吗?

**【涉及法条】**

(1)《导游人员管理》第三条：国家实行全国统一的导游人员资格考试制度。

具有高级中学、中等专业学校或者以上学历，身体健康，具有适应导游需要的基本知识和语言表达能力的中华人民共和国公民，可以参加导游人员资格考试；经考试合格的，由国务院旅游行政部门或者国务院旅游行政部门委托省、自治区、直辖市人民政府旅游行政部门颁发导游人员资格证书。

(2)《行政复议法》第六条第八款：公民、法人或者其他组织认为符合法定条件，申请行政机关颁发许可证、执照、资质证、资格证等证书，或者申请行政机关审批、登记有关事项，行政机关没有依法办理的，可以依照本法申请行政复议。

**【法理分析】**

想要报名参加导游人员资格考试，必须满足四个条件。

第一，国籍条件。导游的职业特点比较特殊，从事的工作比较繁杂，导游在工作中不仅仅是代表自己和旅行社的形象，更是代表一个国家、一个民族的形象，所以必须是中华人民共和国公民才可以参加导游资格证考试。

第二，学历条件。随着人们文化程度的提高，人们在旅游过程中要了解更多的历史文化、名山大川、风土人情等方面的知识，这样对导游的知识结构以及文化程度就有了更高的要求，而导游的受教育程度就成了衡量此项的客观标准，高中或中专以上学历是最基本的要求。

第三，知识能力条件。在旅游过程中，为了更好地满足客人的消费心理和消费需求，就需要导游人员用规范化、艺术化的语言来进行解说，或者以优美动听的导游词来表述，以吸引旅游者的注意力，给人以美的享受，消除疲劳，增添兴趣，所以参加导游资格证考试的又一个要求是具有导游需要的基本知识和语言表达能力。

第四，身体条件。导游的工作环境工作性质比较特殊，在带团的过程中，导游的工作既是脑力劳动，又是繁忙艰苦的体力工作，除了很好的对景点进行讲解外，导游还要照顾客人的饮食起居活动，随团游走活动，要急客人之所急，想客人之所想，服务于客人开口之前，这就要求导游要有健康的体魄。

本案中，33 岁的张女士是下岗女工，有从事导游工作的意愿，只要她符合以上几条就可以参加导游资格证考试。但是，张女士的体检健康证明显示其心脏有疾病，所以旅游行政管理部门可以拒绝其参加导游资格证考试。

在法制社会里，一些行政管理部门在行使其权利的过程中，存在一些问题，为了规范他们的行为，《行政复议法》规定，公民认为行政机关的行为侵犯其合法权益的，可以依法向上一级的行政管理部门申请复议。也就是说，当自己的权益受到侵害时，要懂的用法律来维护自己的权益。本案中，如果张女士认为自己合法权益受到侵害，就可以向省级旅游行政管理部门申请复议。但是，张女士不符合身体健康的条件，旅游行政管理部门拒绝其参加导游资格证考试的行为是合理的，即使行政复议，结果也是不可以参加导游资格证考试。

**【处理结果】**

张女士符合不参加导游资格证考试的条件，不可以参加考试。对于市旅游局的行政行为，张女士不服，可以向上一级旅游行政管理部门即省旅游行政管理部门申请复议。

## 思考与实训

1. 案例分析题

春节黄金周期间，某单位与一家旅行社签订了一份去昆明、丽江、中甸的六日五夜双飞游的旅游合同，合同中规定了导游提供全程陪同服务。到达目的地后，接团的是个年轻小伙子，没有佩戴导游证，并且讲一口本地话，旅游者听得一头雾水，不知所云。大家请他出示导游证，他拿出一张旅行社开的证明，证明他去年参加全国导游人员资格考试并且成绩合格，导游证暂时没有办下来。在参观游览的这几天里，他对大家提出的问题，好多都不太清楚，还时不时无故不随团，大家只好随着其他旅游团旁听。旅游结束后，写信到当地旅游质监部门投诉，要求予以赔偿。

问：(1) 只取得了导游资格证书，就可以从事导游活动吗？

(2) 旅游行政管理部门对此事应当如何处理？

2. 单项选择题

(1) 导游资格证______年不从业自动失效，导游证的有效期是______年。

A. 5　3　　B. 5　5　　C. 3　3　　D. 5　3

(2) 导游人员分成______个系列，______个等级。

A. 2　4　　B. 3　4　　C. 4　4　　D. 2　3

(3) 导游人员等级证书的有效期是______。

A. 1年　　B. 2年　　C. 4年　　D. 5年

(4) 初级导游小张参加山西省晋中市导游技能大赛，连续两次获得第一名，那么小张______。

A. 不能晋升等级　　B. 可以晋升为高级导游

C. 可以晋升为特级导游　　D. 可以晋升为中级导游

(5) 旅游行政管理部门在收到领取导游证申请之日起，______内予以颁发导游证。

A. 7个工作日　　B. 15个工作日　　C. 30日　　D. 15日

(6) 导游证向______领取。

A. 国务院旅游行政管理部门

B. 省、自治区、直辖市人民政府旅游行政管理部门

C. 国务院旅游行政管理部门委托的省、自治区、直辖市人民政府旅游行政管理部门

D. 市旅游行政管理部门

(7) 临时导游证的有效期是不超过______。

A. 1个月　　B. 2个月　　C. 3个月　　D. 6个月

(8) 导游人员资格证书由______印制。

A. 国家旅游局

B. 国家旅游局委托的省、自治区、直辖市旅游局

C. 省、自治区、直辖市旅游局

D. 地方各级人民政府旅游行政部门

3. 多项选择题

(1) 参加导游资格证考试应该具备的条件______。

A. 中华人民共和国公民

B. 具有高级中学、中等专业及以上学历

C. 身体健康

D. 具有适应导游需要的基本知识及语言表达能力

(2) 导游资格证和导游证的区别______。

A. 性质和作用不同

B. 领取程序不同

C. 期限不同

D. 颁证机构不同

(3) 下列不能颁发导游证的情形有______。

A. 不满 16 周岁的高中毕业生　　B. 患有传染病

C. 因强奸罪入狱，刑满的　　D. 曾经被吊销导游证的

(4) 高级中文导游人员考核采取笔试的方式，考试科目是______。

A. 导游知识专题　　B. 汉语言文学知识

C. 导游词创作　　D. 导游案例分析

(5) 导游人员等级考评应遵循的原则______。

A. 自愿申报　　B. 公平合理　　C. 逐级晋升　　D. 动态管理

(6) 下列属于限制民事行为能力人的是______。

A. 16 周岁以上不满 18 周岁的公民

B. 17 周岁能以自己的劳动取得收入，并能够维持当地群众一般水平

C. 15 周岁未成年人

D. 不完全辨认自己行为的精神病人

(7) 导游资格证可以向______领取。

A. 国务院旅游行政管理部门

B. 省、自治区、直辖市人民政府旅游行政管理部门

C. 国务院旅游行政管理部门委托的省、自治区、直辖市人民政府旅游行政管理部门

D.市旅游行政管理部门

## 三 导游人员计分管理与年审管理

### 案前导读

为了规范旅游市场，维护旅游者的合法权益，国家旅游局依据《导游人员管理条例》制定了《导游人员管理实施办法》，其中确定了对导游人员实行计分管理和年审管理的制度。导游人员计分办法实行年度10分制，按照其违规行为的性质、情节轻重分别予以不同的扣分。《导游人员管理实施办法》还规定，年审以考评为主，考评等级分为通过年审、暂缓通过和不予通过年审三种。

### 典型案例

## 案例2-5 导游违规操作被扣分案

**【案情介绍】**

2010年9月底，王女士报名参加了A旅行社的赴桂林六日游活动。按照合同约定，这次旅游活动为全包价旅游，A旅行社安排张某为该团导游。然而在整个行程中，导游

张某几乎不做什么讲解，即便讲解也是一塌糊涂，并没有真正起到导游的作用。该旅游团在准备乘船游览阳朔风光时，大家一时竟找不到导游张某，游客有的自己买了船票，有的还等着导游购买集体船票，场面十分混乱。等游客找到导游张某时，他说，“导游只负责陪同，并不管买车票、船票等琐事”。在随后的旅游行程中，张某对住宿、就餐等事项也不关心，给王女士等游客的这次旅游造成许多麻烦。此外，游客还发现张某自始至终都没有佩戴导游证，便询问他到底是不是正式导游员，为什么不佩戴导游证。张某回答，“导游证只是一种形式，没有必要天天都带着”。由于多数游客对此次旅游非常不满意，并对张某的身份产生了怀疑，所以随即向旅

游行政管理部门投诉。经查实，张某的导游身份是合法的，但操作很不规范。因此，旅游局对张某作出了扣分和行政处罚的决定。

(摘自山西省导游资格证考试案例题，稍作改动)

**【请你思考】**

(1) 张某认为导游员不应负责车、船票等琐事，违反了什么规定?

(2) 旅游行政管理部门在导游年审时，应对张某如何处理?

**【涉及法条】**

(1)《导游人员管理实施办法》第四条：旅游行政管理部门对导游人员实行计分管理制度和年度审核制度。

(2)《导游人员管理实施办法》第十三条：导游人员计分办法实行年度 10 分制。

(3)《导游人员管理实施办法》第十六条：导游人员在导游活动中有下列情形之一的，扣除 6 分。

① 向旅游者兜售物品或购买旅游者物品的。

② 以明示或者暗示的方式向旅游者索要小费的。

③ 因自身原因漏接漏送或误接误送旅游团的。

④ 讲解质量差或不讲解的。

⑤ 私自转借导游证供他人使用的。

⑥ 发生重大安全事故不积极配合有关部门救助的。

(4)《导游人员管理实施办法》第十七条：导游人员在导游活动中有下列情形之一的，扣除 4 分。

① 私自带人随团游览的。

② 无故不随团活动的。

③ 在导游活动中未佩戴导游证或未携带计分卡。

④ 不尊重旅游者宗教信仰和民族风俗。

(5)《导游人员管理实施办法》第二十四条：一次扣分达到 10 分，不予通过年审。累计扣分达到 10 分的，暂缓通过年审。一次被扣 8 分的，全行业通报。一次被扣 6 分的，警告批评。

暂缓通过年审的，通过培训和整改后，方可重新上岗。

**【法理分析】**

《导游人员管理条例》规定，导游是依法取得导游证、接受旅行社委派、从事向导讲解及相关服务的人员。这里的向导指为他人引路、带路；讲解指为旅游者解说、指点风景名胜；相关服务指为旅游者代办各种旅游证件，代购交通票据，安排旅游者住宿、旅程、就餐等与旅行游览有关的各种服务。本案中，王女士参加的是全包价旅游，全程陪同的导游理应为游客提供向导、讲解及相关服务，也就是说车、船票的购买等琐事都应该有导游来负责。

为了规范旅游市场，加强导游队伍建设，旅游行政管理部门对导游实行了计分管理和年审管理。计分管理实行年度10分制度，《导游人员管理实施办法》明确规定了扣分的具体情形。本案中导游张某讲解质量差或不做讲解，按规定应扣6分；在准备乘船游览阳朔风光时，大家一时竟找不到导游张某，这属于导游无故不随团的情况，按规定应扣4分；张某虽经旅游部门查实是合法导游，但其没有佩戴导游证的行为违反了《导游人员管理条例》的导游必须佩戴导游证的规定，按规定应扣4分。

国家对导游人员实行年度审核制，导游人员必须每年参加年审，由所在地旅游行政管理部门具体负责年审工作，如果一次扣达10分，不予通过年审，累计扣达10分，暂缓通过年审。导游张某在这次带团过程中，按规定，应分别扣6分、4分、4分，累计扣达 10 分，所以在年审的时候应该暂缓通过年审。通过培训和整改后 ，方可重新上岗。

**【处理结果】**

导游张某违反了《导游人员管理条例》和《导游人员管理实施办法》的规定，其违规行为应被累计扣10分，当年的年审将暂缓通过。另外，其未佩戴导游证的行为还应由旅游行政部门责令改正；若拒不改正，应处500元以下罚款。

## 知识拓展

依据《导游人员管理实施办法》的规定，国家旅游局负责制定全国导游人员计分管理政策和年审工作政策并组织实施、监督检查。省级旅游局负责本行政区域内导游人员计分管理和年审管理工作的组织实施和监督检查。所在地旅游局在本行政区域内负责导游人员计分管理的具体执行和年审管理工作。所在地旅游局，是指直辖市、计划单列市、副省级城市旅游局以及有相应的导游规模、有相应的导游管理服务机构、有稳定的执法队伍的地市级以上旅游局。之所以规定导游人员的计分管理由所在地旅游行局负责具体实施，是为了使计分管理落到实处，具有实际可操作性。因为在实际中，往往甲地的旅行社导游在乙地违规后，乙地的旅游行政管理部门不便对其实施有效管理，致使各项管理制度形同虚设。

如果10分分值被扣完，由最后扣分的旅游行政执法单位暂时保留其导游证，并出具保留导游证证明，于10日内通报导游人员所在地旅游行政管理部门和等级注册单位。正在带团过程中的导游人员，如果其10分分值已经被扣完，可持旅游行政管理部门出具的保留证明完成团队剩余行程。

需要注意的是，导游人员的计分管理，是旅游行政管理部门的一项行政管理措施，不属于行政处罚。所以，对导游人员的违法、违规行为除扣减其相应分值外，依法给予处罚的，还应当依法予以行政处罚。

典型案例

## 案例 2-6　导游与游客争吵后离团案

【案情介绍】

导游李某带团赴海南旅游，出发时发现 7 位游客携带子女同去海南，于是立即报告了旅行社，并要求这些带孩子的游客再交纳 300 元旅游费用。到了目的地后，李某要求游客们交纳孩子们的门票费每位 50 元，游客坚决不同意，于是发生了争吵。游客拨打 110，警方出面将李某带离后又将其放回。李某对此事十分不满，于是向旅行社提出申请，申请不再带该团。经旅行社同意后，李某将该团交给当地地接社代为关照后返回。而该团也由地接社委派的导游按行程提供了服务后如期返回。游客回来后认为李某擅自中止导游活动，向旅游行政管理部门投诉要求处罚导游员李某，并退还旅游费用，赔偿经济损失。

【请你思考】

(1) 导游员李某的行为属于擅自中止吗？

(2) 旅游行政管理部门应该处罚导游人员李某并对其进行扣分吗？

(3) 旅行社应该退还给游客旅游费用并赔偿经济损失吗？

【涉及法条】

(1)《合同法》第六十条：当事人应当按照约定全面履行自己的义务。

(2)《导游人员管理条例》第十三条：导游人员应当严格按照旅行社确定的接待计划，安排旅游者的旅行、游览活动，不得擅自增加、减少旅游项目或者中止导游活动。

(3)《导游人员管理条例》第二十二条：导游人员有下列情形之一的，由旅游行政部门责令改正，暂扣导游证 3 至 6 个月；情节严重的，由省、自治区、直辖市人民政府旅游行政部门吊销导游证并予以公告。

① 擅自增加或者减少旅游项目的的。

② 擅自变更接待计划的。

③ 擅自中止导游活动的。

(4)《导游人员管理实施细则》第十五条：导游人员在导游活动中有下列情形之一的，扣除 8 分。

① 拒绝、逃避检查，或者欺骗检查人员的。

② 擅自增加或者减少旅游项目的。

③ 擅自中止导游活动的。

④ 讲解中掺杂庸俗、下流、迷信内容的。

⑤ 未经旅行社委派私自承揽或者以其他任何方式直接承揽导游业务的。

【法理分析】

在旅游活动开始之前，旅行社会与游客签订旅游合同，约定旅游行程计划，在旅游活动中，旅游者和旅行社都应当按照旅游合同的内容完全履行，双方当事人都应该用合同来约束自己的行为。导游是接受旅行社委派的人员，那么导游就应该按照经旅行社确定、旅游者认可的旅游接待计划安排旅游者的旅行、游览活动。本案中的 7 位游客在没有告知旅行社的情况下携带子女出游，从原则上讲已经违约在先。但是旅行社的最终目的不是为了惩罚游客，而是为了提供一次好的游览服务，所以在导游李某报告旅行社的情况下，补交了一些旅游费用，继续履行合同。在合同法上讲，这可以归为合同的变更，而变更的具体事项不够明确，然后发生了接下来的争议。当争议发生，李某被警方带走又送回后，不想再为旅游者提供服务。如果李某此时因为这样的原因，自行放弃了导游活动，那么李某的行为就属于擅自中止。根据《导游人员管理条例》第二十二条规定，应由旅游行政部门责令改正，暂扣导游证 3～6 个月；情节严重的，由省、自治区、直辖市人民政府旅游行政部门吊销导游证并予以公告。并依据《导游人员管理实施办法》第十五条规定，擅自中止导游活动的，会一次性扣除 8 分，并全行业通报。但是李某在此时报告了旅行社，旅行社同意后李某离团返回。也就是说李某的离团是征得旅行社同意的，所以李某不属于擅自中止导游活动。

本案中提到，在李某离团返回后，该团由地接社委派的导游按行程提供了服务并如期返回。这说明，游客的旅游行程没有受到影响，完全按照旅游计划进行的，不同的是，在李某离团后，提供导游服务的是地接社委派的导游。一般来讲，旅行社为了提高经营效率，招徕旅游者的旅行社(组团社)通常将安排旅游者观光旅游的服务委托给其选择的位于旅游目的地的旅行社(地接社)，形成委托关系。如果在委托关系里，接受委托的旅行社违约，造成旅游者权益受到侵害的，作出委托的旅行社要先向旅游者赔偿，随后可以向接受委托的旅行社追偿。本案中，游客接受了委托社全程提供的服务后，如期返回，不存在任何的经济损失，所以不得要求旅行社退还旅游费用并赔偿经济损失。

【处理结果】

导游的行为不属于擅自中止，旅游行政管理部门不可以对导游进行处罚并扣分。旅行社也不需要退还旅游者旅游费用，不需要赔偿经济损失。

## 知识拓展

擅自中止导游活动的构成要件：①必须是导游活动开始之后，旅游活动结束之前。②必须是擅自中止。如果是旅行社的决定或者其他外部作用影响，致使导游中止导游活动，就不是《导游人员管理条例》中的擅自中止导游活动。③必须是彻底中止。就是说导游彻底放弃了原来的导游活动，不管导致导游放弃的原因是否消失，都不会再回团进行导游活动。以上三个条件必须同时具备，才能称其行为为擅自中止导游活动。

## 思考与实训

1. 案例分析题

导游王某的父亲是一位摄影记者，王某在父亲的影响下从小爱好摄影，摄影水平颇高。王某为了挣钱，把父亲过去拍摄的城市建筑老照片和自己拍摄的城市建筑新照片，制成相册，装裱的十分漂亮。他在接团过程中，以每册16美元的价格卖给外国旅游者。一些外国旅游者觉得相册十分漂亮，内容好看，有收藏价值，是一件难得的纪念品，而且价格不贵，因此买的人很多，王某的生意很红火。有的导游和司机见此情形，纷纷劝阻王某不要向旅游者出售商品，并警告他说，这是违纪行为。王某听后辩解说，相册是他亲手制作的，照片是他父亲和他自己拍摄的，不是商品，谈不上违纪，于是置之不理。

问：(1) 导游人员王某违反了什么规定？

(2) 旅游行政管理部门对于导游王某应该给予什么样的处罚？

(3) 旅游行政管理部门年审时应对导游张某如何处理？

2. 单项选择题

(1) 导游的计分管理由______负责具体实施。

A. 国务院旅游行政管理部门　　B. 省级旅游行政管理部门

C. 所在地旅游行政管理部门　　D. 市级旅游行政管理部门

(2) 一次性扣达8分者在年审时将______。

A. 警告批评　　B. 暂缓通过年审　　C. 不予通过年审　　D. 全行业通报

(3) 导游每年累计培训时间不得少于______个小时。

A. 24　　B. 36　　C. 56　　D. 72

(4) 讲解中吸烟、吃东西的，要一次性扣除______。

A. 2分　　B. 4分　　C. 6分　　D. 8分

(5) 导游人员10分分值被扣完后，由最后扣分的旅游行政执法单位暂时保留其导游证，并出具保留导游证证明，并于______内通报导游人员所在地旅游行政管理部门和等级注册单位。

A. 7日　　B. 10日　　C. 10个工作日　　D. 15日

(6) 旅游行政管理部门为了对导游人员的执业行为进行动态监督管理，根据其违规行为的性质、情节轻重，经查证核实给予扣分的管理制度叫______。

A. 计分管理　　B. 年审管理　　C. 行政管理　　D. 行政处罚

3. 多项选择题

(1) 下列情形中，一次性扣除8分的情形有______。

A. 损害国家利益和民族尊严言行的　　B. 擅自中止导游活动的

C. 欺骗旅游者消费的　　D. 欺骗检查人员的

(2) 导游人员在导游活动中未佩戴导游证，可能的后果是______。

A. 旅游行政管理部门责令改正　　B. 拒不改正的，处 500 元以下罚款

C. 扣除 4 分　　D. 警告批评

(3) 一次性扣除 4 分的情形有______。

A. 私自带人随团游览　　B. 私自揽团

C. 不尊重游客宗教信仰的　　D. 讲解质量差的

## 四　导游人员权利、义务及法律责任

### 案前导读

导游人员的权利和义务，是指导游人员的法律权利和法律义务。导游人员的法律权利，是指导游人员依法享有的权能或利益。这种权能或利益表现为导游人员可以自己作出一定行为(即可为)，也可以要求他人作出或不作出一定的行为(即要求为)。当导游的权利受到侵害时，导游有权向人民法院提起诉讼或者向旅游行政部门申诉。导游人员的法律义务是指导游人员依法承担的必须履行的责任。它表现为必须作出或不作出一定的行为(即必须为或者禁止为)。

### 典型案例

### 案例 2-7 导游权利受损案

**【案情介绍】**

某旅行社组织了赴山西省五台山的旅游，导游员林某全程陪同。林某是一名刚毕业不久，导游业务不很熟练的女孩子，但旅游知识非常丰富，在前往景点的高速路上，林某为游客唱了好几首山西民歌，并介绍了山西的风土人情和沿途的风景。但是一些游客觉得不够刺激，游客 A 看林某是初出茅庐的小姑娘，故意挑衅非要让林某讲几个黄色笑话，并说所有的导游员在带团时都应该会讲。林某感觉到很为难，婉言拒绝了游客 A，并提议让游客参与做一个互动游戏。可是游客 A 执意不肯，指责林某不能满足

客人需要，还带有脏字骂人。林某没有带团经验，想忍一忍海阔天空，也就没有理睬。抵达目的地后，游客 A 称自己手机不见了，怀疑是林某拿了他的手机，要检查林某的包并搜身。林某反复说明自己没拿，但游客 A 坚持要搜身，否则就去旅游行政管理部门投诉她和旅行社。导游林某考虑到自己刚参加工作，为了避免旅行社遭受投诉，委曲求全让游客 A 检查了自己的背包，并搜查了身上的衣服，均未发现游客 A 的手机。

**【请你思考】**

(1) 导游林某对游客 A 提出的讲黄色笑话的要求能否拒绝？

(2) 导游林某应如何维护自己的权益？

**【涉及法条】**

(1)《导游人员管理条例》第十条：导游人员进行导游活动时，其人格尊严应当受到尊重，其人身安全不受侵犯。导游人员有权拒绝旅游者提出的侮辱其人格尊严或者违反其职业道德的不合理要求。

(2)《宪法》第三十七条第三款：禁止非法拘禁或者以其他方法非法剥夺或限制公民的人身自由，禁止非法搜查公民的身体。

(3)《导游人员管理条例》第十二条：导游人员进行导游活动时，应当遵守职业道德，着装整洁，礼貌待人，尊重旅游者的宗教信仰、民族风俗和生活习惯。

导游人员进行导游活动时，应当向旅游者讲解旅游地点的人文和自然情况，介绍风土人情和习俗；但是，不得迎合个别旅游者的低级趣味，在讲解、介绍中掺杂庸俗下流的内容。

**【法理分析】**

导游在工作中，应秉着顾客是上帝的宗旨，以优质的服务满足客人的正当需求。但在游览过程中，偶尔会发生个别素质较低的客人肆意辱骂导游人员，甚至殴打导游人员，或者提出一些不合导游职业道德要求的事件，为此，《导游人员管理条例》明确规定，导游人员进行导游活动时，其人格尊严应当受到尊重，其人身安全不受侵犯。导游人员有权拒绝旅游者提出的侮辱其人格尊严或者违反其职业道德的不合理要求，这是导游的权利，也就是说如果遇到侵犯其人格或者违反其职业道德的不合理要求的时候，导游有权利拒绝。

从导游的法律义务角度看，《导游人员管理条例》明确规定，导游进行导游活动时，应当遵守职业道德，应当向旅游者讲解旅游地点的人文和自然景观，介绍风土人情和习俗。但是，不得迎合个别旅游者的低级趣味，在讲解、介绍中掺杂庸俗下流的内容。本案游客 A 提出了讲黄色笑话的要求，林某没有迎合，履行了自己的职责。

在旅游的过程中，游客 A 自身财物丢失，完全是由自己保管不当造成，导游和旅行社没有责任，而游客 A 怀疑导游拿也应该通过公安机关来进行调查。游客 A 以向旅游行政管理部门投诉来威胁林某，最后搜包搜身，构成了对林某的侵权。因为我国《宪法》明确规定，公民人身自由不受侵犯，禁止非法拘禁或者以其他方法非法剥夺或限制公民的人身自由，禁止非法搜查公民的身体。

【处理结果】

林某可以拒绝客人违反职业道德的不合理要求。林某在被迫之下接受了游客的搜身，人身权利遭到严重侵犯，可以通过法律的途径要求游客A赔偿。

典型案例

## 案例2-8　导游强制游客消费案

【案情介绍】

2010年11月8日，王某和朋友两人从所在市飞抵海口，参加某旅行社组织的海南三天两晚游(当月9日至11日)。此团由散客拼团而成，一共45人。第一天，游客们免费游玩了玉带滩、万泉河等景点，晚上入住三星级酒店。当天晚上11点左右，导游敲开王某的房门，要他和朋友交第二天3个自费景点的门票钱，每个人160元。王某认为自费景点应该是自愿参加，询问是否可以不参加。但是导游要求他们一定要参加，否则将不带他们去后面的景点游玩。王某和他的朋友担心被甩，就很不情愿地交给导游320元。当月10日，他们游览了亚龙湾广场——蝴蝶谷——海螺馆以及海洋世界、少数民族部落几处自费景点。当月11日，他们去海上看天涯海角，并到水晶馆、热带水果广场等几个景点游览。可是刺激的游览，变成了一群人远远的坐在船上观望。王某对此很不满意，于是对导游的强制消费行为向海南市旅游行政管理部门投诉。

【请你思考】

(1) 导游违反了什么规定？

(2) 导游会受到什么样的处罚？

【涉及法条】

(1)《导游人员管理条例》第十六条：导游人员进行导游活动时，不得欺骗、胁迫旅游者消费或者与经营者串通欺骗、胁迫旅游者消费。

(2)《导游人员管理条例》第二十四条：导游人员进行导游活动时，欺骗、胁迫旅游者消费或者与经营者串通欺骗、胁迫旅游者消费的，由旅游行政部门责令改正，处1000元以上3万元以下的罚款；有违法所得的，并处没收违法所得；情节严重的，由省、自治区、直辖市人民政府旅游行政部门吊销导游证并予以公告；对委派该导游人员的旅行社给予警告直至责令停业整顿；构成犯罪的，依法追究刑事责任。

(3)《旅行社条例实施细则》第三十八条第二款：旅行社及其委派的导游人员和领队人员不得因旅游者拒绝参加旅行社安排的购物活动或者需要旅游者另行付费的旅游项目等情形，以任何借口、理由，拒绝继续履行合同、提供服务，或者以拒绝继续履行合同、提供服务相威胁。

(4)《旅行社条例》第三十三条：旅行社及其委派的导游人员和领队人员不得有下

列行为：①拒绝履行旅游合同约定的义务；②非因不可抗力改变旅游合同安排的行程；③欺骗、胁迫旅游者购物或者参加需要另行付费的游览项目。

(5)《旅行社条例》第五十九条：违反本条例的规定，有下列情形之一的，对旅行社，由旅游行政管理部门或者工商行政管理部门责令改正，处 10 万元以上 50 万元以下的罚款；对导游人员、领队人员，由旅游行政管理部门责令改正，处 1 万元以上 5 万元以下的罚款；情节严重的，吊销旅行社业务经营许可证、导游证或者领队证：①拒不履行旅游合同约定的义务的；②非因不可抗力改变旅游合同安排的行程的；③欺骗、胁迫旅游者购物或者参加需要另行付费的游览项目的。

**【法理分析】**

在旅游活动中，不管是以散客还是以团队形式出游，旅行社和游客都应该按照事先签订的旅游合同完全履行。如果合同中没有列明某旅游项目，到达目的地后却增加该项目并向游客收取费用，属于导游擅自增加旅游项目。如果合同中明确说明一些旅游项目是属于自费项目，那么游客可以对列明的自费项目自由选择，这是游客的权利，游客可以拒绝参加。假使导游强行逼迫旅游者参加，收取费用，并从中赚取回扣，那么导游的行为属于胁迫旅游者消费行为。本案中，导游晚上敲开王某和其朋友房门收取自费项目费用，本身很不礼貌，而在王某考虑是否可以自愿的时候，导游告诉他们必须参加，否则不带他们游玩后面的景点。该导游的行为属于胁迫旅游者消费，违反了《导游人员管理条例》第十六条、《旅行社条例》第三十三条和《旅行社条例实施细则》第三十八条的规定，根据《导游人员管理条例》第二十四条和《旅行社条例》第五十九条的规定，要给予处罚。

**【处理结果】**

《导游人员管理条例》第二十四条与《旅行社条例》第五十九条对导游和旅行社的处罚规定不同，产生了法律冲突，按照新法优于旧法的原则，应优先适用新法的规定，即优先适用《旅行社条例》对本案导游和旅行社处罚。因此，旅游行政管理部门应对导游责令改正，处 1 万元以上 5 万元以下的罚款；情节严重的，由省级旅游行政部门吊销导游证并予以公告；当然，有违法所得的，仍应并处没收违法所得；构成犯罪的，依法追究刑事责任。

**典型案例**

## 案例 2-9　导游私揽业务受处罚案

**【案情介绍】**

2010 年 6 月底，某市旅游局质监所收到了旅游者张某等 11 人的投诉。2010 年 6 月初张某等在报纸上看到某旅行社的一则广告，内容是海南旅游的套餐，注明的是三星级酒店住宿，八菜一汤的餐饮标准，景点包括五指山、万泉河。广告内容令张某等人怦然心动，于是前去咨询，王某接待了他们，并一再保证，此次旅游景点和食宿标准以广告内容为准。当日，张先生决定参加该旅行社组织的海南环岛观光六日游，并与旅行社签订了旅游合同，每人缴纳了旅游费用2100元，由王某担任该团导游员。但在海南住地安排的酒店及餐饮标准与协议约定的不相符合。原定的三星级酒店实为二星级酒店，且地理位置偏僻，餐饮标准也低于原定标准。经市质监所核查，该旅行社是由某旅行社两名工作人员与某公司业务员拼凑的，是未获得主管部门批准和工商部门注册登记的无证旅行社。王某是另一旅行社的合法导游员，因担任该团全陪而获得导游费1200元。

**【请你思考】**

(1) 导游员王某违反了什么规定？

(2) 导游员王某会受到什么样的处罚？

(3) 旅游行政管理部门在导游员王某年审时，会如何处理？

**【涉及法条】**

(1)《导游人员管理条例》第九条：导游人员进行导游活动，必须经旅行社委派。导游人员不得私自承揽或者以其他任何方式直接承揽导游业务，进行导游活动。

(2)《导游人员管理条例》第十九条：导游人员未经旅行社委派，私自承揽或者以其他任何方式直接承揽导游业务，进行导游活动的，由旅游行政部门责令改正，处1000元以上3万元以下的罚款；有违法所得的，并处没收违法所得；情节严重的，由省、自治区、直辖市人民政府旅游行政部门吊销导游证并予以公告。

(3)《导游人员管理实施办法》十五条：导游人员在导游活动中有下列情形之一的，扣除8分。

① 拒绝、逃避检查，或者欺骗检查人员的。

② 擅自增加或者减少旅游项目的。

③ 擅自中止导游活动的。

④ 讲解中掺杂庸俗、下流、迷信内容的。

⑤ 未经旅行社委派私自承揽或者以其他任何方式直接承揽导游业务的。

(4)《导游人员管理实施办法》第二十四条：一次扣分达到10分，不予通过年审。累计扣分达到10分的，暂缓通过年审。一次被扣8分的，全行业通报。一次被扣6分的，警告批评。暂缓通过年审的，通过培训和整改后，方可重新上岗。

**【法理分析】**

《旅行社条例》规定，旅行社是从事招徕、组织、接待旅游者等活动，为旅游者提供相关旅游服务，开展旅游业务的企业法人。在旅行社设立的时候，有硬性的法定条件(固定的经营场所、必要的营业设施、固定的注册资本)。除这些条件外，为了保障旅游者的合法权益，旅行社在经营旅游活动之前，还需要向旅游行政管理部门指定的银行存入一定数量的质量保证金。在旅游活动中，如果旅游者因为旅行社的过失而遭受经济损害，旅行社无力赔偿或拒绝赔偿时，有权划拨此款项的机构会依法划拨以赔偿旅游者损失。再者，旅行社经营时必须投保旅行社责任险，也就是说如果在旅游过程中因为旅行社的原因造成游客的损失的，旅行社应该承担的某些责任可以转嫁到保险公司身上。而导游如果没有经过旅行社的允许，私自招徕、接待游客，在旅游过程中，一旦游客出现意外，导游没有赔偿能力，旅行社和保险公司均无法赔偿，游客的权益将难以获得保障。所以《导游人员条例》第九条规定导游不可以私自揽团。

本案中旅行社是某旅行社的工作人员和某公司业务员拼凑的，不是依法设立的旅行社，王某虽然是某旅行社的合法导游，但是并未经过该旅行社的委派，所以其行为造成的后果，他所在的旅行社无法为其承担责任。根据《导游人员管理条例》第十九条规定，应该依法对其进行处罚。

对于导游的管理，我国实行计分管理和年审管理，它是一项行政管理措施，不属于行政处罚，所以依法予以处罚外，还应该对其违规行为扣减相应分值。

**【处理结果】**

导游王某违反了《导游人员管理条例》第九条规定。依据《导游人员管理条例》第十九条规定，旅游行政管理部门应责令导游员王某改正，处以 1000 元以上 3 万元以下的罚款；没收违法所得 1200 元。依据《导游人员管理实施办法》第十五条、第二十四条规定，应该对导游员一次性扣除 8 分，并在年审时全行业通报。

**典型案例**

## 案例 2-10　导游服务应维护国家利益

**【案情介绍】**

10 月中旬，高某由杭州出发，乘车 3 个小时，来到浙江奉化溪口，计划参观蒋介石故居。如今的溪口，已是一个很繁华的旅游之地，到处是参观浏览的人们。为了更好地了解景点背后的故事，高某联系了当地旅行社，旅行社委派导游李某带其游览并为之讲解。一路上，李某对毛泽东亲自下令保护蒋介石故居讲的是头头是道，高某也听的津津有味。讲解快要结束的时候，李某说道：“蒋介石其实也是一个伟人，他对结束军阀混战，统一中国有历史功绩”等，高某对此说法十分反感，认为导游这种说法有损于民族尊严，歪曲了历史真相，故与之发生争辩，旅游结束后高某向旅游行政管理部门投诉。经核查，情况属实。据此旅游行政管理部门对李某进行了处罚，并对其所在旅行社也给予了处罚。

【请你思考】

(1) 对导游员的处罚有何依据？

(2) 对旅行社的处罚有何依据？

【涉及法条】

(1)《导游人员管理条例》第十一条：导游人员进行导游活动时，应当自觉维护国家利益和民族尊严，不得有损害国家利益和民族尊严的言行。

(2)《导游人员管理条例》第二十条：导游人员进行导游活动时，有损害国家利益和民族尊严的言行的，由旅游行政部门责令改正；情节严重的，由省、自治区、直辖市人民政府旅游行政部门吊销导游证并予以公告；对该导游人员所在的旅行社给予警告直至责令停业整顿。

【法理分析】

对于一个导游人员来讲，热爱祖国、拥护社会主义制度，以自己的言行来维护国家利益和民族尊严，是必备的政治素质和业务要求。特别是在接待海外旅游者时，导游的一举一动、一言一行代表的不仅仅是个人，更是一个城市、一个民族、一个国家的整体形象。导游人员就是国家对外宣传的窗口，如果在进行导游活动时，有损害国家利益和民族尊严的言行，所产生的影响是极其恶劣的。所以《导游人员管理条例》第十一条明确对导游的讲解作了规定。本案李某带团讲解中，对蒋介石的最后评价有失偏颇。蒋介石总体上来说是反面历史人物，过大于功，且结束军阀混战统一全国并非其历史贡献，恰恰是因其上台后大搞独裁政治损害了部分军阀的集团利益，才引起了新的军阀混战，例如蒋冯大战、蒋阎大战、中原大战等，导致民不聊生。故李某的讲解是不对的，容易混淆视听。导游自己可以保留对蒋介石的个人认识，但在带团讲解的时候，应当以维护国家利益和民族尊严为重，切忌随口乱说。所以导游应该受到处罚。

对于旅行社来讲，导游如果有损害国家利益和民族尊严言行的时候，旅行社也要承担连带责任，因为导游是旅行社委派的，旅行社有责任对所委派的导游人员加强管理和教育。

【处理结果】

依据《导游人员管理条例》第二十条的规定，导游人员进行导游活动时，有损害国家利益和民族尊严的言行的，由旅游行政部门责令改正；情节严重的，由省、自治区、直辖市人民政府旅游行政部门吊销导游证并予以公告；对该导游人员所在的旅行社给予警告直至责令停业整顿。

**典型案例**

## 案例 2-11　导游委婉索要小费案

**【案情介绍】**

地陪小韩带领香港旅游团一行 28 人浏览 W 市。按照旅行社计划安排，旅游团在 W 市浏览 6 个景点，安排两家商店购物。然而在浏览过程中，小韩擅自增加购物点，安排游客去她朋友新开业的珍珠馆。领队委婉提醒小韩不妥，但小韩仍我行我素。到珍珠馆门前，许多游客不愿下车，小韩便说："请大家给点面子，进去看看，不购物也没关系。"游客们这才懒洋洋地进去。行程结束，快抵达机场时，小韩致欢送辞后，领队依照惯例，给小韩一个内装小费的信封。小韩接过后，当着游客的面拆开，一看里面装的是 50 元人民币，心里极不舒服。她让游客在车上等一会儿，自己下了车。不一会儿，小韩手上拿着一大把零钱回到车上。她解释说："各位朋友，我刚才已经说了，感谢大家在 W 市期间对我工作的支持和配合"，说着扬扬手里的钱，"大家的心意我领了，这小费我不收，钱来自大家，我把它还给各位。"说完，小韩将这 50 元零钱逐一分发到游客手上。游客手上拿着这些钱，眼睛却怔怔的，车厢里的气氛顿时凝固。几位反应较快的游客马上拿出 50 元，甚至 100 元给小韩，说这是他们个人给小韩的一点小意思，请别嫌少，小韩最后收下了这些小费并再致谢意。

**【请你思考】**

(1) 地陪小韩违反了什么样的规定？

(2) 依据《导游人员管理条例》应当给予什么样的处罚？

(3) 小韩所在的旅行社有责任吗？应如何赔偿游客？

**【涉及法条】**

(1)《导游人员管理条例》第十三条：导游人员应当严格按照旅行社确定的接待计划，安排旅游者的旅行、游览活动，不得擅自增加、减少旅游项目或者中止导游活动。

(2)《导游人员管理条例》第十五条：导游人员进行导游活动，不得向旅游者兜售物品或者购买旅游者的物品，不得以明示或者暗示的方式向旅游者索要小费。

(3)《导游人员管理条例》第二十二条：导游人员有下列情形之一的，由旅游行政部门责令改正，暂扣导游证 3 至 6 个月；情节严重的，由省、自治区、直辖市人民政府旅游行政部门吊销导游证并予以公告。

① 擅自增加或者减少旅游项目的。

② 擅自变更接待计划的。

③ 擅自中止导游活动的。

(4)《导游人员管理条例》第二十三条：导游人员进行导游活动，向旅游者兜售物品或者购买旅游者的物品的，或者以明示或者暗示的方式向旅游者索要小费的，由旅游行政部门责令改正，处 1000 元以上 3 万元以下的罚款；有违法所得的，处没收违法所得；情节严重的，由省、自治区、直辖市人民政府旅游行政部门吊销导游证并予以公告；对委派该导游人员的旅行社给予警告直至责令停业整顿。

(5)《旅行社服务质量赔偿标准》第十条第三项：旅行社及导游或领队违反旅行社与旅游者的合同约定，未经旅游者签字确认，擅自违反合同约定增加购物次数、延长停留时间的，每次向旅游者支付旅游费用总额 10%的违约金。

**【法理分析】**

在旅游活动中，领队是组团社委派的导游人员，地陪是地接社(接团社)委派的导游人员，领队的任务是按照组团社的要求完成接待任务，督促地陪落实旅游接待计划，维护旅游者的合法权益；地陪的任务是按照组团社和接团社约定好的协议，为客人提供全面具体的服务。

导游在带团服务中，如果擅自增加购物次数，必然有与经营者串通，自己吃回扣之嫌。本案中，小韩擅自增加购物点，安排游客去她朋友新开业的珍珠馆，虽经领队提醒，但他依然我行我素，违反了《导游人员管理条例》第十三条的规定，应该依据《导游人员管理条例》第二十二条给予相应处罚。

在旅游过程中，导游应该代表旅行社为游客提供优质服务。但是实际带团活动中，有些导游不是以自己的优质服务赢得旅游者的感谢或者奖赏，而是不择手段，以明示或者暗示的方式向旅游者索要小费，给旅游业的声誉造成了极其恶劣的影响。明示的方式是指导游以语言、文字或者其他直接表达意思的方法，向旅游者索取小费的形式；暗示的方式是指导游以含蓄的语言、文字或者是以其举动等间接表达意思的方法，向旅游者索要小费的形式。在本案中，小韩把 50 元换成零钱发到客人手里的举动是向客人说明他嫌给的钱少，导致了游客也很尴尬，最后纷纷给小费。导游小韩违反了《导游人员管理条例》第十五条规定，所以依据《导游人员管理条例》第二十三条要给予相应处罚。

小韩所在的旅行社也有责任。小韩是接受旅行社委派的人员，也就是说旅行社要为游客聘用合格的导游，要对所聘导游的行为负责。根据《质量保证金赔偿标准》第十条的规定，旅行社及导游或领队违反旅行社与旅游者的合同约定，损害旅游者合法权益的，旅行社应承担赔偿责任。

**【处理结果】**

小韩违反了《导游人员管理条例》第十三条、十五条的规定。对于擅自带游客去购物的行为，应由旅游行政部门责令改正，暂扣导游证 3～6 个月；情节严重的，由省、自治区、直辖市人民政府旅游行政部门吊销导游证并予以公告；对于索要小费的行为应由旅游行政管理部门处 1000 元以上 3 万元以下的罚款；有违法所得的，处没收违法所得；情节严重的，由省、自治区、直辖市人民政府旅游行政部门吊销导游证并予以公告；对委派该导游人员的旅行社给予警告直至责令停业整顿。

导游小韩违反合同或旅程计划，擅自增加购物次数，旅行社应向旅游者支付旅游费用总额 10%的违约金。

典型案例

## 案例 2-12　导游调整变更接待计划案

**【案情介绍】**

2010 年 9 月 28 日，张某与本市的 A 旅行社签订了国内旅游组团标准合同，并交纳旅游费用 4800 元。2010 年 10 月 2 日，在该旅行社的组织下，张某等 28 人出发到龙胜和三江旅游。但游览龙胜梯田后赶赴三江时，由于下雨、修路等原因，道路湿滑十分难行，有翻车的可能。导游员考虑到游客的安全，在得到车上的 23 名游客的同意(张某等 5 人反对)后取消了去三江的旅游，改游荔浦，并报告了旅行社。回来后，张某等 5 人认为旅行社违约取消三江景点，到旅游质量监督管理所投诉，要求旅行社退回全部费用并承担相应损失。

**【请你思考】**

旅行社应该退回旅游者全部费用并赔偿损失吗？

**【涉及法条】**

(1)《导游人员管理条例》第十三条：导游人员应当严格按照旅行社确定的接待计划，安排旅游者的旅行、游览活动，不得擅自增加、减少旅游项目或者中止导游活动。

导游人员在引导旅游者旅行、游览过程中，遇有可能危及旅游者人身安全的紧急情形时，经征得多数旅游者的同意，可以调整或者变更接待计划，但是应当立即报告旅行社。

(2)《导游人员管理条例》第十四条：导游人员在引导旅游者旅行、游览过程中，应当就可能发生危及旅游者人身、财物安全的情况，向旅游者作出真实说明和明确警示，并按照旅行社的要求采取防止危害发生的措施。

**【法理分析】**

旅游活动是人们离开居住地到陌生地方去进行游览的一项活动。在这项活动中，人们最关心的是安全问题，如果在活动中出现安全意外，留下的心理阴影要延续很长时间，所以人们会选择信誉度高的旅行社参加团队活动。在《旅行社条例》和《导游人员管理条例》里，都对游客的安全问题做了明确规定，强调旅行社要保证游客的人身、财产安全。

《导游人员管理条例》规定，导游带团时，严格按照旅行社确定的接待计划，安排旅游者的旅行、游览活动，不得擅自增加、减少旅游项目或者中止导游活动。也就是说导游带团的时候禁止擅自变更接待计划，这是导游人员的义务。但是在旅游活动中，遇到危机旅游者人身、财物安全的情况时，应当采取防止危害发生的措施，不然旅行社要对旅游者的损失承担责任。所以在遇到危机旅游者人身、财物安全紧急情形时，《导游人员管理条例》规定导游有调整变更接待计划权。这项规定的权利和义务并不矛盾，可以理解为，在旅游活动中，按照合同完全履行的原则，导游不可以擅自变更接待计划，但是在遇到危及旅游者安全的情形的时候，为了减少损失或者防止不必要的损失，导游需要当即立断调整或者变更接待计划，但是如要调整或者变更，那就需要跟对方协商一致，才可以进行合法的合同变更，所以必须征得多数旅游者同意，而接待计划是旅行社确定的，是得到旅游者认可的，导游人员只是接受旅行社委派执行旅游接待计划，调整或者变更接待计划并不是导游人员的职责权限，所以还必须报告旅行社，得到旅行社的认可。

本案中，在游览龙胜梯田后赶赴三江时，由于下雨、修路等原因，道路湿滑十分难行，有翻车的可能，也就是说有可能危机旅游者人身安全的情形发生，此时为了确保客人的安全，导游应该当机立断，采取措施，所以导游提出了调整变更接待计划，这时候，征得了 23 名游客同意，总共 28 名游客，5 人反对，属于大多数游客同意后，取消了去三江的旅游，改游荔浦，并且报告了旅行社。所以整个过程，导游履行了自己的职责，行使了自己的权利，保证了游客的安全，旅行社并没有违约。

**【处理结果】**

法律面前人人平等，旅行社和游客在法律面前都是平等的，在旅游的过程中，游客参加了变更后的景点的游览，不存在经济损失，所以旅行社不需要退回旅游者全部旅游费用，也不需要赔偿损失。

## 思考与实训

1. 案例分析题

(1) 某市某国际旅行社组织接待了从外地来本市旅游的一行 30 人的团队，在参加游览过程中，作为地陪的高某为了节省时间并增加计划以外的游览项目，私自减少了 3 个计划景点，并一再对旅客说，大家到我市来一次不容易，既然来了就应多看些景点。在征得大多数旅客同意并向每位旅客加收了 120 元钱的基础上，增加了 5 个景点(包括高某私自从计划中减去的两个景点)。在团队活动期间，高某还购买了旅游者的私人物品。由于夏天天气炎热，加上团队中体弱旅客较多，故此，许多旅客感到在计划景点的参观时间太少、太仓促，并对高某额外增加景点的行为表示不满。旅游结束后，该团旅客集体签名向旅游行政管理部门投诉，并要求对导游员高某进行处罚。

问：① 上述案例，导游在带团时违反了什么规定？

② 根据《导游人员管理条例》导游会受到什么样的处罚？

③ 根据《导游人员管理实施办法》，导游在年审时会被怎样处理？

(2) 某旅行社接待一上海旅游团时，委派导游李某随团服务，该团在南京游览时，李某与一团员发生口角，离团而去。但因怕承担责任 3 个小时后返团。该团在天柱第一城游览购物时，有一位游客不小心把一个工艺品弄翻，商场要求该游客要买下工艺品，李某在一旁说如果不买的话，我们大家的人身可能会发生危险，于是游客不得不买下了该工艺品。事后李某得到了商场的分红人民币 2000 元。

问：① 导游发生口角后，离团而去 3 小时后返团，属于擅自中止吗？为什么？

② 在上述案例中，导游还存在什么样的问题？是否符合导游的职责？

(3) 地陪李小姐负责接待一个来湘的台湾旅行团。在长沙旅游的第三天下午，该团完成当天活动计划后准备返回饭店，傍晚将乘坐 17 时 48 分的火车前往北京继续旅游。在旅游车上，李小姐与司机商量后说："今天我们的行程很宽松，为了让大家更好地领略湖南风土人情，我特意为大家增加了一个活动项目——前往 xx 作坊参观湖南刺绣。"刺绣作坊附设有商店，个别游客十分喜爱手工生产的刺绣，却发现这里没有定点商店标志，因而对是否购买商品犹豫不决。李小姐解释道："这家作坊新开张，还来不及申报定点商店。但产品货真价实，绝对值得信赖！我们在这里必须停留两个小时，大家还是利用这段时间去挑选满意的刺绣商品作为纪念吧。我与店方商量过，为表达对台湾同胞的情谊，各位只要出示我发给大家的购物卡，就可以在原价上打七五折。"在她的劝说下，游客们纷纷购买。在游客们返回饭店下车时，李小姐说："朋友们请注意，稍晚我们就将前往火车站。各位此行没有要求行李服务，请大家自己将行李准备妥当。各位请下车。"游客们下车回房后，李小姐核实了离境的车次时间，与司机商量决定于 17 时送游客前往火车站。然后，李小姐向饭店前台通报了本团的离店时间，并结算了房费。离店引导游客上车时，李小姐清点人数无误并提醒游客交还房卡和结清饭店自费账目，经领队和全陪同意后通知司机开车。随后李小姐致了热情洋溢、规范完整的欢送词，博得游客们的一片掌声。到达火车站停车场后，李小姐说："朋友们，现在是 17 时 30 分，大家所乘车次已经开始检票了。请抓紧时间，拿好自己的行李物品进站。再见！"接下来，李小姐让游客下车并在旅游车门口挥手作别。

问：① 在旅游活动中，导游可以行使变更接待计划的权利吗？

② 上述案例中，导游违反了哪些规定？

2. 单项选择题

(1) 导游在带团时没有佩戴导游证，会被处以______罚款。

A. 300 元以下　　　B. 500 元以下

C. 1000 元到 3 万元　　　D. 3000 元到 1 万元

(2) 导游擅自增加、减少或中止导游活动，会暂扣导游证______，情节严重的吊销导游证。

A. 1 到 3 个月　　B. 3 到 6 个月

C. 3 个月到 1 年　　D. 6 个月到 1 年

(3) 导游人员对市旅游行政管理的处罚不服，可以向______申请复议。

A. 市级旅游行政管理部门　　B. 省级旅游行政管理部门

C. 中级人民法院　　D. 高级人民法院

(4) 中止导游活动最主要的特征______。

A. 必须是导游活动开始后　　B. 必须是导游活动结束之前

C. 必须是彻底中止　　D. 必须是擅自中止

3. 多项选择题

(1) 下列属于导游的权利的是______。

A. 人格尊严不受侵犯　　B. 可以调整或者变更接待计划

C. 自觉维护国家利益民族尊严　　D. 申请复议

(2) 导游在行使调整或者变更接待计划权利的时候，必须______。

A. 在旅游活动开始后

B. 是遇到可能危及旅游者人身安全的紧急情形

C. 征得多数旅游者同意

D. 报告旅行社

(3) 在旅游活动中，带团人员会被处以 1000 元到 3 万元罚款的情形有______。

A. 未接受旅行社委派　　B. 向旅游者兜售物品

C. 欺骗胁迫旅游　　D. 索要小费

(4) 下列情形中，不仅要处罚导游，旅行社也要承担连带责任的有______。

A. 导游有损害国家利益的言行　　B. 擅自增加、减少旅游项目

C. 兜售或者购买旅游者物品　　D. 欺骗旅游者消费

(5) 导游与经营者串通欺骗胁迫旅游者消费，依据《导游人员管理条例》应______。

A. 对导游处以 1000 元到 3 万元罚款

B. 有违法所得的，没收违法所得

C. 暂扣导游证 3 到 6 个月

D. 情节严重的吊销导游证

(6) 下列情形，可以申请复议的是______。

A. 对吊销导游证、暂扣导游证等行政处罚不服的

B. 认为旅游行政部门违法要求导游人员履行义务的

C. 认为旅游行政管理部门侵犯导游人身权的

D. 符合法定条件申请行政机关颁发导游证，旅游行政管理部门拒绝颁发的

# 五　领队人员管理制度

**案前导读**

领队是依照《出境旅游领队人员管理办法》规定，取得出境旅游领队证、接受具有出境旅游业务经营权的旅行社的委派、从事出境旅游领队业务的人员。在从事旅游业务的过程中，领队不仅仅代表了一个国家的形象，还要执行旅游计划和监督旅游计划。为了适应我国出境旅游的快速发展、加强对领队人员的依法管理、规范其从业行为、保证其团队服务质量、维护出境旅游者的合法权益、促进出境旅游的健康发展，国务院发布了《中国公民出国旅游管理办法》，并参照有关规定，制定了《出境旅游领队人员管理办法》。

**典型案例**

## 案例 2-13　出境旅游纠纷案

**【案情介绍】**

郜女士一家三口参加甲国际旅行社的泰国普吉五日游，甲旅行社一再保证该团是非购物团，入住当地最好的拉古拿度假村，可充分享受饭店完善的休闲设备。境外接待社乙旅行社的导游接机后，一上旅游车就告诉团员五天的行程必须前后大调动，团员们当即表示反对，导游马上改口说当晚原行程中安排的幻多奇夜间主题乐园已订不到票，并极力鼓吹团员自费体验泰式按摩。虽经团员反对，但后面几天的行程还是多次被境外导游变更，原订的龙虾海蟹晚宴也消失，而领队对此却不予理睬。第四天本应全天自由活动，导游却通知自由活动改为半天，中午集体外出用午餐，下午参观原是第五天行程的珍宝苑珠宝店。郜女士等人因拒绝外出用餐和逛珠宝店，被领队和导游强收不参加珠宝店行程的费用(所谓离团费)每人 1000 元。原定第五天上午骑大象游玩也未给郜女士一家安排，郜女士还被迫同领队签了自愿放弃书，证明是其自愿放弃骑大象活

动。行程结束回国后，郁女士向旅游质监部门投诉，要求甲旅行社退还强收的离团费、未提供的龙虾宴和骑大象的费用，并赔偿损失。

【请你思考】

(1) 领队违反了哪些规定？会受到什么处罚？

(2) 领队要郁女士签署的自愿放弃书是否合法有效？

(3) 客人的损失，旅行社如何赔偿？

【涉及法条】

(1)《出境旅游领队人员管理办法》第八条：领队人员应当履行下列职责。

①遵守《中国公民出国旅游管理办法》中的有关规定，维护旅游者的合法权益；②协同接待社实施旅游行程计划，协助处理旅游行程中的突发事件、纠纷及其他问题；③为旅游者提供旅游行程服务；④自觉维护国家利益和民族尊严，并提醒旅游者抵制任何有损国家利益和民族尊严的言行。

(2)《出境旅游领队人员管理办法》第十三条：违反本办法第八条第二、三、四款规定的，由旅游行政管理部门责令改正，并可暂扣领队证 3 个月至 1 年；造成重大影响或产生严重后果的，由旅游行政管理部门撤销其领队登记，并不得再次申请领队登记，同时要追究组团社责任。

(3)《中国公民出国旅游管理办法》第十六条：组团社及其旅游团队领队应当要求境外接待社按照约定的团队活动计划安排旅游活动，并要求其不得组织旅游者参与涉及色情、赌博、毒品内容的活动或者危险性活动，不得擅自改变行程、减少旅游项目，不得强迫或者变相强迫旅游者参加额外付费项目。

境外接待社违反组团社及其旅游团队领队根据前款规定提出的要求时，组团社及其旅游团队领队应当予以制止。

(4)《中国公民出国旅游管理办法》第三十条：组团社或者旅游团队领队违反本办法第十六条的规定，未要求境外接待社不得组织旅游者参与涉及色情、赌博、毒品内容的活动或者危险性活动，未要求其不得擅自改变行程、减少旅游项目、强迫或者变相强迫旅游者参加额外付费项目，或者在境外接待社违反前述要求时未制止的，由旅游行政部门对组团社处组织该旅游团队所收取费用 2 倍以上 5 倍以下的罚款，并暂停其出国旅游业务经营资格，对旅游团队领队暂扣其领队证；造成恶劣影响的，对组团社取消其出国旅游业务经营资格，对旅游团队领队吊销其领队证。

(5)《旅行社服务质量赔偿标准》第十条：旅行社及导游或领队违反旅行社与旅游者的合同约定，损害旅游者合法权益的，旅行社按下述标准承担赔偿责任。

① 擅自缩短游览时间、遗漏旅游景点、减少旅游服务项目的，旅行社应赔偿未完成约定旅游服务项目等合理费用，并支付同额违约金。遗漏无门票景点的，每遗漏一处旅行社向旅游者支付旅游费用总额 5%的违约金。

② 未经旅游者签字确认，擅自安排合同约定以外的用餐、娱乐、医疗保健、参观

等另行付费项目的，旅行社应承担另行付费项目的费用。

③ 未经旅游者签字确认，擅自违反合同约定增加购物次数、延长停留时间的，每次向旅游者支付旅游费用总额10%的违约金。

④ 强迫或者变相强迫旅游者购物的，每次向旅游者支付旅游费用总额20%的违约金。

⑤ 旅游者在合同约定的购物场所所购物品系假冒伪劣商品的，旅行社应负责挽回或赔偿旅游者的直接经济损失。

⑥ 私自兜售商品的，旅行社应全额退还旅游者的购物价款。

【法理分析】

本案中最主要的问题是导游擅自更改行程顺序、压缩行程内容、减少服务项目、增加自费项目，而领队对此却不加制止。这种情形在旅游活动中可能是司空见惯的事情，应该参观的景点只做部分参观，原订的行程只作短暂停留，虽然行程表上的每一个景点都会带到，但是却只是蜻蜓点水的晃一下，遥望、远观后即视为游览过。领队常无可奈何，任由接待社导游为所欲为。

《中国公民出国旅游管理办法》和《出国旅游领队人员管理办法》对出国旅游领队人员的职责做过明确规定，要求领队人员应依法从事领队业务，维护旅游者的合法权益，不得擅自改变行程、减少旅游项目、强迫或者变相强迫旅游者参加额外付费项目，当境外接待社导游作出侵害旅游者合法权益的行为时，应予以制止。否则，领队人员将要受到相应处罚。本案中，领队显然违反了这些规定。在境外导游出现多次更改日程安排，取消幻多奇夜间主题乐园和龙虾海蟹晚宴、增加自费的泰式按摩、缩短第四天自由活动时间、未给郜女士一家安排骑大象活动等违反合同的行为时，领队不予理睬，未加制止，甚至还强迫郜女士一家交纳所谓的离团费，这些都严重侵害了游客和郜女士的合法权益。

郜女士签的自愿放弃书是在领队的胁迫下签署的，违背了自己的真实意愿，严重侵害了郜女士一家的权益，应属无效。

【处理结果】

本案领队违反了《中国公民出国旅游管理办法》第十六条第二款的规定，在境外导游侵害游客权益时未加制止，按照该办法第三十条的规定，应由旅游行政部门对组团社处组织该旅游团队所收取费用2倍以上5倍以下的罚款，并暂停其出国旅游业务经营资格，对旅游团队领队暂扣其领队证；造成恶劣影响的，对组团社取消其出国旅游业务经营资格，对旅游团队领队吊销其领队证。另外，按照《旅行社条例》第五十九条的规定，还应对领队人员处1万元以上5万元以下的罚款。

对于郜女士一家的损失，按照《旅行社服务质量赔偿标准》第十条的规定，组团社应退还幻多奇夜间主题乐园、龙虾海蟹晚宴以及骑大象的费用，并赔偿同额违约金，另需退还每人1000元离团费。

## 典型案例

# 案例 2-14 领队违规操作案

【案情介绍】

2011 年 3 月，匡某等人报名参加了北京某国际旅行社组织的巴厘岛经典六日游，依据行程内容，此次旅行途径雅加达、巴厘岛、印度尼西亚、海神庙，张某担任领队。匡某等人在 2011 年 3 月 12 日随团乘飞机前往雅加达，转飞巴厘岛，地接社导游王某接团。但是，整个行程却不那么顺心。在行程单的第三天写着，可以参加推荐的自费活动金银岛全日游，也可以自由活动，享用酒店的各项活动，也可以懒洋洋的躺在沙滩上，享受阳光沙滩，感受热带风情。但是到了第三天，导游王某极力鼓动大家参加自费项目，匡某喜欢沙滩美景，决定不参加活动，导游大为不快，在随后的行程中，总是冷落匡某。匡某觉得很不受尊重，这时，他发现领队也对他不闻不问，只顾跟其他游客说笑。在第四天的行程中，安排去一个土特产店购物(总共 1 个小时)，让大家买些特产回去，回馈亲朋好友。在一个小时过后，导游发现游客所买物品较少，所以就拖延时间。最后上车返回酒店时，导游王某故意刁难游客，让游客在离酒店较远的地方就下了车，步行回酒店。游客都很不满意，向领队抱怨，但是领队在返回的路上只是自言自语了几句，并没有做任何处理。整个行程好多人都感到导游服务质量很不到位。好不容易盼到了最后一天即将返程，这时导游王某提出，这里有规矩，应该给导游小费。游客不知道国外的行情，又碍于面子，愿意不愿意都多少表示了一下。回到北京，游客们经打听得知，根本就没有行情说必须要给小费，而当时领队也没有做任何告知和说明，很是气愤。于是向旅游行政管理部门投诉北京某国际旅行社，让其赔偿损失。但是旅行社却说，领队张某是新上任导游，工作经验不足，造成这些都是张某个人原因造成的，旅行社没有责任。经查，张某并无领队证。

【请你思考】

(1) 旅行社是否应该承担责任？如何承担？

(2) 领队张某违反了哪些规定？会受到处罚吗？

【涉及法条】

(1)《出境旅游领队人员管理办法》第二条：本办法所称出境旅游领队人员，是指依照本办法规定取得出境旅游领队证、接受具有出境旅游业务经营权的国际旅行社的委派、从事出境旅游领队业务的人员。

本办法所称领队业务，是指为出境旅游团提供旅途全程陪同和有关服务，作为组团社的代表，协同境外接待旅行社完成旅游计划安排以及协调处理旅游过程中相关事务等活动。

(2)《出境旅游领队人员管理办法》第七条：领队人员从事领队业务，必须经组团社正式委派；领队人员从事领队业务时，必须佩带领队证；未取得领队证的人员，不得从事出境旅游领队业务。

(3)《出境旅游领队人员管理办法》第十条：违反本办法第七条第三款规定，未取得领队证从事领队业务的，由旅游行政管理部门责令改正，有违法所得的，没收违法所得，并可处违法所得3倍以下不超过人民币3万元的罚款；没有违法所得的，可处人民币1万元以下罚款。

(4)《旅行社条例》第五十七条：违反本条例的规定，旅行社委派的导游人员和领队人员未持有国家规定的导游证或者领队证的，由旅游行政管理部门责令改正，并对旅行社处2万元以上10万元以下的罚款。

**【法理分析】**

出境游领队是接受旅行社委派，为游客提供领队服务的工作人员，旅行社应承担其职务行为所造成的后果，因领队的服务导致游客损失或侵害游客权益时，旅行社就要为领队工作中的行为后果承担责任。本案中张某未履行好领队的职责和义务(未制止境外导游的违约行为，维护游客利益)，应由旅行社赔偿游客的损失。

领队张某存在如下违规行为，①境外导游在游客购物较少的情况下，延长购物时间，并故意刁难游客，让游客在离酒店较远的地方下车。此时，领队并没有指出和制止导游的这种错误做法，无视游客的合法权益，也置旅行社的声誉于不顾。②导游向游客索要小费时，领队没有告知游客小费是自愿给予的，未尽到提醒说明的义务。③未持有领队证却接受旅行社委派，从事领队业务。

**【处理结果】**

旅行社应该承担责任，按照《旅行社服务质量赔偿标准》第十条第三款的规定，未经旅游者签字确认，旅行社及导游或领队擅自违反合同约定增加购物次数、延长停留时间的，旅行社每次应向旅游者支付旅游费用总额10%的违约金。张某未持有领队证却从事领队业务，违反了《出境旅游领队人员管理办法》第七条的规定，应按该办法第十条的规定，由旅游行政管理部门责令改正，有违法所得的，没收违法所得，并可处违法所得3倍以下不超过人民币3万元的罚款；没有违法所得的，可处人民币1万元以下罚款。对委派张某的旅行社，则应按《旅行社条例》第五十七条的规定，由旅游行政管理部门责令改正，对旅行社处2万元以上10万元以下的罚款。

## 思考与实训

1. 案例分析题

2010年9月30日，游客邢某等9人参加了某市A旅行社组织的港、澳双飞五日游，赴香港、澳门旅游。领队是A旅行社的安小姐，香港地接社导游是刘小姐。旅游团按旅游行程计划安排，顺利地完成了澳门段的行程，于10月2日抵港。抵港后，香港地接社导游刘小姐就向游客介绍行程计划外的自费旅游项目(夜游维多利亚港湾)，说船票比较紧张，并表示积极为旅游团争取购买到船票。10月3日晚，地接社导游刘小姐向大家宣布已经购买了夜游维多利亚港湾的船票，每张票130元港币。部分游客认为未征求大家意见就购买船票是不合理的，与刘小姐发生了争执，并在无可奈何的情况下交了费用。在当日晚17时左右，即将游维多利亚港湾时，邢某等9人表示坚决不参加，并在香港街头与刘小姐再次发生争执，最后自行返回住处。自始至终，A旅行社领队安小姐一言未发，也没有下车解决问题。

问：领队安小姐没有尽到什么职责？应该受到处罚吗？

2. 单项选择题

(1) 领队证有效期______。

A. 1年　　B. 3年　　C. 5年　　D. 无期限

(2) 未取得领队证从事领队业务，没有违法所得的，处以人民币______罚款。

A. 500元以下　　B. 1000元到3万元

C. 1万元以下　　D. 5000元以上2万元以下

(3) 旅游行政管理部门收到导游申请领队证材料之日起______内，对于符合条件的申请领取领队证人员颁发领队证。

A. 7个工作日　　B. 10个工作日

C. 15个工作日　　D. 30日

3. 多项选择题

(1) 申请领队证的人员，应该具备下列条件______。

A. 有完全民事行为能力的中国公民

B. 热爱祖国、遵纪守法

C. 可切实负起领队责任的旅行社人员

D. 掌握旅游目的地国家或地区有关情况

(2) 申领领队证要提交的材料______。

A. 申请领队人员登记表

B. 组团社出具的胜任领队工作的证明

C. 申请领队证人员业务培训证明

D. 健康证明

(3) 领队人员对可能危及人身安全的情况未向旅游者作出真实说明和明确警示的，应该受到的处罚是______。

A. 由旅游行政管理部门责令改正，给予警告

B. 情节严重的，处以5000元以上1万元以下的罚款

C. 情节严重的，对领队人员可以暂扣直至吊销导游证

D. 造成人身伤亡事故的，追究刑事责任，并承担赔偿责任

(4) 领队未维护国家利益和民族尊严，并提醒旅游者抵制任何有损国家利益和民族尊严的言行的______。

A. 由旅游行政管理部门责令改正　　B. 暂扣领队证 3 个月至 1 年

C. 情节严重的，吊销领队证　　D. 处以 5000 元以上 2 万元以下罚款

# 3

# 旅游合同法律制度

相关法律法规

目前，我国涉及旅游合同的法律法规主要包括《中华人民共和国合同法》、《旅行社条例》、《最高人民法院关于适用<中华人民共和国合同法>若干问题的解释(二)》、《关于审理旅游纠纷案件适用法律若干问题的规定》以及国家工商总局发布的《合同违法行为监督处理办法》对于旅游合同的签订、履行及旅游纠纷的化解也起到一定的指导作用。

# 一　旅游合同的订立

## 案前导读

旅游合同是有关部门受理投诉、司法部门审理案件的重要依据，是保护旅游者与旅游经营者合法权益的重要手段。因此，《旅行社条例》规定，旅行社为旅游者提供服务时，不仅应当与旅游者签订书面旅游合同并载明规定事项，还应当对旅游合同的具体内容作出真实、准确、完整的说明。若未签合同或未载明规定事项，可能会被旅游行政管理部门责令改正，处 2 万元以上 10 万元以下的罚款；情节严重的，还会被责令停业整顿 1 个月至 3 个月。目前各地旅行社采用的合同版本大多是国家旅游局推荐的示范文本，与作为合同附件的行程单共同构成完整的旅游合同。由于是事先拟订且未经协商的格式条款，可能存在着侵犯旅游者合法权益的条款，为平衡双方利益，《旅行社条例》还规定旅行社和旅游者签订的旅游合同约定不明确或者对格式条款的理解发生争议的，应当按照通常理解予以解释；对格式条款有两种以上解释的，应当作出有利于旅游者的解释；格式条款和非格式条款不一致的，应当采用非格式条款。在格式条款中若存在对旅游者不公平、不合理的规定，或者减轻、免除其损害旅游者合法权益的责任的，该条款可能会被认定为无效。

## 典型案例

### 案例 3-1　旅游合同成立与否案

**【案情介绍】**

2003 年 8 月中旬，李某及其父亲、母亲、姑姑一行 4 人准备去海南旅游，向 A 旅行社咨询到海南旅游事宜，并告知一行 4 人的姓名。随后 A 旅行社出资为李某等 4 人购买了中国南方航空股份有限公司 2003 年 8 月 25 日自郑州至三亚的客票，客票均载明“不得签转、不得更改、不得退票”，票面金额均为 630 元。当月 24 日下午，A 旅行社电话告知李某飞机客票已订好，并要求其支付机票款、旅游费，李某与其父亲、母亲和姑姑协商后表示同意，并由李某将同意的情况电话告知A旅行社。但是，24日晚李某从天气预报中得知海南有台风和大雨，致电A旅行社表示取消旅游，A旅行社表示天气情况不影响旅游，拒绝李某取消旅游的要求。25日，A旅行社如期到机场送票，并未见到李某等人。A旅行社因取票、送票支出交通费50元，请求李某支付机票款及交通费未果，遂提起诉讼。

(摘自中国法院网，有所改动。)

**【请你思考】**

(1) 本案中，A旅行社和李某的合同是否成立？

(2) A旅行社的损失应由谁来承担？

**【涉及法条】**

(1)《中华人民共和国合同法》(以下简称《合同法》)第十三条：当事人订立合同，采取要约、承诺方式。

(2)《合同法》第二十五条：承诺生效时合同成立。

(3)《合同法》第一百零七条：当事人一方不履行合同义务或者履行合同义务不符合约定的，应当承担继续履行、采取补救措施或者赔偿损失等违约责任。

**【法理分析】**

我国《合同法》规定，当事人订立合同，应采取要约、承诺方式。承诺是受要约人同意要约的意思表示，承诺生效时合同成立。本案中，李某与A旅行社之间的旅游合同已因李某事后的追认行为而成立。李某向经营旅游业务的A旅行社咨询旅游事宜，毫无疑问是要约邀请，后双方是否达成口头旅游服务合同，A旅行社是应李某的委托垫资购买机票还是在李某没有明确委托时就自作主张垫资购买机票，现在无法得知。但是，即使双方此前未达成口头旅游服务合同，李某也没有明确委托A旅行社垫资购买机票，但在A旅行社告知机票已订好、通知李某来取票并支付机票款、旅游费时，李某等4人经协商表示同意，此时A旅行社的意思表示符合要约的法律特征，李某等4人的意思表示符合承诺的法律特征，并且因采用电话方式均已及时到达对方，所以李某等4人与A旅行社间的口头旅游服务合同据此成立并生效。依法成立的合同，对当事人具有法律约束力，当事人应当按照约定履行自己的义务，不得擅自变更或解除合同。而后来李某等4人取消旅游的意思表示属于解除合同的情形，因李某等4人未举证证明是因不可抗力致使不能实现合同目的而解除合同的，故对解除合同给原告造成的损失应予赔偿。

**【处理结果】**

因合同已经依法成立并生效，李某等4人共赔偿A旅行社包括机票款(四张计2520元)及交通费(50元)在内的经济损失共2570元。

典型案例

## 案例 3-2　旅游合同歧义案

**【案情介绍】**

2009 年“国庆黄金周”期间，T 市 M 旅行社组织的 20 人旅游团前往华东，旅游合同有如下约定：华东五市游，送乌镇，住三星级酒店。不料到达目的地才发现，因市中心酒店客房紧俏，房价普遍高，客人实际住宿的三星级酒店都在各市郊区，离市区有一个小时的车程，造成客人晚上不能游览市区。行程最后一天，地接社把游客送到乌镇景区，告知游客门票及导游费用自理。游客感觉受到欺骗，回程后投诉 M 旅行社。此案的关键是双方对“送乌镇”与“住三星级酒店”的理解发生分歧。

(摘自中国法院网，有所改动。)

**【请你思考】**

(1) 依照《合同法》的规定，本案中的歧义词语该如何理解？

(2) 旅行社是否该补偿游客的费用？

**【涉及法条】**

(1)《合同法》第三十九条：采用格式条款订立合同的，提供格式条款的一方应当遵循公平原则确定与当事人之间的权利和义务，并采取合理的方式提请对方注意免除或者限制其责任的条款，按照对方的要求，对该条款予以说明。

格式条款是当事人为了重复使用而预先拟订的，并在订立合同时未与对方协商的条款。

(2)《旅行社条例》第二十九条：旅行社和旅游者签订的旅游合同约定不明确或者对格式条款的理解发生争议的，应当按照通常理解予以解释；对格式条款有两种以上解释的，应当作出有利于旅游者的解释；格式条款和非格式条款不一致的，应当采用非格式条款。

(3)《合同法》第四十一条：对格式条款的理解发生争议的，应当按照通常理解予以解释；对格式条款有两种以上解释的，应当作出不利于提供格式条款一方的解释；格式条款和非格式条款不一致的，应当采用非格式条款。

**【法理分析】**

我国《合同法》和《旅行社条例》均规定，对格式条款有两种以上解释的，应当作出不利于提供格式条款一方的解释。本案中，旅行社把“送乌镇”解释为将游客免费送到乌镇，交通费可免，其他费用不免；游客对“送乌镇”的理解则是免费附赠乌镇这个景点，当然包括乌镇的门票和导游费，而所谓“住三星级酒店”，一般也应是市内三星级酒店，而不应是为节省开支而舍近求远住的郊区的酒店。旅行社自己提供的格式条款产生歧义，应依法承担相应的法律后果。进一步讲，若歧义是旅行社在订立合同时故意造成的，则有欺诈消费者之嫌，可能需承担双倍赔偿的法律责任。

【处理结果】

对“送乌镇”与“住三星级酒店”应作出不利于M旅行社的解释，旅行社应赔偿游客乌镇的门票、导游费用以及市内三星酒店与郊区三星酒店的差价。

## 知识拓展

根据我国《合同法》的规定，要约邀请是希望他人向自己发出要约的意思表示，旅游广告一般属于要约邀请；要约是希望和他人订立合同的意思表示，承诺是受要约人同意要约的意思表示，旅游者基于订立旅游合同的意思和旅行社协商旅游线路及价格的过程一般就是要约承诺的过程。在此过程中，双方应本着诚实信用的原则与对方协商，否则可能要承担缔约过失的责任；在合同依法成立后，双方都应当受合同约束，否则就要承担违约责任。

格式条款的积极作用显而易见，但消极作用也很明显。因为存在不对等的条款而发生大量合同争议和纠纷，例如有些旅行社认为同旅游者签订了合同，就明确了双方的权利和义务，但是按照旅行社“单方意愿”制订的合同中发生的纠纷有时还要他自己承担责任；有的旅游者因为不懂法律，盲目同旅行社签订格式条款合同，当自己的权益受到侵害时却没有通过法律途径去维护权益的意识。

格式条款合同会损害旅游者的正当权益，也扰乱了旅游市场的正常秩序。因此，各地旅游主管部门按照法律要求，结合实际情况，吸收其他行业及地区合同文本的优点、特点，又制订了主要条款齐全，没有显失公平或者违反法律、行政法规条款的合同示范文本，并积极推荐使用。但因为是推荐而不具有强制性，很多旅行社会采用双轨制来规避法律，即一套是应付旅游主管部门检查的正规合同，而另一套则是同游客签订的有不平等嫌疑的格式条款合同，例如在合同条款中明确约定免除自身责任的条款。实际上，旅行社应该首先赔偿因此给旅游者造成的损失，再向有责任的单位或个人追偿。因为旅游产品是一个综合性产品，旅行社同旅游者签订合同后，便直接确立了双方的权利和义务，至于其具体责任可能在其他旅游产品供应商，同旅游者没有直接的关系。

像案例3-2一样，旅行社通过旅游合同格式条款为消费者埋下“隐形陷阱”的案例还有很多。例如海南旅游中的五指山与万泉河景点被解释成“遥望五指山与远眺万泉河”也是很典型的。有的时候，格式条款合同因为侵犯旅游者合法权益或增加旅游者义务而被认定无效，例如有的合同约定，旅行社可以在保证游览景点数量和时间的前提下享有调换景点的权利，就属于霸王条款。依据《最高人民法院关于审理旅游纠纷案件适用法律若干问题的规定》第六条规定，旅游经营者以格式合同、通知、声明、告示等方式作出对旅游者不公平、不合理的规定，或者减轻、免除其损害旅游者合法权益的责任的，旅游者请求依据《中华人民共和国消费者权益保护法》第二十四条的规定认定该内容无效的，人民法院应予以支持。因此，旅行社在订立合同时，应尽量避免使用模糊的用语、尊重旅游者的合法权益，以降低经营中的法律风险。

## 思考与实训

1. 案例分析题

(1) 2009 年 7 月 21 日，宋某报名参加某旅行社组织的黄山双卧五日游，在所附的行程表中约定的住宿及参观景点的标准分别为“山下住双人标间(独立卫生间)，景点大门票(缆车 65 元/次，环保车 20 元/人)”，后因旅行社未支付缆车费用，遂以欺诈的名义，将旅行社投诉到质监所。旅行社辩称，合同中并没有约定所交纳的团费中包含缆车费用，旅行社在景点门票后面用括号将缆车及环保车的价格标出，是为了提示游客，是出于好意，游客如果需要乘坐缆车游览，费用需要自理，因此旅行社并没有欺诈游客。

问：旅行社是否应该承担缆车费用？为什么？

(2) 老张夫妇退休后，欲饱览祖国大好河山。一日，被太原某旅行社在太原晚报上所登“海南五日游”的广告吸引，想报团出游。但在签合同时，却看到合同上印着这样一条语句：凡 55 岁以上老人需加收 300 元。老张夫妇报团出游后，却发现老年人与其他游客接受的是同样的服务，并未因多交团费而享受到特殊服务，老张夫妇为此十分不解。

问：合同规定“凡 55 岁老人需加收 300 元”的效力如何？多交团费能否退还？

2. 单项选择题

2011 年 4 月，张某一家三口参加甲旅行社组织的海南四日游。在旅游最后一天，该团所乘汽车因车轮打滑撞击其他汽车，张先生本人右腿骨粉碎性骨折，全家所受惊吓不轻。为此，张某一家要求甲旅行社退还全部旅游费 6000 元，并赔偿伤残补助费、医药费、护理费、误工费及精神损失费 38.5 万元。旅行社提出，双方所签格式合同中约定“如果由于第三方原因造成游客人身或财产损害的，旅行社概不负责”。且该事故是由于汽车公司汽车故障造成的，旅行社并无过错，因此拒绝赔偿。双方协商不成，遂对簿公堂。

(1) 双方所签格式合同中的约定“如果由于第三方原因造成游客人身或财产损害的，旅行社概不负责”效力如何？

A. 有效　　B. 无效

C. 效力待定　　D. 可撤销或变更

(2) 张先生的各项损失应如何赔偿？

A. 应当由汽车公司赔偿，与旅行社无关

B. 旅行社与汽车公司各自承担一部分责任

C. 旅行社应当先予赔偿，然后向汽车公司追偿

D. 应当由汽车公司赔偿，旅行社应协助索赔

2007 年 7 月 2 日，某报社发布了一则广告，北京某旅行社推出暑期海南游的套餐。广告称此次海南旅游套餐包括景点五指山、万泉河，那里景色独特、风光旖旎，令人流连忘返。广告内容令北京的陈小姐怦然心动，陈小姐遂与北京某旅行社签订了旅游合同，并按约定支付了全部旅游费用 1800 元。7 月 5 日，陈小姐兴致勃勃地踏上了旅

程。在海南旅游过程中，陈小姐发现广告中标明的五指山、万泉河等游览项目，居然变成了“遥望五指山、远眺万泉河”，只是在旅游车路过时，导游用手遥指了一下这两个景点，并未进入景区参观拍照。陈小姐很气愤，回家后投诉北京某旅行社。

(3) 依照法律规定，对于双方所签格式合同中约定的“五指山、万泉河”景点，到底应作“进入参观”理解，还是作“遥望和远眺”理解？

A. 约定不明确，视为对该景点未作约定

B. 应作“进入参观”理解

C. 应做“遥望和远眺”理解

D. 由双方协商确定

## 二　旅游合同的效力

### 案前导读

旅游合同经要约承诺的订立程序后便可成立，但成立并不等于具有法律效力。根据我国《合同法》的规定，只有主体合法、意思表示真实且不违反法律强制性规定和社会公共利益的合同才是合法有效的合同，才具有法律约束力。因此，主体不合格的合同，通常会成为效力待定合同；意思表示不真实的合同，是可撤销、可变更的合同；违反法律强制性规定和社会公共利益的合同则是无效合同。因此，旅游合同会存在有效、无效、效力待定和可撤销可变更的情形，需要根据具体条件加以区分。

### 典型案例

#### 案例 3-3　效力待定旅游合同案

**【案情介绍】**

2010 年暑期，湖南长沙范先生刚满 14 岁的儿子小范瞒着父母，和两个好朋友相约去一家旅行社报了一个去三亚的旅行团，并签了书面旅游合同，按报价交了一千多元的团费。出团前三天范先生知晓了此事后，认为小范马上就要读初三，准备参加中考了，想要他利用暑假期间参加培训班，补习功课，而且孩子还小，没有亲人陪同恐怕不安全，于是不同意他去。但当范先生找到旅行社要求退还团费时，该旅行社却坚决不同意退费，双方遂起纠纷。

(摘自中国法院网，有所改动。)

【请你思考】

(1) 本案中，旅行社和小范的合同效力如何？

(2) 范先生要求退还团费是否合法？

【涉及法条】

(1)《合同法》第九条：当事人订立合同，应当具有相应的民事权利能力和民事行为能力。

(2)《合同法》第四十七条：限制民事行为能力人订立的合同，经法定代理人追认后，该合同有效，但纯获利益的合同或者与其年龄、智力、精神健康状况相适应而订立的合同，不必经法定代理人追认。

(3)《合同法》第五十八条：合同无效或者被撤销后，因该合同取得的财产，应当予以返还；不能返还或者没有必要返还的，应当折价补偿。有过错的一方应当赔偿对方因此所受到的损失，双方都有过错的，应当各自承担相应的责任。

【法理分析】

本案中小范属限制民事行为能力人，若范先生不追认该行为，则合同无效。我国《合同法》规定，订立合同的当事人，应当具有相应的民事权利能力和民事行为能力。对于自然人的民事行为能力，根据我国《民法通则》的相关规定，18 周岁以上的公民是完全民事行为能力人，或者 16 周岁以上不满 18 周岁的公民，以自己的劳动收入为主要生活来源的，视为完全民事行为能力人。10 周岁以上的未成年人是限制民事行为能力人，可以进行与他的年龄、智力相适应的民事活动，其他民事活动由他的法定代理人代理，或者征得他的法定代理人的同意。本案中，小范刚满 14 岁，属限制民事行为能力人，不能独立签订旅游合同，除非其父母追认这一行为，否则，该旅游合同归于无效。由于范先生不同意儿子出去旅行，因此小范与旅行社订立的旅游合同无效，旅行社应当返还小范缴纳的团费。

【处理结果】

小范不具有相应的民事行为能力，而范先生拒绝追认合同，合同因未经追认而判定无效，旅行社应返还小范缴纳的团费。

**典型案例**

## 案例 3-4　无效合同案

【案情介绍】

2009 年 6 月至 7 月间，江西省旅游质监所连续接到游客对江西某旅行社的多起投诉。经查，该旅行社与游客签订的旅游合同，游客所持合同部分未加盖旅行社印章，该旅行社所持合同加盖的是组团部印章而非法人印章，进一步调查发现该旅行社以往所签合同大多如此。

(摘自国家旅游局官方网站，有改动。)

【请你思考】

(1) 用公司下属部门印章签订的合同效力如何?

(2) 该旅行社将受到怎样的处罚？为什么?

【涉及法条】

(1)《合同法》第九条：当事人订立合同，应当具有相应的民事权利能力和民事行为能力。

(2)《合同法》第五十二条：有下列情形之一的，合同无效。

① 一方以欺诈、胁迫的手段订立合同，损害国家利益。

② 恶意串通，损害国家、集体或者第三人利益。

③ 以合法形式掩盖非法目的。

④ 损害社会公共利益。

⑤ 违反法律、行政法规的强制性规定。

【法理分析】

旅行社与游客订立合同，应加盖具有合同订立权限的总社或分社的印章，部门印章一般为内部使用，不能对外代表旅行社签订合同。本案中旅行社使用组团部印章(包括旅行社的服务网点使用内部印章)与游客签订旅游合同的行为，属于违反行政法规强制性规定的非法行为，其所签合同不具有法律效力。

【处理结果】

江西省旅游局就旅游合同印章的认定问题请示国家旅游局，国家旅游局批复明确指出："旅行社给游客的旅游合同不加盖印章，或者旅行社在旅游合同上加盖部门、门市部等其他非法人印章，均应认定为旅行社未与游客签订合同"。据此，按照《旅行社条例》第二十八条、第五十五条的规定，江西省旅游局对该旅行社处以2万元罚款的行政处罚。

典型案例

## 案例 3-5　可撤销的赔偿合同案

【案情介绍】

2007年9月11日，山东省A旅行社与B旅行社签订《联合开行旅游专列协议》，双方商定于2007年10月1日至10月7日开行淄博－桂林专列。A旅行社负责专列的

申报、协调工作，B旅行社负责组织游客。2007年9月26日张女士与B旅行社签订《国内旅游合同》，参加A、B两旅行社组织的桂林、漓江、阳朔七日游专列。2007年10月5日晚21时许，旅游专列在返回途中停靠衡山车站。因停车时间较长，车厢内温度较高，列车上的存水用尽，使游客产生不满情绪，部分游客利用下车通风机会拒绝上车。A、B旅行社随即购买矿泉水发放给游客，并协助车站工作人员和专列工作人员劝说游客上车。经过做工作，仍有部分游客拒绝上车，并向A、B两旅行社提出每人1000元的赔偿要求，旅行社随行人员在不得已的情况下与游客代表签订赔偿1000元/人损失的协议。该专列在衡山车站滞留了8个小时后，于2007年10月6日早6时许从衡山车站开出。

张女士返回后于2007年10月18日向济南铁路运输法院提起诉讼，请求判令A、B两旅行社履行签订的赔偿协议，支付损失费1000元。

(摘自中国旅游诚信网，略有改动。)

**【请你思考】**

(1) 本案中，张女士的赔偿要求是否合理？为什么？

(2) A、B两旅行社与游客代表签订的赔偿1000元/人的赔偿协议是否有效？

(3) 该案应该如何处理？

**【涉及法条】**

(1)《合同法》第五十四条：下列合同，当事人一方有权请求人民法院或者仲裁机构变更或者撤销。

① 因重大误解订立的。

② 在订立合同时显失公平的。

一方以欺诈、胁迫的手段或者乘人之危，使对方在违背真实意思的情况下订立的合同，受损害方有权请求人民法院或者仲裁机构变更或者撤销。

(2)《合同法》第一百一十九条：当事人一方违约后，对方应当采取适当措施防止损失的扩大；没有采取适当措施致使损失扩大的，不得就扩大的损失要求赔偿。

(3)《旅行社条例实施细则》第四十三条：旅行社及其委派的导游人员、领队人员在经营、服务中享有下列权利。

① 要求旅游者如实提供旅游所必需的个人信息，按时提交相关证明文件。

② 要求旅游者遵守旅游合同约定的旅游行程安排，妥善保管随身物品。

③ 出现突发公共事件或者其他危急情形，以及旅行社因违反旅游合同约定采取补救措施时，要求旅游者配合处理防止扩大损失，以将损失降低到最低程度。

④ 拒绝旅游者提出的超出旅游合同约定的不合理要求。

⑤ 制止旅游者违背旅游目的地的法律、风俗习惯的言行。

**【法理分析】**

本案争议的焦点有以下两点：①张女士等游客的赔偿要求是否合理；②张女士等游客与A、B两旅行社签订的赔偿协议是否有效。

张女士与A、B旅行社签订的国内旅游合同已经按照约定履行完毕，双方之间的纠纷是在旅游返程途中，因张女士等游客不满专列中途停车时间过长，专列严重缺水，有部分游客以拒绝上车的方式要求A、B旅行社赔偿而产生的。铁路运输是在特定的轨道上运行，需要运输部门统一调度，而A、B两旅行社是从事旅游业务的企业，列车运行或停靠是其不能左右的事情。列车上水是一项专门的工作，须在具备条件的车站进行，列车缺水与两个旅行社也无直接关系。因此两个旅行社并无过错，况且两个旅行社在缺水的情况下，能够积极购买矿泉水，解决游客饮水问题，已履行了补救义务。在此情形下，游客也应积极配合旅行社的工作，顺利完成旅游行程，这既是游客对旅行社应尽的义务，也是旅行社应享有的权利，《旅行社条例实施细则》第四十三条第三款规定，在出现突发事件时，旅行社有权要求旅游者配合处理防止扩大损失，以将损失降低到最低程度，但部分游客却向两旅行社提出每人1000元的赔偿要求，这显然是不合理的。按照《旅行社条例实施细则》第四十三条第四款的规定，旅行社在提供服务中，有权拒绝旅游者提出的超出旅游合同约定的不合理要求，因此，旅行社完全可以拒绝游客的赔偿要求。

本案中，部分游客采取拒绝上车的方式要求A、B旅行社赔偿，其行为影响了铁路运输的正常秩序，违反了铁道部与公安部联合印发的《关于维护铁路运输秩序保障列车正常运行的通告》的有关规定，对采取这种过激的方式维权是不应该支持的。游客与A、B旅行社签订的赔偿协议中已注明“我社不得已同意作为客人上车条件”，由此说明A、B旅行社是在违背自己的真实意思、受到胁迫的情况下签订的赔偿协议。我国《合同法》第五十四条第二款规定：“一方以欺诈、胁迫的手段或乘人之危，使对方在违背真实意思的情况下订立的合同，受损害方有权要求人民法院或仲裁机构变更或撤销。”因此，A、B两旅行社与游客达成的赔偿协议属于可撤销合同，并不具有当然的效力。A、B两旅行社可以要求济南铁路法院撤销该赔偿协议，经人民法院宣布撤销后，该协议即归于无效。

**【处理结果】**

法院经审理查明案件事实，裁定撤销双方签订的赔偿协议，判决驳回张女士的诉讼请求，案件受理费50元由张女士承担。

## 知识拓展

可变更或可撤销的旅游合同主要是当事人意思表示不真实的合同。在旅游活动中存在的情形主要有以下几种：①因重大误解订立的合同，由于信息不对等、旅游者受教育程度不均等原因，重大误解在旅游活动中会经常发生；②显失公平的合同，一方当事人利用优势或者利用对方没有经验，致使双方的权利义务明显违反公平、等价有偿原则；③受欺诈、胁迫而订立的未损害国家利益的合同或者乘人之危而订立的合同，这类情形主要发生在出境游活动中，受低价陷阱的诱惑，旅游者往往会选择报价较低的旅行社并随之出行，强迫购物和娱乐消费的情形就很可能发生，在这里的合同主要以口头形式出现。因此，旅游者一定要掌握证据，否则投诉时取证就很困难。

无效旅游合同主要有：①以欺诈手段签订的损害了国家利益的合同；②以合法形式掩盖非法目的，例如当事人以旅游者的身份同旅行社签订合同，并参加旅游社组织的出境游活动，实则抱有偷渡或潜逃出国的非法目的；③损害社会公共利益的旅游合同，此类合同实际上涵盖一切与法律的强制性或禁止性规定相抵触的、违反社会公序良俗和社会公共利益的行为，例如组团参加赌博、色情等活动； ④旅行社在合同中，约定因自身原因或故意或过失造成对方人身伤害或重大财产损失的免责问题无效；⑤旅行社在合同中免除自身责任，加重对方责任，排除对方主要权力的条款均无效；⑥恶意串通损害他人利益的，主要指旅行社间约定价格联盟，恶意损害旅游者权益的情形。

效力待定合同在旅游活动中主要表现为以下两方面。

(1) 旅行社员工因故离开旅行社后继续以该社的名义同不知情的旅游者签订的明确了双方权利和义务又符合生效要件的合同，这类合同应该属于表见代理。我国《合同法》第四十九条规定：“行为人没有代理权、超越代理权或者代理权终止后以被代理人名义订立合同，相对人有理由相信行为人有代理权的，该代理行为有效”。旅行社员工如果离开旅行社后又继续以旅行社名义(持有被代理人的介绍信或盖有印章的空白合同书)来签订合同，并且这种合同是意思表示真实、符合合同构成要件的、又不为善意相对人所怀疑的行为，应该是无权代理人签订的效力待定合同。

(2) 限制民事行为能力的人(旅游者)同旅行社签订合同。限制行为能力人可以实施某些与年龄、智力、健康状况相适应的民事行为，因为限制民事行为的能力的人在行为意识正常和旅行社又不了解真实情况的前提下，可能同旅行社签订合同，但其行为应由法定代理人代理或征得法定代理人同意后实施。我国《合同法》将限制行为能力人所订合同确定为效力待定合同。

## 思考与实训

1. 案例分析题

2006年，游客肖先生向具有出境游资格的某旅行社咨询，能否帮助办理去北美某国的旅游业务(当时北美地区尚未成为向我国开放的旅游目的地)，该旅行社的业务人员满口答应可以办理。双方签订协议如下，旅行社帮肖先生等8人办理护照，协助肖先生等去领事馆面签，肖先生在签订旅游合同时，先预付35000元人民币，等到签证办好后，肖先生支付全额团款。合同同时约定，假如由于旅行社的原因办不出签证，旅行社全额退还费用；假如是由于游客自己的原因办不出签证，每人扣除1000元的违约金。旅行社告诉肖先生等人，在领事馆签证时，不能把出去旅游的理由告诉签证官，而应当说是商务考察。在领事馆签证时，其中一个游客说是去旅游而遭拒签。按照合同约定，旅行社将扣除8000元费用，但旅行社以办理费用已达1.3万元为由，拒绝返还其余费用。游客向旅游管理部门投诉。

问：该旅游合同效力如何？为什么？

2. 单项选择题

2010年4月，王某等35名游客与太原某旅行社签订赴港澳5日游的合同。游程结束返回太原后，游客因不满在香港被强制购物而将该旅行社投诉到太原市旅游局。经旅游局调查，该旅行社经营范围内无出境旅游业务。

该合同效力是________。

A. 有效　　B. 可撤销可变更

C. 效力待定　　D. 无效

# 三　旅游合同的履行

## 案前导读

依照我国《合同法》的规定，当事人应当按照约定，全面履行自己的义务。当事人应当遵循诚实信用原则，根据合同的性质、目的和交易习惯履行通知、协助、保密等义务。履行旅游合同一方面要求旅行社和导游按照合同约定的服务标准，不折不扣地向旅游者提供服务，安排好客人的吃、住、行、游、购、娱等各个环节，全面、诚信地履行自己的合同义务；另一方面也要求旅游者按照合同约定，向旅行社支付费用，服从旅行社和导游人员安排，按计划顺利完成旅游活动，旅途中如果出现新情况，双方可以随时协商签订补充协议。同时，为保护善良相对人的利益，旅行社和游客在一定条件下均可享有先履行抗辩权、同时履行抗辩权或不安抗辩权。

**典型案例**

## 案例 3-6　后履行抗辩权案

**【案情介绍】**

范某准备出国旅游，根据报纸上登载的广告，与旅行社协商签订了一份出境旅游合同。合同约定：2009 年 7 月 15 日出发，6 月底之前支付旅游费 10860 元，7 月 10 日前支付担保费 4500 元(按期返回退还)。

范某按合同约定的期限支付了旅游费 10860 元，同时提出是否可减免担保费，旅行社未予同意，后又提出是否可交支票抵押，旅行社予以认可。7 月 10 日之后，范某尚欠的担保费逾期未交，经旅行社多次催促，才于出发前的一天，即 7 月 14 日交给旅行社一张 4500 元的支票作为担保费。次日上午，经银行检验，该支票系过期使用，不予兑现。旅行社因此取消了范某 7 月 15 日出国旅游的资格。范某要求旅行社退还全部费用，而旅行社则认为范某未按约定交纳担保费，取消其出游资格也是不得已而为之，故同意扣除签证费和机票损失后退还余款。

**【请你思考】**

本案中，旅行社因此取消了范某出国旅游的资格是否合法？为什么？

**【涉及法条】**

《合同法》第六十七条：当事人互负债务，有先后履行顺序，先履行一方未履行的，后履行一方有权拒绝其履行要求；先履行一方履行债务不符合约定的，后履行一方有权拒绝其相应的履行要求。

**【法理分析】**

依照我国《合同法》对后履行抗辩权的规定，当事人互负债务，有先后履行顺序，先履行一方未履行的，后履行一方有权拒绝其履行要求；先履行一方履行债务不符合约定的，后履行一方有权拒绝其相应的履行要求。本案中，范某未按合同约定支付担保费，属于先履行一方履行债务不符合约定，旅行社为了确保交易安全，维护自己的合法权益，依法行使后履行抗辩权，拒绝继续提供出国旅游服务是合法的，对此不应负违约责任。

【处理结果】

范某未按约定交纳担保费，取消其出游资格是旅行社维护自己交易安全的合法行为。合同因事实上无法履行而解除，旅行社可扣除签证费和机票损失后退还余款。

典型案例

## 案例 3-7　履行过程中因第三人原因违约案

【案情介绍】

2002 年 7 月 6 日，迁安市马兰庄镇 53 名村民同百顺达旅行社订立了国内旅游组团合同，旅行社为其提供五台山、大同、晋中五日游。7 月 11 日，旅行社所租的旅游车行至大石线时，由于司机长时间使用制动，导致整车制动性能严重下降，旅游车因此翻入路右侧深沟，致使 53 名游客中 7 人死亡，46 人受伤。山西省繁峙县公安局交通警察大队认定司机负事故全部责任。游客及其家属向法院起诉，要求旅行社赔偿 53 名游客的各种损失费以及精神损失费。

【请你思考】

因第三人的行为造成违约，旅行社应否承担赔偿责任？为什么？

【涉及法条】

《合同法》第一百二十一条：一方当事人因第三人的原因造成违约的，应当向对方承担违约责任。一方当事人和第三人之间的纠纷，依照法律规定或者按照约定解决。

【法理分析】

由于第三人的原因使游客人身、财产遭受巨大损失，由此发生的问题如何解决，是目前各旅行社遇到的最大的难题之一。而旅行社究竟承担违约责任还是侵权责任，旅行社与保险公司的赔偿关系该如何处理则是处理旅游纠纷的关键。要解决这些问题，应当首先明确第三人的法律性质是什么，这对于明确受害游客的索赔，从而使游客能够积极快速地获得赔偿有至关重要的作用。旅行社组织游客外出旅游时，由于司机的过错发生意外事故，旅行社的责任要按照具体情况而定。如果旅行社所用的汽车是旅行社自己的，司机系旅游公司职工，这时旅行社应承担《民法通则》规定的侵权责任。这是旅行社在履行旅游合同当中发生的侵权行为，属于违约责任与侵权责任的竞合，依据《合同法》第一百二十二条“因当事人一方的违约行为，侵害对方人身、财产权益的，受损害方有权选择依照本法要求其承担违约责任或者依照其他法律要求其承担侵权责任”，游客可以选择违约责任起诉或者侵权责任起诉。但是，如果旅行社所用汽车为租用，由于司机的过失出了意外事故，旅行社本身没有过错，不承担侵权责任，只承担违约责任。在这种情况下，游客可以向旅游汽车公司主张自己的权利；如果向旅行社主张自己的权利，则旅行社不承担侵权责任条件下的精神损害赔偿。因此，上述案例中，游客所乘坐的车是旅行社雇佣来的，而非旅行社自己所有的车，发生的这次交通意外旅行社并没有过错责任，而是由于司机疏忽过失而致，因此旅行社仅承担违约责任，并且可以在赔偿游客后依据租车合同向旅游汽车公司追偿。

**【处理结果】**

旅行社依据合同约定承担违约责任，并且可以在赔偿游客后依据租车合同向旅游汽车公司追偿，但不承担精神损害赔偿。

## 知识拓展

我国《合同法》规定，合同签订后，当事人应当按照约定全面履行自己的义务。当事人应当遵循诚实信用原则，根据合同的性质、目的和交易习惯履行通知、协助、保密等义务。与其他类型的合同相比，旅游合同的履行涉及环节多，不可预测的因素多，因此，旅行社和游客应当本着诚实信用的原则，遵守相关法律法规，互相协助，共同促成合同的圆满履行。

## 思考与实训

案例分析题

太原某旅行社与昆明某旅行社有长期合作关系，互为组团社和地接社。双方签有合作协议，约定每次合作时组团社先预付给地接社团款的三分之二，其余团款全程结束后结算。到 2010 年 6 月时，太原某旅行社发出一个昆大丽四飞八日游的旅游团队，应当预支此昆明旅行社团款 4 万元，但从报纸新闻中得知昆明社资金周转艰难且管理层出现内讧，有破产的可能。于是致电昆明社要求其提供担保，否则不支付预付款。

请问：根据有关法律、法规的规定，太原某旅行社的做法是否违约？为什么？

# 四 旅游合同的变更、转让与终止

## 案前导读

旅游合同签订后，尚未履行或完全履行前，经常会碰到致使合同履行受阻的情况，为能实际履行合同，需要就合同内容达成修改和补充协议，这就是合同的变更。合同的变更有狭义和广义之分。狭义的变更是指合同内容的变更，即在主体不变的条件下，对合同某些条款进行修改或补充。广义的合同变更，除包括合同内容的变更以外，还包括合同主体的变更，即由新的主体取代原合同的某一主体，这实质上也是合同转让。

所谓旅游合同转让，是指旅游者或旅行社依法将旅游合同权利、义务全部转让给第三人。旅游合同签订后，由于出现了某种状况，旅行社无法按时成团，或者是旅游者不能随团旅游，不论是旅行社，还是旅游者，假如无法按约履行旅游合同，就面临着承担违约责任的风险。考虑到已经签订旅游合同的既成事实，为了规避风险，旅行社、旅游者都会采取合同转让的方式，尽可能地减少违约带来的经济赔偿损失。旅行社可将签约的旅游者转让给另一家旅行社，旅游者则可将自己的出游权转让给自己的亲朋好友。

合同内容的变更，是指在合同没有履行或没有全部履行之前，由于一定的原因，由当事人对合同约定的权利义务进行局部调整。这种调整通常表现为对合同某些条款的修改或补充。这项法律行为必须是在原合同基础上，经双方协商一致达成的，变更后，原合同尚未履行的部分不再履行。未经过对方同意，无正当理由擅自变更合同内容的，不仅不能对合同的另一方产生约束力，反而将构成违约行为。旅行社经营中经常会发生转(拼)团行为，它是指旅行社同游客签订合同后，因故无法按照约定成行而将本该由其履行的义务和享受的权利同步转让给另外一家能够完成此项活动的旅行社，这实质上是合同的转让。旅行社的转让一般是将自身的权利与义务转让给受让与人，在这里他至少要由让与人与受让与人达成协议，非经旅游者同意，不得转让。

## 典型案例

### 案例 3-8 旅游合同变更案

【案情介绍】

2009 年 9 月 30 日，某单位一行 30 人按照与某旅行社的合同约定，准时到达某省会城市集合，准备乘坐当日晚8点的火车赴张家界旅游。晚8点20分，旅行社工作人员匆匆赶来称，由于车票紧张，他们经过多方努力也没能拿到当日车票，同时称，10月1日的车票能够保证。

该单位负责人考虑到既然专门抽出时间让大家出去旅游，于是就按照旅行社提出的建议变更了合同，并顺利完成了旅游活动。返程后，该单位负责人要求旅行社承担出发前的食宿等费用时，旅行社以双方合同已经变更为由拒绝承担，于是游客向旅游质监部门进行投诉。

**【请你思考】**

旅行社是否应该承担违约赔偿责任？为什么？

**【涉及法条】**

《合同法》第七十七条：当事人协商一致，可以变更合同。法律、行政法规规定变更合同应当办理批准、登记等手续的，依照其规定。

**【法理分析】**

根据我国《合同法》第一百零七条的规定，当事人一方不履行合同义务或者履行合同义务不符合约定的，应当承担继续履行、采取补救措施或者赔偿损失等违约责任。本案中，双方合同变更前，因旅行社没有如期履行组织游客进行旅游的合同义务，所以，旅行社应当承担继续履行或采取补救措施或赔偿损失等违约责任。本案中，由于旅行社没有拿到协议中确定的当日车票，致使双方约定的旅游活动无法按计划进行，并且给旅游者造成食宿等直接经济损失，所以，旅行社应承担赔偿责任。

**【处理结果】**

尽管旅游合同已经变更，但旅行社仍应承担出发前的食宿等费用。

**典型案例**

## 案例3-9 游客转让旅游合同案

**【案情介绍】**

老张报名参加某旅行社组织的江西双卧五日游，签订书面旅游合同并交清费用。不料就在出发前两天，由于老伴病重不能成行，去找旅行社交涉时，工作人员说车票及餐饮住宿等已经预订好，若解除合同需要扣除部分费用。老张于是决定让老战友老李顶替他去旅游。

**【请你思考】**

旅行社能否同意老李代替老张出游？为什么？

【涉及法条】

(1)《合同法》第七十七条：当事人协商一致，可以变更合同。法律、行政法规规定变更合同应当办理批准、登记等手续的，依照其规定。

(2)《合同法》第七十九条：债权人可以将合同的权利全部或者部分转让给第三人，但有下列情形之一的除外。

① 根据合同性质不得转让。

② 按照当事人约定不得转让。

③ 依照法律规定不得转让。

(3)《合同法》第八十条：债权人转让权利的，应当通知债务人，未经通知，该转让对债务人不发生效力。

债权人转让权利的通知不得撤销，但经受让人同意的除外。

(4)《最高人民法院关于审理旅游纠纷案件适用法律若干问题的规定》第十条：旅游经营者将旅游业务转让给其他旅游经营者，旅游者不同意转让，请求解除旅游合同、追究旅游经营者违约责任的，人民法院应予以支持。

旅游经营者擅自将其旅游业务转让给其他旅游经营者，旅游者在旅游过程中遭受损害，请求与其签订旅游合同的旅游经营者和实际提供旅游服务的旅游经营者承担连带责任的，人民法院应予以支持。

(5)《最高人民法院关于审理旅游纠纷案件适用法律若干问题的规定》第十一条：除合同性质不宜转让或者合同另有约定之外，在旅游行程开始前的合理期间内，旅游者将其在旅游合同中的权利义务转让给第三人，请求确认转让合同效力的，人民法院应予以支持。

因前款所述原因，旅游经营者请求旅游者、第三人给付增加的费用或者旅游者请求旅游经营者退还减少的费用的，人民法院应予以支持。

【法理分析】

游客在旅游开始前变更合同主体，由第三人参加旅游，在性质上属于合同的转让，应适用我国《合同法》总则关于合同转让的规定。游客在合同成立后旅游开始前因故不能参加旅游，旅行社非有正当理由外不得拒绝，例如所变更的第三人已因欠税或通缉而被限制出境，或因身患某种疾病而不适于该次旅行等情形。旅游合同中明确约定游客不得变更为第三人时，从其约定。

值得注意的是，为平衡当事人之间的利益，游客变更合同主体，由第三人参加旅游时，如果因此而增加费用，应由游客或第三人负担，例如重新办理签证、变更机票上的姓名等均会导致费用的增加；如果因此而减少费用，游客不得请求退还，以确保旅行社依原合同所取得的利益，例如成年游客变更为未成年游客将导致机票、门票等费用的降低。

【处理结果】

由于火车票不是实名制，持票即可上车，且老李与老张都是男性，不会产生住宿上的不方便，因此合同主体变更不会影响旅行社的经营成本，只需通知旅行社即可，旅行社应该可以同意老张的请求。

**典型案例**

## 案例 3-10　游客遭遇“被转团”案

**【案情介绍】**

2011 年 3 月，邱某夫妇报名参加太原甲旅行社的华东五市游，并与甲旅行社签订书面旅游合同。3 月 15 日早 8 点，当邱某夫妇按照甲旅行社的通知来到太原武宿国际机场时，却发现接待他们的导游带着乙旅行社的旗子，经询问才知道这是一个散客拼团，实际组织旅游的是乙旅行社，自己已经“被转团”了。更让邱某夫妇郁闷的是，他们与其他游客互相一聊，发现所报的旅行社不同，团费也不同，邱某夫妇多支出了两百多的费用。邱某夫妇回来后到旅游质监所投诉甲旅行社。

**【请你思考】**

旅游合同转让，是否应征得对方同意？为什么？

**【涉及法条】**

(1)《合同法》第七十七条：当事人协商一致，可以变更合同。法律、行政法规规定变更合同应当办理批准、登记等手续的，依照其规定。

(2)《合同法》第八十四条：债务人将合同的义务全部或者部分转移给第三人的，应当经债权人同意。

(3)《旅行社条例》第三十六条：旅行社需要对旅游业务作出委托的，应当委托给具有相应资质的旅行社，征得旅游者的同意，并与接受委托的旅行社就接待旅游者的事宜签订委托合同，确定接待旅游者的各项服务安排及其标准，约定双方的权利、义务。

(4)《最高人民法院关于审理旅游纠纷案件适用法律若干问题的规定》第十条：旅游经营者将旅游业务转让给其他旅游经营者，旅游者不同意转让，请求解除旅游合同、追究旅游经营者违约责任的，人民法院应予以支持。

旅游经营者擅自将其旅游业务转让给其他旅游经营者，旅游者在旅游过程中遭受损害，请求与其签订旅游合同的旅游经营者和实际提供旅游服务的旅游经营者承担连带责任的，人民法院应予以支持。

(5)《最高人民法院关于审理旅游纠纷案件适用法律若干问题的规定》第十一条：除合同性质不宜转让或者合同另有约定之外，在旅游行程开始前的合理期间内，旅游者将其在旅游合同中的权利义务转让给第三人，请求确认转让合同效力的，人民法院应予以支持。

因前款所述原因，旅游经营者请求旅游者、第三人支付增加的费用或者旅游者请求旅游经营者退还减少的费用的，人民法院应予以支持。

(6)《旅行社条例》第五十五条：违反本条例的规定，旅行社有下列情形之一的，由旅游行政管理部门责令改正，处 2 万元以上 10 万元以下的罚款；情节严重的，责令停业整顿 1 个月至 3 个月。

① 未与旅游者签订旅游合同。

② 与旅游者签订的旅游合同未载明本条例第二十八条规定的事项。

③ 未取得旅游者同意，将旅游业务委托给其他旅行社。

④ 将旅游业务委托给不具有相应资质的旅行社。

⑤ 未与接受委托的旅行社就接待旅游者的事宜签订委托合同。

(7)《旅行社服务质量赔偿标准》第五条：旅行社未经旅游者同意，擅自将旅游者转团、拼团的，旅行社应向旅游者支付旅游费用总额 25%的违约金。解除合同的，还应向未随团出行的旅游者全额退还预付旅游费用，向已随团出行的旅游者退还未实际发生的旅游费用。

**【法理分析】**

散客拼团是旅行社经营中的普遍现象，也是一个行业惯例，这样有利于旅游业务批零体系的形成。但是，因散客拼团引起的旅游纠纷也最多。原因在于有的旅行社未履行征求游客同意的义务，甚至不通知游客，致使游客有被“买卖”和被愚弄的感觉，成为旅游投诉的导火索。我国《合同法》规定，债务人将合同的义务全部或者部分转移给第三人的，应当经债权人同意。《旅行社条例》对于旅游业务委托也有明确的规则，因此，旅行社在转团时，一定要注意以下三点：①应当委托给具有相应资质的旅行社；②征得旅游者的同意；③与接受委托的旅行社就接待旅游者的事宜签订委托合同，确定接待旅游者的各项服务安排及其标准，约定双方的权利、义务。

**【处理结果】**

由于甲旅行社在转团时未取得旅游者同意，造成违约，需给予邱某夫妇经济补偿。同时，旅游行政管理部门可对甲旅行社处 2 万元以上 10 万元以下的罚款。

## 知识拓展

实际中，旅行社将已签订的旅游合同转卖给其他旅行社出团并从中渔利的现象十分普遍，其直接结果是受让旅行社得到的旅游费用剧减，旅游服务质量降低。游客与旅行社签订旅游合同，除了考虑行期、服务内容、团费等因素之外，大多涉及对旅行社商业信誉、职业技能、提供旅游服务品质的确认，因此，旅行社不能擅自转让旅游合同。根据我国《合同法》第八十九条的规定，旅行社转让旅游合同(属合同权利义务的全部转移)应经游客的同意。我国《旅行社条例实施细则》也规定，旅行社因不能成团，将已签约的游客转让给其他旅行社出团的，必须征得旅游者的书面同意。如果未经游客同意擅自转让旅游合同，新旅行社不履行或不适当履行其合同义务的，游客有权向原旅行社主张权利。

### 思考与实训

案例分析题

2008年8月，北京F旅行社作为组团社，以传真的方式，与广西H旅行社签订了“桂林漓江阳朔德天北海双飞六日游”系列合同。广西H旅行社未经北京F旅行社和游客同意，将游客又转委托给当地K旅行社。同年8月8日上午，当旅行团按行程安排到北海银滩游览时，游客王某下海游泳不幸溺水身亡。

(1) 根据有关法律、法规的规定，未经游客同意转团该如何处罚？

(2) 旅游者王某的损失该如何赔偿？

## 五 旅游合同的违约责任

### 案前导读

合同签订后，大部分旅行社和游客都能够积极、谨慎地履行合同。但是，在旅游活动中，有很多因素不是旅行社可以控制的，例如因天气原因导致航班延误和游客滞留等，而使游览活动无法正常进行，或者因游客身体不适或发生意外等无法参加旅游活动时，都会产生违约，这就要具体问题具体分析。我国《合同法》规定，一方当事人在对方因故不能履行或不能完全履行合同时，应当积极采取合理措施避免或减少损失，防止损失扩大，这就是守约方的减损义务；一方当事人不履行合同义务或者履行合同义务不符合约定的，应当承担继续履行、采取补救措施或者赔偿损失、支付违约金或定金等违约责任；当事人既约定违约金，又约定定金的，一方违约时，对方可以选择适用违约金或者定金条款；当因不可抗力不能履行合同的，可根据不可抗力的影响，部分或者全部免除违约方的责任。

## 典型案例

### 案例 3-11　游客未履行减损义务案

【案情介绍】

2009 年 2 月 6 日至 11 日，李某等 18 名旅游者参加山西某旅行社组织的云南四飞六日游。按合同约定应于 2 月 10 日乘飞机从西双版纳返回昆明。但由于大雾和雷电天气，预定航班被取消。旅行社为了确保 2 月 11 日准时乘上昆明至北京的航班，拟改乘大巴赶回昆明。经与旅游者协商未达成一致，旅游者坚持按原约定乘机返昆明，由此滞留西双版纳 4 天，直到 2 月 15 日，旅行社设法买到机票后才返程。李某等旅游者为此将旅行社告上法庭，要求旅行社承担违约责任，并支付他们滞留西双版纳期间的食宿费用及误工费。

(摘自新华网，略有改动。)

【请你思考】

(1) 该旅行社是否违约？应否承担违约责任？为什么？

(2) 旅游者的要求是否合理？应如何处理这起纠纷？

【涉及法条】

(1)《合同法》第一百一十七条:因不可抗力不能履行合同的，根据不可抗力的影响，部分或者全部免除责任，但法律另有规定的除外。当事人迟延履行后发生不可抗力的，不能免除责任。本法所称不可抗力，是指不能预见、不能避免并不能克服的客观情况。

(2)《合同法》第一百一十九条：一方当事人违约后，对方应当采取适当措施防止损失的扩大；没有采取适当措施致使损失扩大的，不得就扩大的损失要求赔偿。

(3)《最高人民法院关于审理旅游纠纷案件适用法律若干问题的规定》第十三条：因不可抗力等不可归责于旅游经营者、旅游辅助服务者的客观原因导致旅游合同无法履行，旅游经营者、旅游者请求解除旅游合同的，人民法院应予以支持。旅游经营者、旅游者请求对方承担违约责任的，人民法院不予以支持。旅游者请求旅游经营者退还尚未实际发生的费用的，人民法院应予以支持。

因不可抗力等不可归责于旅游经营者、旅游辅助服务者的客观原因变更旅游行程时，在征得旅游者同意后，旅游经营者请求旅游者分担因此增加的旅游费用或旅游者请求旅游经营者退还因此减少的旅游费用的，人民法院应予以支持。

【法理分析】

当遇到旅行社因种种原因不能履约的时候，作为游客，一方面要坚决维护自己的利益，另一方面，要冷静处理，吵闹以及人为扩大损失都不利于问题的解决。因为《合同法》从诚实信用原则出发，规定游客有防止损失扩大的义务，又称减损义务，守约方不应以不合理的方式增加自己的损失，不能就本可以采取合理措施避免的损失获取赔偿。死缠烂打无益于问题的解决，法律不会支持那些滥用权利不尽减损义务的旅游者。本案中，原定航班取消乃不可抗力的因素所致，旅行社因此而不能履约可以免责，李某等游客本可以积极配合旅行社的安排，尽量减少损失，但却执意要求旅行社按原计划履约，导致增加了食宿费用的支出，此种做法不可取也不会得到法律的支持。

【处理结果】

由于旅行社违约是因不可抗力导致，这是法定免责事由，因此旅行社不承担违约责任；而游客滞留西双版纳 4 天是因其不履行减损义务导致，因此不能向旅行社主张赔偿滞留西双版纳期间的食宿费用及误工费。

典型案例

## 案例 3-12　违约金与定金选择适用案

【案情介绍】

2008 年 9 月 25 日，李先生看了某旅行社在报纸上做的广告，报名参加该社组织的北京六日游。李先生与该旅行社签订了合同，其中，合同约定发团时间是 9 月 30 日，任何一方违约，都必须向对方支付违约金 2000 元，并交了定金 500 元。9 月 28 日，该旅行社通知李先生，由于“十一”期间游客太多，无法落实机票及住房，故取消这次旅游活动。李先生遂于 9 月 29 日要求该旅行社承担违约责任，但该旅行社辩称，无法履行合同是由于不可抗力因素所致，不应承担违约赔偿责任，只同意退还李先生 500 元定金。

【请你思考】

(1) 旅行社应否承担违约责任？为什么？

(2) 李先生能否要求旅行社既退回定金 500 元，又赔偿违约金 2000 元？为什么？

【涉及法条】

(1)《合同法》第一百一十五条：当事人可以依照《中华人民共和国担保法》约定一方向对方支付定金作为债权的担保。债务人履行债务后，定金应当抵作价款或者收回。支付定金的一方不履行约定的债务的，无权要求返还定金；收受定金的一方不履行约定的债务的，应当双倍返还定金。

(2)《合同法》第一百一十六条：当事人既约定违约金，又约定定金的，一方违约时，对方可以选择适用违约金或者定金条款。

**【法理分析】**

该旅行社违约，应当承担违约责任。因为《合同法》规定，违约责任，即违反合同的民事责任，是指合同当事人一方不履行合同义务或者履行合同义务不符合规定时，依照法律规定或者合同约定所应承担的法律责任。该案例中，旅行社没有按合同约定安排旅游者进行旅行游览活动，应当承担违约责任。而且《合同法》规定，不可抗力是指不能预见、不能避免并不能克服的客观情况，“国庆黄金周”出游人多完全可以预见，不构成不可抗力，因此旅行社不能免责；此外，旅行社质量保证金赔偿标准规定，收取预付款后，因旅行社原因不能成行，应提前 3 天通知旅游者，否则应承担违约责任，并赔偿旅游者已交预付款 10%的违约金。而本案中旅行社并没有做到提前 3 天通知，因此必须承担违约责任。《合同法》规定，当事人既约定违约金又约定定金的，一方违约时，对方可以选择适用违约金或定金条款，但二者不能并用，因此李先生只能选择一种，他可以选择对他最有利的违约金 2000 元。

**【处理结果】**

“十一”期间游客太多，无法落实机票及住房不能构成不可抗力，旅行社应承担违约责任，赔偿李先生违约金 2000 元。

## 典型案例

### 案例 3-13　旅行社迟延履行遇上不可抗力案

**【案情介绍】**

2007 年 2 月，北京某旅行社接待香港某旅行社组织的内地观光团，按照合同约定，该旅游在北京游览 4 天，其中 2 月 11 日是游览长城。该旅行社委派关某担任该团陪同。关某未经旅行社同意，擅自将游览长城的日期改为 2 月 14 日，即离京的前一天，而将 2 月 11 日改为购物。旅游团的团员对此变更曾表示异议，但关某称此变更是旅行社的安排。不料 2 月 13 日晚天降大雪，2 月 14 日早晨，该旅游团赴长城时，积雪封路，无法前行只得返回。翌日，该旅游团离京返港后书面向旅游行政管理部门投诉，称该旅行社委派的导游未征得旅游者的同意，擅自改变旅游行程，违反了合同约定，造成旅游团未能游览长城，旅行社应承担赔偿责任。该旅行社则辩称，该旅游行程属导游个人行为，与旅行社无关，而导游关某则辩称，造成长城未能游览，是由于大雪封路的原因，属于不可抗力，依据法律规定不承担赔偿责任。

(摘自历年导游考试真题，略有改动。)

【请你思考】

(1) 该旅行社是否违约？应否承担违约责任？为什么？

(2) 本案例中，下雪是否造成合同违约的不可抗力？

【涉及法条】

《合同法》第一百一十七条:因不可抗力不能履行合同的，根据不可抗力的影响，部分或者全部免除责任，但法律另有规定的除外。当事人迟延履行后发生不可抗力的，不能免除责任。

本法所称不可抗力，是指不能预见、不能避免并不能克服的客观情况。

【法理分析】

大雪封路导致无法游览合同约定的景点，属于典型的不能预见、不能避免并不能克服的客观情况，构成不可抗力。但发生不可抗力要免责，前提是当事人需按照合同诚信履行。本案中导游关某若是不擅自更改接待计划，按照原定行程是完全可以游览长城的，其调换行程的行为构成了对游览长城景点的迟延履行，不巧遇上大雪封路，最终造成无法游览的后果。依照我国《合同法》规定，当事人迟延履行后发生不可抗力的，不能免除责任。

【处理结果】

该旅行社违约且应承担违约责任，由于导游擅自调整行程，造成游览旅游景点义务的迟延履行，故不能免除责任。

## 思考与实训

1. 案例分析题

2007 年 7 月，某旅行社组织了一个西藏探险旅游团，委派刘某为全程导游陪同随团服务。当该团进藏将赴那曲地区时，刘某听过往司机讲，那曲地区已发生暴风雪，道路已断，遂与地陪陈某商议，决定取消那曲行程改道返回拉萨。当刘某将此决定通知该团后，全体团员大哗，认为仅凭道听途说，无真凭实据就轻率取消那曲行程不妥，应得到确切消息后再定行止。由此旅游者与刘发生争议，最终刘某以不可抗力为由，将团带回拉萨。为此该团投诉该旅行社，要求提供那曲确实发生暴风雪的证明，否则该旅行社承担赔偿损失责任。该社以法律没有规定不可抗力必须证明为由拒绝承担证明及赔偿责任。请问：

旅行社认为不可抗力无须证明的说法是否正确？有何依据？何谓不可抗力？

2. 单项选择题

(1) 2009 年 4 月，老王和他的老伴与太原某旅行社签订了云南五日游合同，不料在旅游行程中，因组团社与地接社工作衔接不当，导致部分景点未能游览，总计有一天的游程没有被实际履行；回来后，老王夫妇要求旅行社安排补玩“缩水”的行程。

关于本案，下列说法正确的是______。

A. 安排补玩合理，旅行社应承担继续履行的违约责任

B. 安排补玩不合理，旅行社应承担赔偿损失的责任

C. 安排补玩合理，旅行社还应双倍赔偿游客

D. 安排补玩不合理，旅行社应全额返还游客旅游费用

(2) 2008 年 11 月上旬，刘先生与朋友们一起报名参加甲旅行社组织的“昆明、大理、丽江、中甸”十日游。当 11 月 8 日旅游团乘坐大巴前往中甸的路途中，突遇泥石流挡住了唯一通往中甸的那条路，导游小李当即同游客协商改变行程，少数游客不同意，但小李还是改变了游程，返回丽江住宿，换成丽江的游览景点，改由丽江飞返昆明。所产生的费用除了抵消中甸收的旅游费外，均由客人自理。事后，导游将此情况及时告知了旅行社。在客人们的理解和导游的努力下，顺利结束了游程。事后个别游客向有关部门投诉，以没有完成合同约定的内容，导游擅自改变行程为由，要求退还全部旅游费，并赔偿损失。

关于该旅行社是否违约和应否承担赔偿责任，下列说法正确的是______。

A. 旅行社违约，且应承担违约责任

B. 旅行社违约，承担部分违约责任

C. 旅行社违约，但不应承担违约责任

D. 旅行社没有违约，也不应承担违约责任

(3) 旅游者陈先生一行 5 人，参加某旅行社组织的成都、九寨四飞八日游。合同计划于 5 月 12 日上午离开成都，乘机返程。由于旅行社操作失误，不得不改乘夜间航班。由于下午汶川发生 8 级地震，处于震中地区的成都机场一度处于关闭状态。直至 5 月 15 日，陈先生一行 5 人才得以离开成都。因此，陈先生等人将旅行社告上法庭并要求旅行社赔偿其实际经济损失 6800 元和 5 万元精神损失。旅行社以不可抗力为由，拒绝赔偿任何损失。

关于该旅行社应否承担赔偿责任，下列说法正确的是______。

A. 旅行社不应承担赔偿责任，因为地震属于不可抗力

B. 旅行社应承担赔偿责任，因为旅行社迟延履行遇上不可抗力

C. 旅行社承担部分赔偿责任，游客也应合理分担不可抗力造成的损失

D. 旅行社没有违约，也不应承担违约责任

# 4

# 旅游出入境管理制度

相关法律法规

我国目前有关旅游出入境管理的法律法规主要包括《中华人民共和国外国人入境出境管理法》、《中华人民共和国外国人入境出境管理法实施细则》、《中华人民共和国公民出境入境管理法》、《中华人民共和国公民出境入境管理法实施细则》、《中华人民共和国护照法》、《中华人民共和国海关法》、《中华人民共和国国境卫生检疫法》、《中华人民共和国进出境动植物检疫法》、《中华人民共和国出境入境边防检查条例》、《中国公民出国旅游管理办法》以及《大陆居民赴台湾地区旅游管理办法》等。

# 一　外国旅游者入出境管理制度

**案前导读**

外国旅游者入境出境，除了需要遵循我国《外国人入境出境管理法》及其实施细则外，还需依照《海关法》、《国境卫生检疫法》、《进出境动植物检疫法》和《出境入境边防检查条例》的相关规定，履行“一关四检”程序。入境人员、交通工具和集装箱以及可能传播传染病的行李、货物、邮包等，入境时均应接受检疫，经卫生检疫机关许可，方准入境。而外国旅游者需要出境时，也需要符合我国相关法律规定，将境内事务(例如欠债、官司)等处理完毕后才可以离开。

**典型案例**

## 案例4-1　外国游客违法携带水果入境案

**【案情介绍】**

甲旅行社接待某外国旅游团在进入我国时，一名年轻游客携带的一篓柑橘经海关人员检查后不许入境。这名外国游客认为柑橘是他自己及女朋友食用的，坚持非要带进，海关不应扣留。后经当地动植物检疫局进行例行检疫，发现柑橘中有地中海实蝇，便通知这名外国游客，并将柑橘就地销毁。

(摘自新华网，略有改动。)

**【请你思考】**

本案例中，柑橘就地销毁的处理办法是否合法？有何法律依据？

**【涉及法条】**

(1)《中华人民共和国进出境动植物检疫法》第十七条：输入植物、植物产品和其他检疫物，经检疫发现有植物危险性病、虫、杂草的，由口岸动植物检疫机关签发《检疫处理通知单》，通知货主或者其代理人作除害、退回或者销毁处理。经除害处理合格的，准予进境。

(2)《中华人民共和国进出境动植物检疫法》第二条：进出境的动植物、动植物产品和其他检疫物，装载动植物、动植物产品和其他检疫物的装载容器、包装物以及来自动植物疫区的运输工具，依照本法规定实施检疫。

**【法理分析】**

地中海实蝇是世界性检疫害虫，对一些蔬菜及所有水果具有危害性，一旦进入我国内地，将给农、果业带来严重损失。因此，为维护我国人民利益，根据我国政府对外国旅游者进行“一关四检”中的动植物检疫制度，海关及动植物检疫局的做法是符合法律规定的，也是非常必要的。

典型案例

## 案例 4-2　美籍华人拖欠房款被限制出境案

【案情介绍】

2010 年 3 月，北京某房地产开发有限公司与美籍华人戈某签订了《商品房买卖合同》，戈某以 299.9 万元购置了一套公寓，首付款应付 60.9 万元，但戈某仅支付了 10 余万元，余款未支付。房地产开发公司遂于 2011 年向法院提起诉讼。北京市第一中级人民法院院于 2011 年 11 月作出判决，判令戈某向房地产开发公司支付拖欠的购房款 47.9 万元并支付延期付款违约金。

判决书发生法律效力后，戈某即下落不明，房地产开发公司遂向法院申请强制执行。法官们认为，被执行人戈某很可能还在我国境内，为保护申请执行人的合法权益，法官决定对被执行人戈某采取限制出境措施。经依法报请北京市高级人民法院批准，北京市第一中级人民法院向北京市公安局送达了限制被执行人戈某出境的法律文书。期间，戈某几次欲出境，均被我国边防检查站阻止。

(摘来自人民网，有所改动)

【请你思考】

案例中，法院对戈某采取的限制出境的措施是否恰当？有何依据？

【涉及法条】

《中华人民共和国外国人入境出境管理法》第二十三条：有下列情形之一的外国人，不准出境：①刑事案件的被告人和公安机关或者人民检察院或者人民法院认定的犯罪嫌疑人；②人民法院通知有未了结民事案件不能离境的；③有其他违反中国法律的行为尚未处理，经有关主管机关认定需要追究的。

【法理分析】

上述案例涉及的是边控的问题。边控即边境控制，它是为防止涉案的外国人或者中国公民因其借出境之机逃避司法机关追究法律责任，给境内的国家、集体或个人财产等带来重大损失，而通过法定程序在国边境口岸对之采取限制出境的一种保全措施。目前我国国内关于边控的相关法律规定，主要是《外国人入出境管理法》、《中华人民共和国公民出入境管理法》和最高人民法院、最高人民检察院、公安部、国家安全部印发的《关于依法限制外国人和中国公民出境问题的若干规定》以及公安部发布的一些部门规章等。本案中美籍华人戈某企图通过离境来逃避法院的判决，违反了我国《外国人入境出境管理法》关于限制出境的相关规定，我国边防机构当然可以阻止其离境。

**【处理结果】**

慑于法律的威慑力，被执行人戈某终于主动找到申请执行人，经双方协商达成和解协议，由戈某一次性支付给申请执行人 47.9 万元。

## 知识拓展

案例 4-1 是外国游客因携带带有传染性疫病的植物而被处以当场销毁植物的措施。实际上，我国法律对外国人入境还有很多的规定，例如下列外国人不准入境：被中国政府驱逐出境，未满不准入境年限的；被认为入境后可能进行恐怖、暴力、颠覆活动的；被认为入境后可能进行走私、贩毒、卖淫活动的；患有严重精神病、传染性肺结核病或者有可能对公共卫生造成重大危害的其他传染病的；不能保障其在中国期间所需费用的；被认为入境后可能进行危害我国国家安全和利益的其他活动的。这些都是为了保障我国国家安全和公共安全而采取的限制性措施。

案例 4-2 涉及的是边控的问题。在限制出境期间，一般情况下，并不限制被控对象在国内活动的自由。对持有外国护照的当事人实施扣留护照、限制出境等措施后，必须在 48 小时内逐级报告上级人民法院，同时向同级人民政府外事办公室通报。决定限制出境时，扣留护照后，必要时可以通知外国使、领馆该外方当事人护照已被法院扣留，防止被扣留护照人到使、领馆以护照遗失为由申请补办护照出境，造成强制措施落空。

## 思考与实训

1. 单项选择题

(1) L 字签证是发给来中国旅游、留学或处理其他私人事务入境的人员，其中____人以上来中国旅游的发给团体旅游签证。

A. 5　　B. 9　　C. 10　　D. 15

(2) 外国人在中国居留一年以上的应办理______。

A. 临时居留证

B. 长期居留证

C. 居留证

D. 经中国相关机关批准可获得永久居留资格

2. 多项选择题

(1) 依照《中华人民共和国外国人入境出境管理法》的规定，可以为外国人办理入境签证的机关有______。

A. 外交代表机关　　B. 领事机关

C. 中国各口岸签证机关　　D. 外交部授权的其他驻外机关

(2) 外国人入出境检查制度是______。

A. 海关检查　　B. 边防检查

C. 安全检查　　D. 卫生检疫和动植物检疫

## 二　中国旅游者出境旅游管理制度

### 案前导读

出境旅游业务，主要是指旅行社招徕、组织、接待中国内地居民出国旅游，以及赴香港特别行政区、澳门特别行政区和台湾地区旅游的业务。近年来，受国际国内经济持续向好、人民币汇率稳步提升、目的地国家和地区签证门槛日渐降低等利好因素的影响，我国公民出境旅游，无论是人次数还是消费能力都达到了历史新高。2009年底，中国政府将旅游业定位为国民经济战略性支柱产业，并确定到2015年出境旅游人数达8300万人次，年均增长9%的目标。因此，加强中国旅游者出入境管理和服务，成为相关职能部门和旅行社、导游的重要任务。遵循包括《中华人民共和国公民出境入境管理法》、《中国公民出国旅游管理办法》等在内的出入境法律法规制度，成为旅行社和旅游者出境旅游的必修课。

### 典型案例

## 案例4-3　弄虚作假骗取护照案

**【案情介绍】**

2010年2月23日，杜某到某旅行社报名参加日韩十五日游。旅行社在出入境管理处帮杜某申办护照时，前台受理民警在审理材料中发现，杜某是冒用她妹妹的身份证、户口本申请护照，妄图蒙混过关。经查实，2009年4月，杜某在日本非法就业时被当地警方发现遣返并限制入境后，她原持有证件也已经宣布作废。为再次去日本，她想到了把自己的相片“嫁接”到妹妹的身份证和户口本上的办法，结果被查出。

(摘自新华网，略有改动。)

【请你思考】

(1) 杜某以弄虚作假的方式能否拿到护照？

(2) 杜某的行为应如何处罚？

【涉及法条】

(1)《中华人民共和国护照法》第十七条：弄虚作假骗取护照的，由护照签发机关收缴护照或者宣布护照作废；由公安机关处 2000 元以上 5000 元以下罚款；构成犯罪的，依法追究刑事责任。

(2)《中华人民共和国护照法》第十三条：申请人有下列情形之一的，护照签发机关不予签发护照：①不具有中华人民共和国国籍的；②无法证明身份的；③在申请过程中弄虚作假的；④被判处刑罚正在服刑的；⑤人民法院通知有未了结的民事案件不能出境的；⑥属于刑事案件被告人或者犯罪嫌疑人的；⑦国务院有关主管部门认为出境后将对国家安全造成危害或者对国家利益造成重大损失的。

【法理分析】

护照是一个国家的公民出入本国国境和到国外旅行或居留时，由本国发给的一种证明该公民国籍和身份的合法证件。合法有效的护照是公民在国际通行所使用的身份证和国籍证明，也是一国政府为其提供外交保护的重要依据。各国政府对本国国民申请护照均规定了一套完整的法律制度，并明确了一些不予签发护照的具体情形，我国法律对此也有相应规定，申请人在申请过程中弄虚作假就是不予签发的一种情形。本案中杜某在申报中就存在此类违法情节，故其无法领到护照。

【处理结果】

杜某因弄虚作假，护照签发机关将对其不予签发护照。即使杜某成功骗取护照，一旦被查出，护照签发机关也将宣布其护照作废，公安机关还将对其处以 2000 元以上 5000 元以下的罚款。

**典型案例**

## 案例 4-4　中国游客非法滞留境外案

【案情介绍】

中新网 2010 年 10 月 18 日电，据韩联社报道，乘坐豪华游轮来韩国济州的 44 名中国游客擅自脱离旅行团，警察已着手展开调查。韩国法务部济州出入境管理办事处和韩国警方 17 日表示，当天上午 7 时，乘坐意大利游轮“歌诗达经典(Costa Classica)”号抵达济州的游客中，有 44 名中国游客(男 30 人、女 14 人)擅自脱离了旅行团。其中，两名在济州市 G 酒店，另有 9 名在济州涯月邑 S 酒店被检举，目前临时受到出入境管理办事处的保护。但其他 33 名下落不明。济州出入境管理办事处有关负责人表示，被

检举的中国游客收拾行李时把护照留在游轮上，据此判断，他们可能原先计划在韩国就业。警方找到其他33人后，将会采取强制驱逐出境措施。

(摘自新华网，略有改动。)

**【请你思考】**

游客非法滞留境外，旅行社可以采取何种措施?

**【涉及法条】**

(1)《旅行社条例》第四十条：旅游者在境外滞留不归的，旅行社委派的领队人员应当及时向旅行社和中华人民共和国驻该国使领馆、相关驻外机构报告。旅行社接到报告后应当及时向旅游行政管理部门和公安机关报告，并协助提供非法滞留者的信息。

(2)《旅行社条例》第六十三条：违反本条例的规定，旅行社及其委派的导游人员、领队人员有下列情形之一的，由旅游行政管理部门责令改正，对旅行社处2万元以上10万元以下的罚款；对导游人员、领队人员处4000元以上2万元以下的罚款；情节严重的，责令旅行社停业整顿1个月至3个月，或者吊销旅行社业务经营许可证、导游证、领队证。

① 发生危及旅游者人身安全的情形，未采取必要的处置措施并及时报告的。

② 旅行社组织出境旅游的旅游者非法滞留境外，旅行社未及时报告并协助提供非法滞留者信息的。

③ 旅行社接待入境旅游的旅游者非法滞留境内，旅行社未及时报告并协助提供非法滞留者信息的。

(3)《中国公民出国旅游管理办法》第二十二条：严禁旅游者在境外滞留不归。

旅游者在境外滞留不归的，旅游团队领队应当及时向组团社和中国驻所在国家使领馆报告，组团社应当及时向公安机关和旅游行政部门报告。有关部门处理有关事项时，组团社有义务予以协助。

(4)《中国公民出国旅游管理办法》第三十二条：违反本办法第二十二条的规定，旅游者在境外滞留不归，旅游团队领队不及时向组团社和中国驻所在国家使领馆报告，或者组团社不及时向有关部门报告的，由旅游行政部门给予警告，对旅游团队领队可以暂扣其领队证，对组团社可以暂停其出国旅游业务经营资格。旅游者因滞留不归被遣返回国的，由公安机关吊销其护照。

**【法理分析】**

近年来，中国游客借报团旅游的机会非法滞留境外的事件呈上升趋势，主要集中发生在韩国、日本、澳大利亚及我国的港澳台地区。作为旅行社及领队人员，除了要做好出团前的说明和旅游中的管理工作外，还有及时报告并提供非法滞留者信息的义务，以便于相关部门开展寻找和遣返工作。本案中，中国游客借赴韩国旅游之机非法滞留韩国，将会面临韩方强制驱逐出境的处罚，而涉案旅行社若没有及时报告并提供滞留者信息，也会面临相应的处罚。

**【处理结果】**

依照《旅行社条例》的规定，旅行社组织出境旅游的旅游者非法滞留境外，旅行社未及时报告并协助提供非法滞留者信息的，将会被处 2 万元以上 10 万元以下的罚款；对领队人员处 4000 元以上 2 万元以下的罚款；情节严重的，责令旅行社停业整顿 1 个月至 3 个月，或者吊销旅行社业务经营许可证和领队证。

**典型案例**

## 案例 4-5　旅行社未获批准擅自组织赴台旅游案

**【案情介绍】**

2009 年，甲旅行社得知赴台旅游火爆，而苦于自己没有赴台旅游组团资质，于是与有组团资质的乙旅行社合作，借用该旅行社的赴台旅游经营资质，以该旅行社的名义招徕游客并签订旅游合同，并给乙旅行社缴纳一定手续费后，自己组团赴台。后因服务质量等问题被游客举报到旅游质监部门。

(摘自新华网，略有改动。)

**【请你思考】**

该旅行社能否以此种方式开展赴台旅游业务？乙旅行社有无过错？

**【涉及法条】**

(1)《大陆居民赴台湾地区旅游管理办法》第三条：组团社由国家旅游局会同有关部门，从已批准的特许经营出境旅游业务的旅行社范围内指定，由海峡两岸旅游交流协会公布。除被指定的组团社外，任何单位和个人不得经营大陆居民赴台旅游业务。

(2)《旅行社条例》第四十六条：违反本条例的规定，有下列情形之一的，由旅游行政管理部门或者工商行政管理部门责令改正，没收违法所得，违法所得 10 万元以上的，并处违法所得 1 倍以上 5 倍以下的罚款；违法所得不足 10 万元或者没有违法所得的，并处 10 万元以上 50 万元以下的罚款。

① 未取得相应的旅行社业务经营许可，经营国内旅游业务、入境旅游业务、出境旅游业务的。

② 分社的经营范围超出设立分社的旅行社的经营范围的。

③ 旅行社服务网点从事招徕、咨询以外的活动的。

(3)《旅行社条例》第四十七条：旅行社转让、出租、出借旅行社业务经营许可证的，由旅游行政管理部门责令停业整顿 1 个月至 3 个月，并没收违法所得；情节严重的，吊销旅行社业务经营许可证。受让或者租借旅行社业务经营许可证的，由旅游行政管理部门或者工商行政管理部门责令停止非法经营，没收违法所得，并处 10 万元以上 50 万元以下的罚款。

**【法理分析】**

近年来，随着两岸交流的日益频繁，台湾旅游市场逐渐成为大陆居民出境旅游的新热点，尤其是随着《大陆居民赴台湾地区旅游管理办法》的颁布和特许经营台湾游旅行社的公布，台湾旅游成为旅行社竞争的焦点。不少未获得许可的旅行社想办法借用有资质的旅行社的名义，采取各种方式经营赴台业务，或者迂回绕道组织游客赴台，这些都造成了赴台旅游市场的混乱。本案中，乙旅行社出租、出借旅行社业务经营许可证，违反了《旅行社条例》的相关规定，甲旅行社无赴台旅游经营资质，租借乙旅行社业务经营许可证，以乙旅行社名义从事赴台旅游业务，违反了《旅行社条例》和《大陆居民赴台湾旅游管理办法》的有关规定，均应受到旅游行政部门的处罚。

**【处理结果】**

根据《旅行社条例》的相关规定，乙旅行社应由旅游行政管理部门责令停业整顿 1 个月至 3 个月，并没收违法所得；情节严重的，吊销旅行社业务经营许可证。根据《旅行社条例》和《大陆居民赴台湾旅游管理办法》的有关规定，甲旅行社应由旅游行政管理部门或者工商行政管理部门责令停止非法经营，没收违法所得，违法所得 10 万元以上的，并处违法所得 1 倍以上 5 倍以下的罚款；违法所得不足 10 万元或者没有违法所得的，并处 10 万元以上 50 万元以下的罚款。

## 思考与实训

1. 单项选择题

(1) 中国公民出境旅游应申请办理______护照。

A. 外交　　B. 公务　　C. 普通　　D. 礼遇

(2) 普通护照有效期，护照持有人未满 16 周岁的______年；16 周岁以上的年。

A. 5　5　　B. 5　10　　C. 10　10　　D. 10　15

2. 多项选择题

(1) 中国旅游者出境旅游的有效证件主要有______。

A. 护照　　B. 签证　　C. 旅行证　　D. 入出境通行证

(2) 旅行社经营出国旅游业务需具备______条件。

A. 取得国际社资格满 1 年

B. 取得国际社资格满 2 年

C. 连续 2 年未因侵害旅游者合法权益受到罚款以上行政处罚

D. 连续 2 年未因侵害旅游者合法权益受到停业整顿以上行政处罚

## 三　出境旅游组团社和旅游者的义务及法律责任

**案前导读**

为切实维护旅游消费者和出境旅游组团社合法权益、优化旅游发展环境、规范出境旅游行为、促使经营者诚信经营、旅游者诚信消费、减少旅游合同纠纷，2007 年，国家旅游局和国家工商总局共同推出《中国公民出境旅游合同》示范文本，2010 年又做了修订，以合同形式明确了出境旅游组团社和旅游者各自的权利和义务。新版示范文本分为 7 个部分，分别为定义和概念、合同的签订、合同双方的权利义务、合同的变更与转让、合同的解除、违约责任、协议条款。前六部分是对出境组团旅游活动中双方当事人权利、义务、责任的约定；第七部分的协议条款是双方当事人对旅游者情况、旅游内容安排、争议解决方式等具有专属性内容所作的约定。这样的合同框架划分既考虑到旅游服务的共性，也兼顾到旅游服务的个性；并通过设置《旅游行程计划说明书》使得旅游行程的安排明确、具体，并且有据可依。

**典型案例**

### 案例 4-6　泰新马旅游非法入境案

**【案情介绍】**

2008 年 11 月，甲旅行社在获得出境旅游业务经营权后，为尽快开展出境旅游业务，遂与香港一家信誉不甚良好的旅行社建立了业务联系，但未签订合同。同年 12 月，甲旅行社组织了一个 30 人赴泰、新、马的三国旅游团，委托该香港社接待，因时间仓促，未与该香港旅行社签订书面协议。

该旅游团在顺利完成泰国、新加坡两国游程后，在马来西亚入境时，由于当地接待社疏忽，未办妥入境手续，致使该旅游团被作为“非法入境”而扣留两天，未完成马来西亚段旅行而直接返回香港。该旅游团回国后，遂向旅游行政管理部门投诉，要求退还旅行费用并赔偿损失。经查，该旅游团投诉属实，而甲旅行社则辩称，违约及损害旅游者的事实均发生在境外，应由境外旅行社承担赔偿责任。

【请你思考】

(1) 游客的损害赔偿责任应由甲旅行社还是境外旅行社承担？为什么？

(2) 根据《旅行社条例》的规定，对我国旅行社未与境外接待社签订书面协议就委托其承担接待工作，给予何种处罚？

【涉及法条】

(1)《中国公民出国旅游管理办法》第二十四条：因组团社或者其委托的境外接待社违约，使旅游者合法权益受到损害的，组团社应当依法对旅游者承担赔偿责任。

(2)《旅行社条例》第三十七条第二款：接受委托的旅行社违约，造成旅游者合法权益受到损害的，作出委托的旅行社应当承担相应的赔偿责任；作出委托的旅行社赔偿后，可以向接受委托的旅行社追偿。

(3)《中国公民出国旅游管理办法》第十五条：组团社组织旅游者出国旅游，应当选择在目的地国家依法设立并具有良好信誉的旅行社，并与之订立书面合同后，方可委托其承担接待工作。

【法理分析】

出境旅游业务涉及环节多，操作难度大，需要旅行社具有丰富的组团经验和高度的责任心，更需要境内社与境外社的良好合作。因此，选择信誉良好的境外社至关重要。同时，双方应签订书面合同约定权利义务。本案中，境内社受经济利益驱使，急于开展业务，既没有慎重选择合作伙伴，也没有签订书面合同，导致产生旅游纠纷。对于因境外接待社工作失误导致游客的损失，按照《中国公民出国旅游管理办法》第二十四条和《旅行社条例》第三十七条第二款的规定可知，应由境内组团社负责赔偿，至于组团社的损失可向境外接待社追偿。

【处理结果】

游客的损害赔偿责任应由甲旅行社承担，由甲旅行社退还马来西亚段的各项旅游费用。对于甲旅行社未与境外接待社签订合同的行为，应由旅游行政管理部门责令改正，处2万元以上10万元以下的罚款；情节严重的，责令停业整顿1个月至3个月。

典型案例

## 案例4-7　蒙骗出境被判刑案

【案情介绍】

2004年7月，某学校为奖励本校先进工作者，组织赴港澳五日游，并与Z旅行社

签订出境旅游合同。团队到达深圳皇岗海关时，导游武某给游客发放港澳通行证，游客小张发现通行证上除姓名与自己相同外，照片、出生日期、出生地等相关资料完全不同，遂向导游提出异议并要求退团。导游武某告诉小张，“香港海关检查不严，你只要认定通行证是你本人的就能放行”。为了与证件上的照片一致，工作人员还为小张买了假发，让其乔装打扮后蒙骗出境。但小张在进入海关时被香港入境事务处扣留、审问、搜身长达 7 个多小时。后小张被香港法院判处有期徒刑 4 个月，缓期两年执行。从 2010 年 7 月 26 日至 8 月 17 日，他在香港度过 24 天的牢狱生活，造成极大的精神损害。回家后，小张将 Z 旅行社告上法庭。

**【请你思考】**

本案中，导游的做法有何不妥之处？游客小张应否承担相应责任？

**【涉及法条】**

(1)《中华人民共和国公民出境入境管理法实施细则》第十五条：有下列情形之一的，边防检查站有权阻止出境、入境。

① 未持有中华人民共和国护照或者其他出境入境证件的。

② 持用无效护照或者其他无效出境入境证件的。

③ 持有伪造、涂改的护照、证件或者冒用他人护照、证件的。

④ 拒绝交验证件的。

具有前款第二、三项规定的情形的，并可依照本实施细则第二十三条的规定处理。

(2)《中华人民共和国出境入境边防检查条例》第八条：出境、入境的人员有下列情形之一的，边防检查站有权阻止其出境、入境。

① 未持出境、入境证件的。

② 持用无效出境、入境证件的。

③ 持用他人出境、入境证件的。

④ 持用伪造或者涂改的出境、入境证件的。

⑤ 拒绝接受边防检查的。

⑥ 未在限定口岸通行的。

⑦ 国务院公安部门、国家安全部门通知不准出境、入境的。

⑧ 法律、行政法规规定不准出境、入境的。

出境、入境的人员有前款第三项、第四项或者中国公民有前款第七项、第八项所列情形之一的，边防检查站可以扣留或者收缴其出境、入境证件。

**【法理分析】**

旅游者出境旅游，必须持有合法有效的相关证件，做到人证合一，人证相符。案例中导游武某发现小张的证件出错后，没有及时联系相关部门更正或补办相关证明文件，而是心存侥幸，企图让游客冒险出境，既不符合导游操作规程，又违反法律规定，造成严重后果。旅行社组织出境旅游团，固然不能让游客持有伪造、涂改的护照、证件或者冒用他人护照、证件，但因种种原因造成证件与本人不符时，也不能存有侥幸心理，让游客冒险去蒙混过关，否则发生像案例中的严重后果，就得不偿失了。

另据香港入境处数字显示，2007 年至 2010 年 4 月，有 320 宗使用他人证件及 1518 宗使用虚假证件案，涉案人士共 1838 人，内地人占所有国籍人士的 55%。香港入境处提醒旅客，赴港前应检查个人证件，即使发现误取他人证件，切勿尝试用该证件过关。申请个人或旅游证件时，必须向发证机关提供真实准确的个人资料，领取时也有责任核对资料方可使用，若有出错要通知发证机关更正。

**【处理结果】**

法院认为，本案 Z 旅行社应当负主要责任；原告小张作为完全民事行为能力人，明知证件错误仍然持有，并企图蒙混过关，在香港入境事务处未能如实陈述事实，造成被羁押、判处刑罚的事实，也应承担一定责任。故法院一审判令 Z 旅行社赔偿小张精神损害抚慰金 3 万元人民币。

## 思考与实训

1. 案例分析题

2006 年 5 月，李某到市公安局出入境管理大队申领了护照，同年 9 月，她办理了韩国旅游签证并到达韩国。过了在韩国的停留期后，李某并没有按期回国，而是隐匿在一家工厂打工。2007 年 11 月，李某被韩国警方查获，并因非法居留、非法就业被遣返回国。2008 年 5 月，李某想去新加坡务工，再次来到市公安局申请办理护照，出入境管理大队工作人员在查阅她的存档信息后，拒绝了李某的出国申请。请根据上述情况回答：

(1) 根据有关法律的规定，市公安局拒绝李某出国申请的做法是否合法？

(2) 李某是否再也不能出国？

2. 多项选择题

根据我国《护照法》，下列情形中不予签发护照的有______。

A. 张三曾因盗窃被判处 3 年有期徒刑，刚刚刑满释放

B. 李四刚刚过完 14 岁生日

C. 王五因欠款纠纷正在诉讼

D. 赵六 3 个月前曾因非法就业被遣返回国

# 5 旅游交通管理制度

相关法律法规

目前，我国有关旅游交通的法律法规主要包括《中华人民共和国民用航空法》、《中华人民共和国铁路法》、《中华人民共和国公路法》、《中国民用航空旅客、行李国内运输规则》、《铁路旅客运输规程》、《国内航空运输承运人赔偿责任限额规定》、《铁路运输安全保护条例》等。

当然，我国规范民事活动的相关法律对旅游交通运输服务也有指导作用，例如《民法通则》、《合同法》、《消费者权益保障法》等。

# 一　旅游交通运输合同

## 案前导读

运输合同是承运人将旅客或者货物从起运地点运输到约定地点，旅客、托运人或者收货人支付票款或者运输费用的合同。客运合同自承运人向旅客交付客票时成立，但当事人另有约定或者另有交易习惯的除外。其中，民航旅客运输合同是指承运人与旅客直接双方达成的，由承运人将旅客及其行李物品安全送达目的地，并由旅客支付运输费用的合同。铁路旅客运输合同是明确承运人与旅客之间权利义务关系的协议。旅客车票、行李票、包裹票和货物运单是合同或者合同的组成部分。

## 典型案例

### 案例 5-1　旅游交通运输合同变更案

**【案情介绍】**

某企业为了安排职工度假，提前向铁路车站预订了30张到北京的硬卧车票。当该团体旅客到车站乘车时，没有预售车票所载明的车厢。列车长根据当日客车的旅客状况，安排10人到其他硬卧车厢，另20人安排在硬座车厢。事后，该企业要求车站退还硬卧与硬座票的差额，并赔偿损失。车站同意退还差价，但双方对赔偿损失协商未果。该企业遂向法院提起诉讼。

**【请你思考】**

(1) 该铁路车站是否应赔偿对方损失？

(2) 法院该如何判决？

(3) 交通运输合同变更的相关规定有哪些？

**【涉及法条】**

(1)《合同法》第二百九十九条：承运人应当按照客票载明的时间和班次运输旅客。承运人延迟运输的，应当根据旅客的要求安排改乘其他班次或者退票。

(2)《合同法》第三百条：承运人擅自变更运输工具而降低服务标准的，应当根据旅客的要求退票或者减收票款；提高服务标准的，不应当加收票款。

(3)《铁路旅客运输规程》第三十六条：因承运人责任使旅客不能按票面记载的日期、车次、座别、铺别乘车时，站、车应重新妥善安排。重新安排的列车、座席、铺位高于原票等级时，超过部分票价不予补收。低于原票等级时，应退还票价差额，不收退票费。

**【法理分析】**

客票是旅客运输合同的凭证，在客票上通常都载明了航次或者车次、运输开始的时间、客位的等级和票价等内容。承运人应当按照客票载明的时间进行乘运，并且要保证旅客在载明的时间内到达目的地。但是旅客自己也应当在客票载明的时间内乘坐。如果旅客因自己的原因不能按照客票记载的时间进行乘坐的，承运人或者有关部门的规定一般都允许旅客在一定的时间内退票或者变更客票，即在客票载明的乘坐时间前，承运人或者有关部门的规定一般都给予了旅客单方解除运输合同或者单方变更运输合同的权利，但是这种权利是有时间限制的，如果旅客在约定的时间内不办理退票或者变更手续，则超过该时间后，承运人可以不退票款，并且也不再承担运输旅客的义务。同时，旅客退票的，一般要对承运人赔偿一定的损失；旅客变更客票的，承运人一般要收取一定的手续费。

如果旅客不能按照客票时间乘坐的原因是由于承运人造成的，旅客可以要求承运人安排改乘其他班次或者退票。此时对于旅客要求退票的，承运人应当全额退还票款。

本案中承运人售出车票，就应当按照票面规定的日期、车次、座别提供旅行条件。由于铁路承运人工作失误，将已经摘挂的车厢客票售出，导致持票人不能按票面规定的座别乘车，责任在承运人，承运人应当退还高等级座位票与低等级座位票的差价。

**【处理结果】**

被告承运人退还高等级座位票与低等级座位票的差价，并承担本案的诉讼费；对原告要求赔偿损失的请求，因无法律依据，不予支持。

**典型案例**

## 案例 5-2　航空公司擅改行程案

**【案情介绍】**

客先生等 14 名乘客购买了 2008 年 9 月 25 日早 8 点 N 航空公司某次航班的机票，由广西北海途经长沙返回北京。当天，该航空公司无故延误航班起飞时间至晚 8 点。14 名乘客办理登机手续后，该航空公司又单方面宣布要更改航班行程，当晚不飞北京，飞机到长沙后安排住宿一晚，次日再乘坐其他航班飞往北京。9 名原告在内的 14 名返京旅客坚持要求按预定航程返京，但航空公司对此置之不理并且拒绝说明更改航程的原因，并将他们“遗弃”在北海机场。

2008年9月26日凌晨2点30分，该航空公司湖南分公司宣布与滞留旅客终止合同，不再承诺后续服务。无奈之下，客先生等人只好于早上离开机场，改道南宁乘坐航班返回北京。其中9名乘客分别要求航空公司返还机票款、机场建设费、燃油附加费，并赔偿经济赔偿金1000元、经济损失2250元以及精神损失费1000元。

"飞机延误是天气原因，属于不可抗力"该航空公司代理人表示，当时北部湾地区出现8级大风，因为暴风雨，航班才出现了推迟。该代理人称，后来飞机来了，原告等人拒绝登机，坚持要求当晚抵达北京，考虑到其他乘客的利益，他们只能将客先生等人"遗弃"在北海机场。

(摘自新浪财经，略有改动。)

**【请你思考】**

(1) N航空公司的辩解是否成立？

(2) 法院该如何判决？

**【涉及法条】**

(1)《合同法》第二百九十条：承运人应当在约定期间或者合理期间内将旅客、货物安全运输到约定地点。

(2)《合同法》第二百九十一条：承运人应当按照约定的线路或者通常的运输路线将旅客、货物运输到约定地点。

(3)《合同法》第二百九十八条：承运人应当向旅客及时告知有关不能正常运输的重要事由和安全运输应当注意的事项。

(4)《合同法》第二百九十九条：承运人应当按照客票载明的时间和班次运输旅客。承运人迟延运输的，应当根据旅客的要求安排改乘其他班次或者退票。

(5)《中国民航旅客、行李国内运输规则》第五十七条：由于机务维护、航班调配、商务、机组等原因，造成航班在始发地延误或取消，承运人应当向旅客提供餐食或住宿等服务。

(6)《中国民航旅客、行李国内运输规则》第五十八条：由于天气、突发事件、空中交通管制、安检以及旅客等非承运人原因，造成航班在始发地延误或取消，承运人应协助旅客安排餐食和住宿，费用可由旅客自理。

(7)《中国民航旅客、行李国内运输规则》第五十九条：航班在经停地延误或取消，无论何种原因，承运人均应负责向经停旅客提供膳宿服务。

(8)《中国民航旅客、行李国内运输规则》第六十条：航班延误或取消时，承运人应迅速及时将航班延误或取消等信息通知旅客，做好解释工作。

**【法理分析】**

根据我国《合同法》规定，承运人应当按照客票载明的时间和班次运送旅客。如果因为客观原因，出现航班取消、提前、延误、航程改变或不能提供原定座位时，承运人应优先安排旅客乘坐后续航班或签转其他承运人的航班，并且做好解释工作。旅客要求退票的，承运人应当协助办理。因承运人的原因，造成旅客的舱位等级变更时，票款的差额多退少不补。

本案中，经法院调查，因当日长沙至北京段飞行任务已执行完毕，航空公司再执行此段飞行任务必须向空管部门申请紧急加班计划，而被告并未申请。被告在航班延误后，根据实际情况对起飞时间和航程进行调整并不构成违约。但被告未及时告知原告，并且没有尽力做好解释工作，以致原告以为航班只是延误而航程并未改变。被告漠视乘客的知情权，造成原告无法做出最符合自身利益的选择，其在履行与原告的客运合同过程中存在重大失误。

**【处理结果】**

法院一审判决N航空公司分别返还原告航班票款、机场建设费和燃油附加费共计1850元，同时支付经济损失和补偿金共计865元。

## 思考与实训

1. 案例分析题

王某提前购买了某铁路列车的客票，票款共120元，但因特殊原因不能按时乘坐该趟列车，王某于开车10分钟后前往车站退票。请问：

(1) 铁路部门是否应该给予退票？如果可以退票，应该退还王某多少票款？

(2) 关于旅客办理退票的相关规定有哪些？

2. 选择题

仔细阅读以下案例，完成后面题目，第1题多选，第2、3题单选。

李某购买了L航空公司2010年11月15日下午4点55分的温州至北京的某次航班机票，下午3点，航空公司通知该航班乘客，飞机因为故障无法正常起飞。

(1) 该航空公司应当如何安排滞留旅客？

A. 优先安排后续航班

B. 安排转签其他航空公司的航班

C. 安排乘坐第二天的该趟航班，并负责滞留期间的食宿

D. 协助旅客办理退票

(2) 如果李某要求退票，航空公司应如何办理？

A. 协助办理退票，并收取客票价10%的退票费

B. 退还李某全部票款

C. 协助办理退票，并收取客票价2%的退票费

D. 不予退票

(3) 如果该航空公司安排李某乘坐后续航班高一等级舱位时，应如何收取票款？

A. 加收两等级票款差价　　B. 重新收取后续航班票价

C. 不再收取任何票款　　D. 退还李某机票票款

# 二　旅游交通运输合同当事人的权利和义务

## 案前导读

为了保障承运人和旅客的合法权益，我国制定了相应的法律法规，明确了双方的权利义务关系。承运人应当在约定期间或者合理期间内将旅客、货物安全运输到约定地点(见我国《合同法》第二百九十条规定)，旅客、托运人或者收货人应当支付票款或者运输费用。承运人未按照约定路线或者通常路线运输而增加票款或者运输费用的，旅客、托运人或者收货人可以拒绝支付增加部分的票款或者运输费用(见我国《合同法》第二百九十二条规定)。此外，我国《铁路法》、《中华人民共和国民用航空法》、《中国民航旅客、行李国内运输规则》等法律法规中也都明确规定了承运人和旅客的权利义务。

## 典型案例

### 案例 5-3　航班延误潜规则侵害游客案

**【案情介绍】**

2009 年 7 月 5 日，李某等 4 人从北京乘坐 H 航空公司的某次航班去深圳，参加第二天的一起重大刑事案件的庭审活动。当天，他们准时到达首都机场并办理了登机手续。下午 2 时 30 分，李某和 100 多名旅客安检后顺利登机。

在所有旅客都登机后，机组人员告诉旅客因为空中管制，飞机不能按时起飞，要大家耐心等待。4 个小时过去了，飞机还是没有起飞的迹象。在旅客不断询问和催促下，机组人员又说是因为天气原因，飞机还是不能起飞。到了晚上 8 时，此时李某等旅客已经在机舱里等了近 6 小时。晚上 8 时 30 分左右，机组人员突然通知，让所有旅客下机等待。到了地面后，很多旅客向航空公司值班经理追问航班具体的起飞时间、航班延误的理由以及航班延误的补偿事宜。当时H航空公司地面工作人员给旅客的答案是，航班延误是因为“雷暴”等不可抗力因素，无法给旅客进行赔偿。至于航班何时起飞，他们也不知道，只是让旅客等待。

李某办案的行程已经确定，无法临时更改时间。所以，李某一行4人只好在机场里面的餐厅一边用餐一边继续等待。

然而到了晚上9时，该航空公司突然宣布本次航班取消，理由是深圳机场关闭。旅客机票可以改签也可以退掉，但是航空公司不对旅客进行赔偿和安排食宿。

因为第二天必须要去深圳，李某开始通过各种渠道想方案。他们计划先搭乘别的航空公司的飞机到南昌或是福州，然后包出租车到深圳。于是，李某等人跑到G航空公司询问，该航空公司工作人员说：“你们为什么不早来呀？我们22时刚飞了一班到深圳的航班。”这时，李某才知道H航空公司给出的“深圳机场关闭”的借口是假的。

经过积极协调，H航空公司在得知李某等人的情况后，将他们4个人作为特殊旅客处理，经过绿色通道，把他们安排到了2009年7月6日凌晨1时左右起飞的飞机上。经过3个半小时的飞行，李某一行4人终于到达了深圳机场。

事后，李某拨打了H航空公司的投诉电话，反映自己和同伴们的遭遇。该航空公司的工作人员执意表示航班延误和取消航班是不可抗力造成的，不能予以补偿和赔偿。

但李某的经历证明H航空公司在利用自己行业的特点，存在侵害消费者权益的情形。2010年5月11日，李某将H航空公司告上法庭，并认为，该航空公司对于深圳机场关闭造成取消航班的理由不能成立。因为就在同一时间段，却有G航空公司的航班在深圳机场降落。H航空公司的行为属于欺诈消费者，没有尽最大努力履行自己的义务，侵犯了旅客的知情权，其最终取消航班属于拒绝履行合同。

H航空公司的法律顾问辩称，2009年7月5日下午1时30分开始，深圳机场就一直处于雷电区，会对飞机安全造成隐患。当时深圳机场采取了临时的航空空中管制，所以导致包括李某在内的上百名旅客搭乘的飞机无法正常起飞。这种情况一直持续到当天晚上的11时30分。同时，考虑到之前曾经收到“深圳机场每周六和周日上午4时至7时对跑道进行维护，机场关闭”的航行通告，H航空公司觉得如果当晚起飞，有可能航班到达深圳机场会超过次日凌晨4时，航班无法正常起降，所以作出了取消航班的决定。

(摘自网易，略有改动。)

**【请你思考】**

(1) 你认为H航空公司的辩称合理吗？

(2) 法院该如何判决？

(3) 航空公司和旅客分别有什么样的权利和义务？

**【涉及法条】**

(1)《合同法》第二百八十九条：从事公共运输的承运人不得拒绝旅客、托运人通常、合理的运输要求。

(2)《合同法》第二百九十条：承运人应当在约定期间或者合理期间内将旅客、货物安全运输到约定地点。

(3)《合同法》第二百九十八条：承运人应当向旅客及时告知有关不能正常运输的重要事由和安全运输应当注意的事项。

(4)《合同法》第二百九十九条：承运人应当按照客票载明的时间和班次运输旅客。承运人迟延运输的，应当根据旅客的要求安排改乘其他班次或者退票。

(5)《中国民航旅客、行李国内运输规则》第十九条：航班取消、提前、延误、航程改变或不能提供原定座位时，承运人应优先安排旅客乘坐后续航班或签转其他承运人的航班。

(6)《中国民航旅客、行李国内运输规则》第五十七条：由于机务维护、航班调配、商务、机组等原因，造成航班在始发地延误或取消，承运人应当向旅客提供餐食或住宿等服务。

(7)《中国民航旅客、行李国内运输规则》第五十八条：由于天气、突发事件、空中交通管制、安检以及旅客等非承运人原因，造成航班在始发地延误或取消，承运人应协助旅客安排餐食和住宿，费用可由旅客自理。

(8)《中国民航旅客、行李国内运输规则》第六十条：航班延误或取消时，承运人应迅速及时将航班延误或取消等信息通知旅客，做好解释工作。

**【法理分析】**

航空公司应当按客票上规定的时间、班次运送旅客。如果出现航班延误等特殊情况应当及时准确地告知旅客不能正常运输的重要事由和安全运输应当注意的事项，这些都是作为承运人的航空公司应当承担的义务。

人们选择航空运输方式出行，主要是因为考虑到航班的快捷，但航班的不正点已经成为习惯，而航空公司又常常以不可抗力、天气原因、空中管制、飞机晚到等原因，拒绝承担相关的赔偿责任，这类现象已经成为民航运输的潜规则。

我国法律法规对此类案件的赔偿标准缺乏明确规定，法律适用难度较大。目前我国航空客运方面的法律法规主要有《民用航空法》、《民航总局对国内航空公司因自身原因造成航班延误给予旅客经济补偿的指导意见》及《中国民航旅客、行李国内运输规则》和中国航协不久前下发试行的《航空运输服务质量不正常航班承运人服务和补偿规范》，但以上 4 个法律法规在涉及航班延误的补偿标准上均缺乏具体明确的规定。其中，《民航总局对国内航空公司因自身原因造成航班延误给予旅客经济补偿的指导意见》中规定，航空公司因自身原因造成航班延误，除按照《中国民航旅客、行李国内运输规则》的有关规定，作好航班不正常情况下的服务工作之外，还应根据航班延误 4 小时(含)以上不超过 8 小时、延误 8 小时(含)以上不同延误时间的实际情况，对旅客进行经济补偿。经济补偿可以采用多种方式。航空公司应根据并尊重旅客本人的意愿和选择，通过现金、购票折扣和里程等方式予以兑现。为避免进一步延误影响后续航班和旅客，防止空勤人员疲劳驾驶形成飞行安全隐患，经济补偿一般不在机场现场进行。航空公司可以采取登记、信函寄回等方便旅客的办法完成经济补偿。具体的补偿方法和方案由各航空公司在此框架下根据各自的情况制定。

航班延误或取消会给旅客带来极大不便，如果是因为航班安全运输的需要而不得不延误或取消的，航空公司应做好安排和解释工作。但本案中，H 航空公司将航班延误一概归结为不可抗力，有逃避责任之嫌。取消航班时，又没向旅客告知真正原因，而是称当晚机场关闭，未履行重要事项告知义务；航班取消后，H 航空公司也没有为李某等人安排一个能够定妥座位的航班或转签给其他航空公司，也是构成违约的。

【处理结果】

2010 年 6 月 2 日，北京市朝阳区人民法院对该案作出了一审判决，判决 H 航空公司赔偿李某等人机票差价 840 元。

典型案例

## 案例 5-4　旅游交通事故赔偿纠纷案

【案情介绍】

2004 年 1 月 17 日，上海的吴先生一家 3 口参加 Q 旅行社组织的赴哈尔滨滑雪豪华游，不料旅游车严重违章造成特大车祸，吴先生夫妇和他们的女儿重伤致残。根据吴先生与 Q 旅行社签订的旅游合同，旅行社不派全陪，而是由哈尔滨当地 D 旅行社提供专职导游接待，提供车辆服务的则是 D 旅行社租用的其他公司名下的旅游客车。

事故发生后，由于就赔偿事宜协商未成，吴先生一家将上海 Q 旅行社告上法庭。吴先生认为 Q 旅行社没有保障游客旅途中的安全，应当承担违约责任，因此要求 Q 旅行社进行违约赔偿，并对其一家所受精神损害予以赔偿。哈尔滨 D 旅行社也应承担连带责任。

(摘自一起游网站，略有改动)

【请你思考】

(1) 吴先生的诉求是否合理？

(2) 上海Q旅行社、哈尔滨D旅行社及提供车辆的租车公司应分别承担什么责任？

【涉及法条】

(1)《合同法》第一百一十三条：一方当事人不履行合同义务或者履行合同义务不符合约定，给对方造成损失的，损失赔偿额应当相当于因违约所造成的损失，包括合同履行后可以获得的利益，但不得超过违反合同一方订立合同时预见到或者应当预见到的因违反合同可能造成的损失。

(2)《合同法》第一百二十一条：一方当事人因第三人的原因造成违约的，应当向对方承担违约责任。一方当事人和第三人之间的纠纷，依照法律规定或者按照约定解决。

(3)《合同法》第一百二十二条：因一方当事人的违约行为，侵害对方人身、财产权益的，受损害方有权选择依照本法要求其承担违约责任或者依照其他法律要求其承担侵权责任。

(4)《合同法》第二百九十条：承运人应当在约定期间或者合理期间内将旅客、货物安全运输到约定地点。

(5)《消费者权益保护法》第七条：消费者在购买、使用商品和接受服务时享有人身、财产安全不受损害的权利。

【法理分析】

旅游者在外出旅游之前与旅行社签订了旅游合同，旅游合同生效后，旅游者与旅行社之间就形成了服务合同的法律关系。依据我国《消费者权益保护法》的相关规定，旅游者享有在旅游服务中人身、财产不受损害的权利，旅行社有保障旅游者的人身、财产安全的义务。本案中，因为旅游车的原因发生了交通事故，旅行社未尽到其安全保障的义务，应承担违约责任。同时根据我国《合同法》第一百二十一条的规定，即使该违约是由于第三人的原因造成的，也应当由对方承担违约责任。旅游合同中一般都包含关于游客人身安全的服务质量标准的约定，因而一旦游客出现非己方原因的人身伤亡，不论是否是由于第三人的原因，旅游公司均构成对游客的违约。

同时，如果从侵害公民健康权、生命权的角度看，这起事故无疑又是一种侵权行为，旅行社应当承担侵权责任。也就是说，旅行社在旅游过程中因交通事故致使游客遭受人身损害的行为，既侵害了游客在旅游合同中的权利，也侵害了游客的固有人身权利，构成侵权责任与违约责任的竞合。我国《合同法》第一百二十二条规定，因一方当事人的违约行为，侵害对方人身、财产权益的，受损害方有权选择依照本法要求其承担违约责任或者依照其他法律要求其承担侵权责任。所以本案中，吴先生既可以以旅行社违反合同约定的义务为由提起违约之诉，也可以以旅行社侵害其人身权利为由提起侵权之诉。

一般来说，选择侵权之诉的人身损害赔偿时，受害人可以主张精神损害赔偿；而选择违约之诉，则不能主张精神损害赔偿，但是法律有特别规定的除外。因而本案当事人如果选择了违约之诉而又提出精神损害赔偿的请求将无法获得法官的支持。

对于侵权的人身损害赔偿，法律一般明确规定包含精神损害抚慰金在内的各种赔偿项目，以达到对被侵权人损害的充分补偿。而违约赔偿最显著的特点是因违反约定而赔偿，该种赔偿范围一般在合同中进行约定，法律不明确规定赔偿的项目，如果当事人无法协商一致，法官则根据我国《合同法》第一百一十三条确定的法律原则，按照合同的性质、目的，本着公平、合理、尊重交易习惯等原则确定赔偿范围，但是精神损害赔偿是被排除在外的。

至于赔偿范围则可依照我国《合同法》第一百一十三条中关于实际损失及可预期获得的利益的原则予以确定。作为旅游合同履行方的上海 Q 旅行社应对吴先生的损失进行先行赔付，然后向造成安全事故的第三方追索。同时还可以通过如下方法避免或降低损失，就行业责任风险进行投保，为旅客投保保险金较高的商业保险等。

【处理结果】

2005 年 8 月上旬，上海市徐汇区人民法院对此案作出一审判决，被告上海 Q 旅行社被判违约，并赔偿三原告医疗费、法医鉴定费、财产损失、误工费、护理费等共计84万余元，但对于原告的精神损害赔偿请求则予以驳回。

### 思考与实训

案例分析题

(1) 陈先生一家计划跟团前往海南旅游，从上海出发时，却被通知由于天气原因，飞机无法起飞，需延时等待。陈先生一家要求旅行社进行赔偿遭到拒绝。旅行社负责人称，最高人民法院曾发布《最高人民法院关于审理旅游纠纷适用法律若干问题的规定》，该规定指出，因不可抗力等不可归责于旅游经营者、旅游辅助服务者的客观原因导致旅游合同无法履行，旅游者请求对方承担违约责任的，人民法院不予以支持。由于交通工具延误导致合同不能按照约定履行，旅游者请求旅游经营者退还未实际发生的费用，人民法院应予以支持。陈先生遇到的这种情况属于不可抗力，旅行社不存在赔偿的义务，只需退还未实际发生的费用即可。

请根据上述情况回答：

① 根据有关法律、法规的规定，旅行社的辩解是否成立？

② 如果旅游者因为旅行社没有订到指定人数的机票而滞留机场，是否可以要求旅行社赔偿？

(2) 2006年7月25日，王女士与沈阳F旅行社签订旅游合同，约定由F旅行社安排王女士从沈阳赴内蒙古海拉尔旅游(往返)，并负责行程、交通、食宿等费用。F旅行社委托当地K旅行社做各项接待工作。7月30日21时，当地K旅行社雇佣的司机于某在驾车途中与沙某所驾驶的拖拉机拖车尾部相撞，造成重大交通事故。其中王女士受伤，其随身所带财物受到损害。交通事故认定书认定于某负主要责任，沙某负次要责任，王女士无责任。7月30日至8月24日期间，王女士住院治疗，被诊断为闭合性胸外伤，经鉴定为八级伤残。沈阳F旅行社辩称，其与王女士之间具有免责条款，不应赔偿。

请根据上述情况回答：

① 根据有关法律、法规的规定，F旅行社的辩称是否成立？

② 法院该如何判决？

## 三　承运人的法律责任

### 案前导读

我国有关法律不仅规定了承运人和旅客各自的权利义务关系，同时还规定了承运人的法律责任，既有民事赔偿责任，也有行政责任，还有刑事责任，其中民事赔偿责任是旅客关注的重点。有关法律法规规定了承运人在运输过程中对旅客的人身损害、旅客随身携带物品以及旅客托运行李损坏的赔偿责任。但为了保护承运人的利益，使承运人不致因过度赔偿而破产，我国相关法律法规实行赔偿责任限额制度，将承运人的责任限制在一定数额范围内。

**典型案例**

## 案例 5-5　伊春空难赔偿案

**【案情介绍】**

2010 年 8 月 24 日 22 时 10 分左右，一架从哈尔滨飞往伊春的 HN 航空公司某航班在伊春机场降落，接近跑道时断成两截后坠毁，部分乘客在出事时被甩出机舱，机上有乘客 91 人。该事故共造成 42 人遇难，54 人生还。

中国民航总局局长在 8 月 26 日召开的全行业航空安全紧急电视电话会议上表示，从初步暴露的问题来看，这次事故的核心问题集中在人员资质、飞行员的能力、特情的处理、安全链条的衔接等环节。

近年来，中国航空业发展突飞猛进，航空安全监管实质上也面临着新的课题。与 2004 年包头空难相同，伊春空难也是支线航空出现的事故。因此，有关方面应当重视支线航空的安全问题。主要存在两方面原因，一方面是支线机场缺乏优良的地面设备与保障力量；另一方面，由于体制以及曾经存在的航线批租腐败等原因，导致中小航空公司主要集中于支线航空领域。一些民营航空公司即使业绩不错、不差钱，也提供不了更优质的资源。而对支线航空的硬件建设和日常监管，如同江河的支流防汛被忽视一样，很容易成为“溃坝”的薄弱环节。

(摘自新京报，略有改动。)

**【请你思考】**

(1) 航空公司应如何进行赔偿？

(2) 对相关责任人应如何处罚？

(3) 我国国内航空运输承运人的赔付标准有哪些？

【涉及法条】

(1)《民用航空法》第一百二十四条：因发生在民用航空器上或者在旅客上、下民用航空器过程中的事件，造成旅客人身伤亡的，承运人应当承担责任；但是，旅客的人身伤亡完全是由于旅客本人的健康状况造成的，承运人不承担责任。

(2)《民用航空法》第一百二十五条：因发生在民用航空器上或者在旅客上、下民用航空器过程中的事件，造成旅客随身携带物品毁灭、遗失或者损坏的，承运人应当承担责任。因发生在航空运输期间的事件，造成旅客的托运行李毁灭、遗失或者损坏的，承运人应当承担责任。

旅客随身携带物品或者托运行李的毁灭、遗失或者损坏完全是由于行李本身的自然属性、质量或者缺陷造成的，承运人不承担责任。

(3)《国内航空运输承运人赔偿责任限额规定》第三条：国内航空运输承运人(以下简称承运人)应当在下列规定的赔偿责任限额内按照实际损害承担赔偿责任，但是《民用航空法》另有规定的除外。

① 对每名旅客的赔偿责任限额为人民币 40 万元。

② 对每名旅客随身携带物品的赔偿责任限额为人民币 3000 元。

③ 对旅客托运的行李和对运输的货物的赔偿责任限额，为每公斤人民币 100 元。

(4)《国内航空运输承运人赔偿责任限额规定》第五条：旅客自行向保险公司投保航空旅客人身意外保险的，此项保险金额的支付，不免除或者不减少承运人应当承担的赔偿责任。

【法理分析】

为了维护国家的领空主权和民用航空权利，保障民用航空活动安全和有序地进行，保护民用航空活动当事人各方的合法权益，促进民用航空事业的发展，我国制定了《中华人民共和国民用航空法》，由国务院民用航空主管部门对全国民用航空活动实施统一监督管理。之后又颁布了《国内航空运输承运人赔偿责任限额规定》，用于规范国内航空运输中发生的损害赔偿标准。

HN 航空公司原为 KP 航空有限公司，是深圳航空公司的子公司。此次伊春事故原因复杂，但主要是人员资质、飞行员的能力、特情的处理、安全链条的衔接等方面因素，另外 HN 航空公司管理漏洞、不良气象条件等也是引发这次事故的原因。作为最大股东的深圳航空公司对此次事故应负主要责任。

对航空事件造成的损失，我国《民用航空法》及相关法律法规有明确的赔偿责任规定。但对于重大的航空事故，为了保护承运人的利益，使承运人的责任人不致因过度赔偿而破产，我国《国内航空运输承运人赔偿责任限额规定》中将承运人的责任限制在一定数额范围内。同时，依据《蒙特利尔公约》，赔偿实行双梯度责任，即遇难者家属可以获得保险公司和航空公司的双重赔偿。如果旅客家属对赔偿不服，可向法院提起诉讼，最终赔偿由法院确定。

【处理结果】

依据《国内航空运输承运人赔偿责任限额规定》，国内民用航空运输旅客伤亡赔偿最高限额为 40 万元人民币，每名旅客随身携带物品的最高赔偿限额为 3000 元人民币，旅客托运的行李最高赔偿限额为 2000 元人民币，共计 40.5 万元人民币。考虑到 2006 年以来全国城镇居民人均可支配收入的累计增长幅度，法院判定该次事故赔偿限额调增至 59.23 万元；再加上为遇难旅客亲属作出的生活费补贴和抚慰金等赔偿，航空公司对此次飞机坠毁事故每位遇难旅客的赔偿标准总共为 96 万元人民币。

**典型案例**

## 案例 5-6　胶济铁路重大交通案

**【案情介绍】**

2008 年 4 月 28 日，王某乘坐的北京开往青岛的 T195 次旅客列车运行至山东境内胶济铁路周村至王村间脱线，与烟台至徐州的 5034 次客车相撞，王某不幸遇难。据调查，4 · 28 胶济铁路特别重大交通事故共造成 72 人死亡，416 人受伤。调查认定，此次事故为一起人为责任事故。事发后，济南铁路局局长陈某、党委书记柴某已被铁道部免职审查。

**【请你思考】**

(1) 如果王某未能购买保险公司的人身意外保险，按照现行法律规定，其家属可以获得哪些赔偿？

(2) 对相关责任人应如何处罚？

(3) 铁路运输企业的相关法律责任有哪些？

**【涉及法条】**

(1)《铁路法》第五十七条：因铁路行车事故及其他铁路运营事故造成人身伤亡的，铁路运输企业应当承担赔偿责任；如果人身伤亡是因不可抗力或者由于受害人自身的原因造成的，铁路运输企业不承担赔偿责任。

(2)《铁路旅客意外伤害强制保险条例》(铁运[1992]64 号)第五条：旅客之保险金额，不论座席等次、全票、半票、免票，一律规定为每人人民币 2 万元。

(3)《铁路旅客意外伤害强制保险条例》第六条：旅客之保险费，包括于票价之内，一律按基本票价的 2%收费。

(4)《铁路交通事故应急救援和调查处理条例》第三十三条：事故造成铁路旅客人身伤亡和自带行李损失的，铁路运输企业对每名铁路旅客人身伤亡的赔偿责任限额为人民币 15 万元，对每名铁路旅客自带行李损失的赔偿责任限额为人民币 2000 元。铁路运输企业与铁路旅客可以书面约定高于前款规定的赔偿责任限额。

【法理分析】

旅客购买车票乘坐火车即构成铁路旅客运输合同法律关系，在法律地位上铁路运输企业与旅客是平等的民事主体，铁路运输企业有义务保障旅客的旅行安全。铁路运输企业应当对运输过程中旅客的伤亡承担赔偿责任，但伤亡是旅客自身健康原因造成的或者是旅客故意、重大过失及不可抗力造成的除外。由于铁路运输企业的过错造成旅客人身伤亡的，铁路运输企业应承担赔偿责任。根据《铁路交通事故应急救援和调查处理条例》第三十三条的规定，铁路运输企业对每名铁路旅客人身伤亡的赔偿责任限额为人民币 15 万元，对每名铁路旅客自带行李损失的赔偿责任限额为人民币 2000 元。

另外，我国对铁路旅客意外伤害实行强制保险，强制保险采取的是标准格式的合同形式，旅客并非单独专门投保，旅客只要购买车票就签订了保险合同，自动产生保险法律关系。旅客在保险有效期间内，由于遭受外来、剧烈及明显的意外事故(包括战争所致在内)，受伤害须治疗的，由保险公司按实际情况支付医疗津贴，其数额以不超过保险金额两万元为限。如果旅客单独购买了保险公司的人身意外保险等，还可以从保险公司获得保险金赔偿。

本案中，王某因铁路行车事故导致死亡，本身无任何过错，铁路部门应对其死亡承担全部责任。

【处理结果】

法院审理查明，胶济铁路特别重大交通事故由多个环节违规造成。法院认为，原北京机务段机车司机李某、原王村站助理值班员崔某、原王村站值班员张某、原济南铁路局调度所列车调度员蒲某、原济南铁路局调度所施工调度员郑某、原济南铁路局副局长郭某身为铁路职工，违反铁路规章制度，导致发生特别重大交通事故，后果特别严重，均构成铁路运营安全事故罪。

法院根据各被告人在事故中的责任，判处李某有期徒刑 4 年 6 个月；判处崔某有期徒刑 4 年；判处张某有期徒刑 3 年 6 个月；判处蒲某有期徒刑 3 年，缓刑 5 年；判处郑某有期徒刑 3 年；判处郭某有期徒刑 3 年，缓刑 3 年。

王某家属可以从铁路运输企业获得 15.2 万元(其中包括旅客人身伤亡赔偿限额的 15 万元，自带行李赔偿限额的 2000 元)的损害赔偿，另外可以获得铁路旅客意外伤害强制保险 2 万元的赔偿金。

## 知识拓展

随着铁路建设事业的飞速发展和人民群众法律意识的不断增强，铁路人身损害赔偿案件呈现上升的趋势。根据发生地点的不同，铁路运输人身损害赔偿纠纷包括铁路路外人身损害赔偿及铁路旅客运输损害赔偿两种情形。

铁路路外人身损害赔偿是指铁路运输过程中，列车与其他交通工具、行人之间发生的交通事故所造成的损害，当事人或法定代理人起诉责任人进行民事赔偿的案件。

铁路旅客运输损害赔偿纠纷是指铁路运输过程中，对承载旅客造成损害，当事人或法定代理人起诉责任人进行民事赔偿的案件。

铁路人身损害赔偿案件的两种情形发生的重要原因具有共同点，也有不同点。其共同点一是旅客自身原因。例如公民缺乏铁路安全意识，在线路上行走，随意穿越铁路等不当行为导致的损害赔偿。二是铁路方面管理上的疏漏。例如铁路有些无人看守道口没有设置警示标志，或设置的不健全、不符合相关规定；铁路工作人员责任心不强等，这些因素都为人身损害赔偿案件的发生埋下隐患。

不同点是，铁路旅客运输损害赔偿案件，还有第三人的原因造成的损害。铁路旅客运送期间因第三人侵权造成旅客人身损害的，由实施侵权行为的第三人承担赔偿责任。铁路运输企业有过错的，应当在能够防止或者制止损害的范围内承担相应的补充赔偿责任。铁路运输企业承担赔偿责任后，有权向第三人追偿。例如，车外第三人投掷石块等击打列车造成车内旅客人身损害，赔偿权利人要求铁路运输企业先予赔偿的，人民法院应当予以支持。铁路运输企业赔付后，有权向第三人追偿。

另外，如果旅客单独购买了保险公司的人身意外保险等，在意外事故发生后，受伤害旅客及其家属有两项权利，由保险金产生的保险赔偿以及由事故所产生的承运方的过错赔偿。

## 思考与实训

1. 案例分析题

2010 年 11 月 20 日下午 3 时多，钱先生搭乘 W 航空公司的某次航班去深圳出差，他随身带着一个价值 1300 余元的拉杆行李箱，交由航空公司托运。当天下午 5 时多，钱先生抵达深圳，可是当他拿到自己的箱子时，却发现箱子后部一个轮子的塑料外壳碎了，导致箱子不能拖行。请问：

(1) 航空公司应当如何对钱先生的损失予以赔偿？

(2) 如果发生空难事件造成钱先生死亡，航空公司又该如何赔偿？

2. 单项选择题

吴某持有效车票乘坐 A 次列车，当列车运行在北塘站与塘沽站区间时，被车外飞石击伤前额，列车员当即为吴某做简单包扎。列车到达天津后，吴某马上被送到天津铁路中心医院抢救治疗，诊断为重型颅脑损伤。

(1) 该铁路分局应如何赔偿？

　　A. 不予赔偿

　　B. 赔偿医疗费和保险费

　　C. 赔偿医疗费、保险金及赔偿金

　　D. 由造成损失的直接责任人赔偿，该铁路分局不承担责任

(2) 如果损害发生后，吴某发现自己的车票丢失了，可否获得赔偿？

　　A. 可以获得赔偿，但数额会降低

　　B. 不能获得赔偿

C. 可以获得赔偿，数额不会降低

D. 只能向造成损害的直接责任人要求赔偿

(3) 如果吴某和该铁路分局对损害赔偿有争议，吴某该如何维护自己的权利？

A. 不予调解，直接提起诉讼

B. 先调解，调解不成再提起诉讼

C. 由仲裁机构仲裁

D. 继续和铁路分局协商

(4) 如果吴某有先天性心脏病，在列车正常行驶过程中发病死亡，该铁路分局应如何承担责任？

A. 该铁路公局不承担赔偿责任

B. 该铁路公局按照最高赔偿责任限额给予赔偿

C. 该铁路分局赔偿吴某保险金 2000 元

D. 该铁路分局赔偿吴某所有医疗费用

# 6

# 旅游保险法律制度

相关法律法规

目前，我国规范旅游保险的法律法规及规范性文件主要包括《保险法》、《旅行社责任保险管理办法》等，另外，《旅行社条例》和《旅行社条例实施细则》对旅行社行业中涉及的旅游保险事项也有规定。当然，我国规范民事活动和经济活动的相关法律对旅游保险也有一定的指导作用，例如《合同法》、《消费者权益保障法》等。

# 一　旅游保险合同

## 案前导读

在现代旅游活动中，由于自然、社会、经济等因素的影响，旅游风险和意外发生的几率很高，各种自然灾害、意外事件、违约责任等传统风险和地区冲突、语言文化、环境气候、饮食习惯等新兴风险因素日益突出，迫切需要旅游保险的保障。旅游保险是指投保人根据保险合同的约定，向保险人支付保险费，保险人对于合同约定的在旅游活动中因可能发生事故的发生所造成的财产损失承担保险赔偿责任，或者当被保险人在旅游活动中死亡、伤残、疾病时承担赔偿保险金责任的商业保险行为。按照《旅行社条例》及其实施细则的相关规定，目前服务于旅行社的保险产品主要有旅行社责任保险和旅游意外保险。此外，其他各种企业责任保险和旅客意外伤害保险、景区游客意外伤害保险等险种也对旅游企业和旅游者的人身伤害、财产损失予以相应保障。在实践中，应注意分清各类旅游保险合同的主体、承保的责任范围、免责事由、不同主体的权利和义务等知识点，以充分利用保险产品，减少旅游风险带来的利益损失。

旅行社责任保险投保人为旅行社，受益人也是旅行社，旅行社责任保险要解决的问题是，由于旅行社过错或者过失，造成旅游者人身财产损害的赔偿责任。旅游意外保险投保人为旅行社或旅游者，受益人也是旅游者，旅游意外保险要解决的问题是，由于意外事件给旅游者人身财产造成损害的赔偿责任。

## 典型案例

### 案例 6-1　保险金受领纠纷案

**【案情介绍】**

2010 年 3 月 12 日，陈女士和丈夫吴先生向 A 保险公司投保意外伤害保险各一份，身故保险金额为 10 万元，保险期限一年，夫妻二人均指定自己 7 岁的女儿为受益人，A 保险公司随之签发了保险单。2010 年暑假，陈女士带女儿去海南旅游，不料途中发生严重车祸，母女两人双双遇难。事故发生后，丈夫吴先生持保险单向 A 保险公司索赔。A 保险公司收到索赔报告后，经核查支付吴先生保险金 10 万元。陈女士的父亲陈父得知这一消息后，向女婿吴先生提出要一起继承这 10 万元的保险金，遭到吴先生拒绝。吴先生认为这笔保险金不是妻子的遗产，而是女儿的遗产，应由他一个人继承。双方协商不成，陈父一气之下，将女婿告上法庭，认为自己的女儿虽然在投保时指定自己的外孙女为受益人，但是，在车祸中外孙女和女儿是同时死亡的，因此，外孙女的受益行为并未发生，这10万元的保险金属女儿的个人遗产，应当由其和女婿共同继承。

【请你思考】

(1) 旅游保险合同的主体有哪些人？本案中的人身意外伤害保险的主体是哪些人？

(2) 法庭是否会支持陈父的诉求？10万元的保险金应如何分配？

【涉及法条】

(1)《保险法》第四十二条：被保险人死亡后，有下列情形之一的，保险金作为被保险人的遗产，由保险人依照《中华人民共和国继承法》的规定履行给付保险金的义务。

① 没有指定受益人，或者受益人指定不明无法确定的。

② 受益人先于被保险人死亡，没有其他受益人的。

③ 受益人依法丧失受益权或者放弃受益权，没有其他受益人的。

受益人与被保险人在同一事件中死亡，且不能确定死亡先后顺序的，推定受益人死亡在先。

(2)《继承法》第十条：遗产按照下列顺序继承。

第一顺序：配偶、子女、父母。

第二顺序：兄弟姐妹、祖父母、外祖父母。

继承开始后，由第一顺序继承人继承，第二顺序继承人不继承。没有第一顺序继承人继承的，由第二顺序继承人继承。

【法理分析】

根据我国《保险法》的有关规定，保险合同的主体有三类，一为保险合同的当事人，包括投保人和保险人；二为保险合同的关系人，包括被保险人和受益人；三为保险合同的辅助人，包括保险代理人、保险经纪人和保险公证人。在一般的保险合同中，前两类主体最为常见，其中的投保人与被保险人、受益人既可以是不同的人，也可以是同一个人。在旅游保险合同中，同样可以存在上述三类主体。一般而言，旅游保险合同的投保人和被保险人既可以是游客，又可以是旅行社；受益人既可指定也可不指定，如果不指定，则受益人是被保险人遗产的法定继承人。本案中，陈女士所投的人身意外伤害保险合同的投保人和被保险人是陈女士自己，受益人是其女儿，保险人是承保的A保险公司。

通常情况下，人身保险的被保险人如果因保险合同约定的事由死亡，由受益人受领保险金，但如果存在《保险法》第四十二条第一款规定的三种情形的，保险金将作为被保险人的遗产，按照《继承法》规定的法定继承去分配。本案中，受益人和被保险人在同一场车祸中死亡，且无法确定死亡先后顺序。根据《保险法》第四十二条第二款的规定，推定受益人死亡在先，即陈女士的女儿先于陈女士死亡。据此可知，陈女士死亡的保险金只能作为遗产处理，在本案中，如果陈女士的母亲不在世，则陈女士的父亲陈父和丈夫吴先生就是第一顺序继承人，依法继承10万元的保险金。

【处理结果】

经审理，法庭支持陈父的诉求，判决由陈父和吴先生共同继承10万元保险金，每人5万元。

## 知识拓展

在人身保险法律关系中，相关主体的死亡时间至关重要，是保险金分配的关键依据之一。按照2009年2月28日颁布、同年10月1日实施的我国《保险法》第四十二条的规定，受益人与被保险人在同一事件中死亡，且不能确定死亡先后顺序的，推定受益人死亡在先。而按照1985年9月11日颁布实施的《最高人民法院关于贯彻执行<中华人民共和国继承法>若干问题的意见》第二条的规定，相互有继承关系的几个辈分不同的人在同一事件中死亡，如果不能确定死亡先后时间的，推定长辈先死亡。显然，上述两部法律文件的规定出现了截然相反的结果。具体到案例6-1中，就出现了女儿先死亡和陈女士先死亡两种不同的死亡时间结论，死亡先后时间不同，保险金赔偿结果也大不相同。如果推定陈女士先死亡，则陈女士的保险金理应由其受益人即女儿受领，女儿受领的保险金又成为女儿的遗产，再按《继承法》关于法定继承的规定由第一顺序继承人继承，也就是由女儿的爸爸吴先生继承，女儿的姥爷是不能继承的。对于不同法律条文之间的矛盾，即所谓的法律冲突，司法实践中该如何解决呢？我国采取新法优于旧法和特别法优于一般法的原则。因《保险法》颁布在后，又是专门规范保险投保与理赔的特别法，故优先适用《保险法》的规定。

## 典型案例

### 案例6-2　旅行社未给游客投旅游意外险遭索赔案

**【案情介绍】**

2010年11月18日，李女士与南京A旅行社签订了《江苏省出境旅游合同》，其中约定，李女士和65岁的母亲刘老太参加由A旅行社提供的10晚11天的新马泰旅游服务，A旅行社替李女士和刘老太代办航空意外险并赠送二人旅游人身意外险。合同签订之后，李女士缴纳了包括旅游团费、保险费以及其他费用等共计9140元。同年12月26日团队出发，某日夜里，李女士和母亲刘老太在A旅行社安排的泰国某酒店住宿，刘老太晚上下床去卫生间，不小心摔倒，头部碰在桌角上，当场人事不省。待医生赶到时，刘老太已不幸死亡。

处理完母亲的后事，李女士一家人向出国前投保的B保险公司索赔时遭到拒绝，原来旅行社竟因疏忽没有为刘老太投保旅游人身意外险。与旅行社几经交涉无果后，2011年年初，李女士一家将A旅行社告上法庭，请求判令A旅行社赔偿本应从保险公司获得的保险金30万元，并赔偿因此造成的精神损害。

**【请你思考】**

(1) 本案中旅行社是否应该赔偿李女士一家死亡赔偿金？

(2) 旅游人身意外保险属于强制保险还是自愿保险？

【涉及法条】

(1)《旅行社条例实施细则》第四十条：为减少自然灾害等意外风险给旅游者带来的损害，旅行社在招徕、接待旅游者时，可以提示旅游者购买旅游意外保险。

鼓励旅行社依法取得保险代理资格，并接受保险公司的委托，为旅游者提供购买人身意外伤害保险的服务。

(2)《中华人民共和国合同法》第六十条：当事人应当按照约定全面履行自己的义务。当事人应当遵循诚实信用原则，根据合同的性质、目的和交易习惯履行通知、协助、保密等义务。

(3)《中华人民共和国合同法》第一百零七条：一方当事人不履行合同义务或者履行合同义务不符合约定的，应当承担继续履行、采取补救措施或者赔偿损失等违约责任。

【法理分析】

旅游合同是旅行社和游客之间约定双方权利和义务的协议，旅游合同签字生效后，双方均应严格执行合同约定，积极全面地履行合同义务，否则，违约方将承担相应的法律责任。本案中，旅行社在与李女士签订的旅游合同中明确约定赠送旅游意外伤害保险，结果因工作疏忽而未给李女士的母亲刘老太投保旅游意外险，旅行社的行为构成违约，并因此导致刘老太意外身亡后，家属无法得到保险公司的赔偿。所以，A 旅行社应该承担违约责任，赔偿李女士一家人相应的损失，这笔损失就是本应从保险公司获得的保险赔偿金。本案再次给旅行社敲响警钟，即一定要充分利用旅游保险产品，合理规避经营风险，减少不必要的损失，切不可因工作疏忽或心存侥幸而导致重大损失。至于李女士提出的精神损害赔偿，因为只有侵权之诉才会涉及精神损害的赔偿，违约责任并无赔偿精神损害的承担方式，本案属于违约之诉，故李女士要求的精神损害赔偿不会得到支持。

另外，旅游意外保险属于自愿保险，是否投保取决于相关当事人的主观意愿，任何人均不得强迫，这也是我国《保险法》第十一条第二款的要求(该条该款规定，除法律、行政法规规定必须保险的外，保险合同自愿订立)。但是，为减少自然灾害等意外风险给旅游者带来的损害，《旅行社条例实施细则》第四十条规定，旅行社在招徕、接待旅游者时，可以提示旅游者购买旅游意外保险，并且鼓励旅行社取得保险代理资格为游客提供保险代理服务。所以，虽然旅游意外保险是自愿保险，旅行社也最好能提醒游客投保此类保险产品，尽管这已不是旅行社的法定义务。(已经废止的《旅行社管理条例实施细则》把提醒游客购买旅游意外保险规定为旅行社的义务，新法修订了这条，将“应当”改成“可以”，去除了义务性)。

**【处理结果】**

法院经审理后认为，A 旅行社没按合同约定为刘老太办理人身意外险，致使刘老太在旅行过程中意外身亡后，其家属无法从保险公司获得赔偿，所以 A 旅行社应对此承担违约赔偿责任。因此，判决 A 旅行社按照南京市旅游行业境外旅行保险的惯例，即 30 万元的标准赔偿李女士一家人身意外保险金，李女士等人的精神损害赔偿和其他要求于法无据，故不予支持。最终，原告方一审获赔 30 万元。

## 知识拓展

### 什么是人身意外伤害保险?

人身意外伤害保险是指保险人对被保险人在保险期间因意外事故所造成的残疾、身故，按照合同约定支付保险金的人身保险。意外伤害必须符合以下要件。

(1) 外来因素造成的，是指由于被保险人身体外部原因造成的事故，例如车祸、被歹徒袭击、溺水、食物中毒等。

(2) 突发的，指在瞬间造成的事故，没有较长的过程，例如落水、触电、跌落等。而职业病是由于伤害逐步形成的，而且是可以预见和预防的，故不属于意外事故。

(3) 意外发生的，指被保险人未预料到和非本意的事故，例如飞机坠毁等，另有一些事故虽然可以预见或避免，但由于无法抗拒或履行职责不得回避，也应列入意外范围，例如轮船着大火被迫跳海逃生，见义勇为与歹徒搏斗而负伤等。

(4) 非疾病的，疾病所致伤害，虽不是本人事先所能预料的，但它是人体自身产生的结果，不属于意外事故。例如脑溢血发作不省人事。

(5) 身体受到伤害的，意外伤害的对象必须是被保险人的身体所属部位，且伤害事实成立。例如，虽触电但未伤及身体，则属于伤害事实不成立。

根据保险业的实践，人身意外伤害保险一般分为个人意外伤害保险和团体意外伤害保险，个人意外伤害保险是以被保险人在日常生活、工作中可能遇到的意外伤害为保险标的的保险，保险期限一般较短，以 1 年或 1 年以下为期；团体意外伤害保险是某社会组织为了防止本组织内的成员因遭受意外伤害致残或致死而受到巨大的损失，以本社会组织为投保人，以该社会组织的全体成员为被保险人，以被保险人因意外事故造成的人身重大伤害、残废、死亡为保险事故的保险。在旅行社组织的全包价团队旅游中，旅游人身意外保险一般属于团队意外伤害保险，往往是由旅行社统一为游客办理，旅行社代表游客与保险公司签约，统一投保、统一交费。一旦发生保险事故，旅行社和游客应及时向保险公司报案，申请赔偿，旅行社也有义务协助游客提出赔偿。

### 思考与实训

1. 案例分析题

某日，李某在某公园坐滑道下山，买票时应售票员要求一并购买了一份人身意外伤害保险，支付保险费 1 元。不料李某乘坐滑车过程中因意外而受伤，落下十级伤残。因此，公园和滑道公司一次性赔偿李某 10 万元。之后，李某依据保单向保险公司索赔时遭到拒绝。保险公司认为，李某已经从公园获得赔偿，无权再次索赔。

请问：公园赔偿后，李某还能从保险公司获得赔偿吗？

2. 单项选择题

(1) 人寿保险中权利人的索赔权自其知道保险事故发生之日起______年不行使而消灭，其他保险的索赔时效是______年。

A. 1　2　　B. 2　1　　C. 2　5　　D. 5　2

(2) 保险合同辅助人不包括下列______。

A. 保险代理人　　B. 保险经纪人　　C. 保险公证人　　D. 保险监督人

3. 多项选择题

(1) 保险索赔的权利人是______。

A. 投保人　　B. 保险人　　C. 被保险人　　D. 受益人

(2) 保险合同当事人一般是指______。

A. 保险人　　B. 投保人　　C. 被保险人　　D. 收益人

## 二　旅行社责任保险

### 案前导读

旅行社责任保险，是指以旅行社因其组织的旅游活动对旅游者和受其委派并为旅游者提供服务的导游或者领队人员依法应当承担的赔偿责任为保险标的的保险。在我国境内依法设立的旅行社，均应依照《旅行社条例》和《旅行社责任保险管理办法》的规定，投保旅行社责任保险。旅行社如果拒不投保旅行社责任保险，旅游局将依法吊销旅行社业务经营许可证。要求旅行社必须投保旅行社责任保险，其目的是为了充分保障旅游者的合法权益，尽量降低旅行社的经营风险，促进旅行社扩大经营。目前来看，旅行社责任保险有传统的责任保险和全国旅行社责任保险统保示范项目两种不同选择，国家推广统保示范项目，鼓励旅行社积极参加统保工作。

**典型案例**

## 案例 6-3 旅行社安排车辆无营运资格发生交通事故案

**【案情介绍】**

2008 年 5 月 20 日，新疆 HY 旅行社组织 4 名游客前往吐鲁番旅游，途中发生交通事故，导致游客两死两伤的严重后果。事故发生后，新疆维吾尔自治区旅游局要求 HY 旅行社积极救治受伤游客，先行垫付医疗费用，做好死亡游客的善后工作，安排好家属的食宿，并迅速对 HY 旅行社作出停业整顿的处罚决定。

交警部门在《交通事故责任认定书》中，作出了驾驶员朱某负完全责任的认定。HY 旅行社所投保的保险公司认为不属于旅行社责任事故，拒绝进行赔偿。驾驶员朱某所驾驶车辆为私人小型越野车，不具备旅游客运营运资格，也无法申请交通营运人责任保险赔偿。4 名游客均没有购买旅游意外险。因此，本案所产生的各种费用如何分担成了争议较大的问题。新疆旅游局就有关赔偿金问题同 HY 旅行社、朱某与死伤者家属进行多次协调，终于达成了赔偿协议。

(摘自吉林旅游政务网，有改动。)

**【请你思考】**

(1) HY 旅行社在此次事故中有无过错和责任?

(2) 旅行社责任保险的承保范围是什么?

(3) 保险公司对此次事故造成的损失是否应该赔偿?

**【涉及法条】**

(1)《合同法》第一百二十一条：一方当事人因第三人的原因造成违约的，应当向对方承担违约责任。一方当事人和第三人之间的纠纷，依照法律规定或者按照约定解决。

(2)《旅行社条例实施细则》第三十二条：旅行社招徕、组织、接待旅游者，其选择的交通、住宿、餐饮、景区等企业，应当符合具有合法经营资格和接待服务能力的要求。

(3)《旅行社责任保险管理办法》第四条：旅行社责任保险的保险责任，应当包括旅行社在组织旅游活动中依法对旅游者的人身伤亡、财产损失承担的赔偿责任和依法对受旅行社委派并为旅游者提供服务的导游或者领队人员的人身伤亡承担的赔偿责任。

具体包括下列情形：①因旅行社疏忽或过失应当承担赔偿责任的；②因发生意外事故旅行社应当承担赔偿责任的；③国家旅游局会同中国保险监督管理委员会(以下简称中国保监会)规定的其他情形。

(4)《旅行社责任保险管理办法》第十八条：旅行社在组织旅游活动中发生本办法第四条所列情形的，保险公司依法根据保险合同约定，在旅行社责任保险责任限额内予以赔偿。

责任限额可以根据旅行社业务经营范围、经营规模、风险管控能力、当地经济社会发展水平和旅行社自身需要，由旅行社与保险公司协商确定，但每人人身伤亡责任限额不得低于 20 万元人民币。

**【法理分析】**

本案争议的焦点有两个，第一，旅行社对朱某负全责的交通事故所致游客损害是否应承担责任？第二，承保旅行社责任保险的保险公司是否应对本案事故损失进行赔偿？

针对第一点，笔者认为旅行社应对游客的人身伤亡承担责任，理由有二。首先，旅行社存在主观过错。根据《旅行社条例实施细则》第三十二条的规定，旅行社在选择旅游辅助服务人时有审慎义务，即旅行社招徕、组织、接待旅游者，其选择的交通、住宿、餐饮、景区等企业，应当符合具有合法经营资格和接待服务能力的要求。本案中 HY 旅行社提供的汽车无旅游客运营运资格，违反了《旅行社条例实施细则》第三十二条的规定，主观上存在明显过错。其次，根据我国《合同法》第一百二十一条的规定，一方当事人因第三人的原因造成违约的，应当向对方承担违约责任。一方当事人和第三人之间的纠纷，依照法律规定或按约定解决。本案中，HY 旅行社依旅游合同向游客提供服务，理应保证游客安全，因第三人驾驶员朱某的责任造成交通事故，侵害了游客人身权益，从而导致了旅行社对游客的违约，旅行社依法应承担赔偿责任。

针对第二点争议，笔者认为承保旅行社责任险的保险公司应对此次事故承担给付保险金的义务。旅行社责任保险就是以旅行社应对旅游者和派出导游或领队承担的赔偿责任为保险标的的保险，按照《旅行社责任保险管理办法》第四条的规定，旅行社责任保险的承保范围应当包括旅行社在组织旅游活动中依法对旅游者的人身伤亡、财产损失承担的赔偿责任和依法对受旅行社委派并为旅游者提供服务的导游或者领队人员的人身伤亡承担的赔偿责任。即承保的保险公司应对旅行社承担责任的一切损失承担赔偿保险金的责任。对于本案中游客的损害，旅行社是有责任的，故保险公司应予以赔偿。除非保险公司和旅行社在保险合同中有免除责任的专门约定，否则，保险公司不予理赔的，旅行社可以诉诸法院，请求法院依法予以支持。

特别提示

本案发生在2008年，当时全国尚未实行旅行社责任保险统保示范项目，所以发生交通事故后保险公司拒不赔偿，若发生在2010年，假如旅行社投保了旅行社责任保险示范项目，则结果会完全不同，具体见后文案例6-4分析及知识拓展。

另外，针对本案具体情形，需要补充说明一点，根据我国道路运输的有关规定，客运经营者应当投保承运人责任险，以确保发生交通事故后乘客可以获得保险金赔偿。本案中，朱某的车辆不具备营运资格，故不可能投保承运人责任险。而《机动车交通事故责任强制保险》保险标的是本车人员、被保险人以外的受害人的人身伤亡、财产损失，也不承担所载乘客的赔偿责任。故游客不可能获得这两种保险产品的赔偿。

综上，如果承保旅行社责任保险的保险公司因有合同约定可以不支付保险金，则本案中的责任首先应由旅行社承担，以保证旅游者的权益得到维护。至于旅行社与责任人朱某之间的纠纷，则由该二者另行处理。

**【处理结果】**

在旅游局的协调下，旅行社、朱某和游客达成了赔偿协议。HY旅行社和朱某一次性赔偿两名死者家属33.1万元，暂先赔偿两名受伤游客14.1万元，共计47.2万元。鉴于HY旅行社在此次事故中态度积极，新疆旅游局于随后下发《关于恢复新疆HY旅行社业务经营的通知》，鼓励其通过经营进行生产自救，筹措资金，进一步救治伤者。

**知识拓展**

## 自愿保险和强制保险

按照国家有关法律法规对某种保险有无强制性规定，可将保险产品分为自愿保险和强制保险。所谓自愿保险，是指投保人和保险公司在平等互利、等价有偿的原则基础上，通过协商一致，双方完全自愿订立保险合同，建立保险关系。换句话说，是否投保和承保、参加什么保险、保险合同的具体内容，完全由双方自愿自主决定，不受任何第三者干预。平等自愿是商业保险的一个基本原则。

所谓强制保险，是指根据国家颁布的有关法律和法规，凡是在规定范围内的单位或个人，不管愿意与否都必须参加的保险。比如，世界各国一般都将机动车第三者责任保险规定为强制保险的险种。由于强制保险某种意义上表现为国家对个人意愿的干预，所以强制保险的范围是受严格限制的。我国《保险法》规定，除法律、行政法规规定必须保险的以外，保险公司和其他任何单位不得强制他人订立保险合同。本节所讲的旅行社责任保险就是一种强制保险，只要设立旅行社从事旅行社业务，均应投保该保险，否则，旅游行政管理部门将责令改正，拒不改正的，吊销旅行社业务经营许可证。

典型案例

## 案例 6-4　旅行社责任保险统保示范项目赔付导游案

【案情介绍】

2010 年 8 月 13 日，河南 Z 旅行社组织少林寺、龙门石窟一日游，下午 5 时 10 分左右，导游 M 乘电瓶车离开龙门石窟景区，当车快到停车场时，导游 M 手中的引导牌被风吹掉，探身欲抓时不慎从电瓶车上摔下，头部撞地失去意识。经医院诊断导游 M 颅骨骨折，颅内出血，需手术治疗，手术在 14 日下午进行，手术非常成功。9 月 3 日导游 M 痊愈出院。其间 Z 旅行社垫付住院治疗费(押金)5000 元。

因河南 Z 旅行社加入了 2010 年度全国旅行社责任保险统保示范项目，购买了统保示范产品，故在 8 月 13 日事发当天下午 6 点，Z 旅行社即向旅行社责任保险统保示范项目全国调解处理中心报案，并向 Z 旅行社为工作人员所投的永安意外险报案。调解处理中心接到河南 Z 旅行社报案后，立即派驻河南调处员联系报案人了解案情，并向出单保险公司河南人保理赔部通告此案。8 月 14 日上午，驻河南调处员与 Z 旅行社负责人一起，前往医院看望伤者，安抚家属，同时得到医院调查的照片约 10 张。下午他们一起走访龙门石窟景区，向景区派出所、电瓶车主管单位负责人、电瓶车司机、目击游客索取事故经过的证明材料及照片。经过一段时间，相关证据收集齐全。在永安意外险向导游 M 赔付 8000 元后，驻河南调处员马上将 Z 旅行社的索赔资料交到河南人保索赔，得到了统保示范项目的赔付款。

(摘自旅游保险网，有改动。)

【请你思考】

(1) 什么是旅行社责任保险统保示范项目？

(2) 旅行社责任保险统保示范项目与过去的旅行社责任保险相比有何不同？

【涉及法条】

(1)《旅行社责任保险管理办法》第十七条：旅行社投保旅行社责任保险，可以依法自主投保，也可以有组织统一投保。

(2)《2011 年度旅行社责任保险统保示范项目保险条款》第八条(对被保险人的工作人员的赔偿责任)：在本保险期间内，被保险人的工作人员在随团出行的过程中，在从事与被保险人业务有关的工作时，因遭受意外而致受伤、残疾、死亡或猝死、突发疾病死亡或者在 48 小时之内经抢救无效死亡的，被保险人依照中华人民共和国法律应当承担赔偿责任，保险人依照本保险合同的约定负责赔偿。

【法理分析】

本案涉及的是旅行社责任保险统保示范项目(以下简称统保示范项目)，统保示范项目是国家旅游局近两年来大力倡导的旅游保险新产品，是由国家旅游局在中国保监会的支持下牵头发起，委托保险经纪人统一运作，选择国内若干家实力较强的保险公司组成共保体承保的旅行社责任保险新型产品。统保示范项目的实质仍然是旅行社责任保险，投保、索赔、理赔等事项仍要遵守我国《保险法》和《旅行社责任保险管理办法》的原则和规定。

本案Z旅行社因为投保了2010年度统保示范项目，便可按统保示范项目条款之约定，申请保险金赔偿。若按实行统保示范项目之前的旅行社责任险的规定，导游M的人身伤害不在旅行社责任险承保范围内，是不可以申请责任险赔偿的，导游M只能通过其投保的永安意外险保险合同索赔。从统保示范项目调解处理本案的过程及结果可得如下启示，导游常年随团工作要乘坐各种交通工具，出现意外的可能性非常大。旅行社购买统保示范项目和导游意外险，对旅行社增强抗风险能力、保障旅行社和导游的合法权益是非常必要的。反之，导游一旦出现意外，旅行社和导游都是很无助的。

**【处理结果】**

Z旅行社最终得到统保示范项目的赔付款5972.53元，此次保险事故得到较圆满解决。

## 知识拓展

我国旅行社责任保险统保示范项目从2010年起开始试行，实行“1家保险经纪公司+6家保险公司共保”的服务模式，即由江泰保险经纪公司做中介，人保财险公司、太平洋财险公司、平安财险公司、大地财险公司、国寿财险公司和太平财险公司等6家保险公司组成共保体承保的模式，设立全国统一账户，集中投保、统一出单、统一受理。与传统的旅行社责任保险相比，统保示范项目有很多不同。

第一，投保模式不同。传统的旅行社责任险由旅行社和保险公司采取“面对面”模式，旅行社和保险公司直接签约，直接向保险公司交纳保险费；统保示范项目则统一借助保险经纪人完成签约，向全国统一账户交纳保险费。

第二，保险责任不同。传统的旅行社责任险承保的保险责任范围较小，只负责赔偿因旅行社过错导致的游客的人身伤害和财产损失，对一些责任界定不明确和第三人导致的游客的损失不予赔偿；统保示范项目的保险范围扩大了许多，在传统旅行社责任险赔偿范围的基础上，增加赔偿若干其他类型的损失，例如交通事故、食物中毒、第三人损害、有责延误费用、无责救助费用、精神损害、法律费用、施救费用等损失以及旅行社工作人员的损失，另外旅行社还可自由选择投保紧急救援费用保险、旅程延误附加保险、旅行取消损失保险、抚慰金附加保险中的一项或几项，基本上涵盖了旅游中常见的所有损失。

第三，处理方式不同。传统的旅行社责任险在出险后，需要由涉损旅行社直接向承保的保险公司报案，提出索赔，保险公司立案后进行检验、定责、支付保险金；统保示范项目在出险后，旅行社不必向承保的保险公司报案，应通过全国统一的报案专线电话 400-6161188 报案，接案后由专门成立的旅行社责任保险调解处理中心和事故鉴定委员会负责现场查勘与事故调查、索赔材料收取、定责定损和主持调解等理赔工作。

第四，责任限额不同。传统的旅行社责任险国内旅游每人责任赔偿限额人民币8万元，入境旅游、出境旅游每人责任赔偿限额人民币16万元；统保示范项目提供了可供旅行社选择的不同组合，每次事故每人的人身伤害责任限额设计了从20万元到100万元不等的8种选择。

第五，具体类别不同。传统的旅行社责任险类型单一；统保示范项目类型多样，有基本险和附加险等类型，还有不同种责任限额组合供旅行社选择投保。

总的来看，统保示范项目具有责任范围广、保障额度高、定责定损准、赔付效率高等诸多特点和优点。统保示范项目提高了旅行社责任保险的保障和服务水平，更全面地保障了参保旅行社和广大游客的利益，得到参保旅行社的普遍认可。

## 思考与实训

1. 案例分析题

2010年6月2日，旅行社责任保险统保示范项目(以下简称统保示范项目)全国调解处理中心(以下简称调处中心)接到X旅行社(组团社，投保了2010年度统保示范项目)报案，称游客A在世博园门口突然昏迷倒地，经医院抢救无效死亡，医学死亡证明是猝死。调处中心接到报案后，立即派调处员联系报案旅行社，嘱咐现场经办人员安抚好家属的同时，尽量收取证据，并协同旅行社负责人与家属进行多次会面，意在尽快调解处理此案。为了缓解事态扩大，体现统保优势及服务。在得到国家旅游局的同意后，调处中心紧急为X旅行社垫付10万元人民币用于该案的处理。

经查，因当日游园游客较多，地接社Y旅行社(未投保统保示范项目)的导游为了让大家尽快入园参观，带领团员们下旅游大巴后“狂奔”百余米，致使游客A体力透支，引发猝死。

经调处中心调解与斡旋，最终达成调解协议，两家旅行社赔偿死者家属共计人民币6万元，其中组团社X赔偿人民币2.4万元(由统保示范项目承担)，地接社Y赔偿人民币3.6万元。

问：(1) 传统的旅行社责任险对本案猝死事故是否予以赔偿？

(2) 统保示范项目垫付10万元处理本案事故的依据是什么？

(3) 统保示范项目承担组团社2.4万元赔偿款的依据是什么？

2. 单项选择题

(1) 旅行社责任保险期限为______。

A. 6个月　　B. 1年　　C. 18个月　　D. 2年

(2) 旅行社对保险公司请求赔偿或者给付保险金的权利，自其知道保险事故发生之日起______年不行使而消灭。

A. 1年　　B. 2年　　C. 3年　　D. 4年

(3) 旅行社责任保险合同的受益人为______。

A. 旅游者　B. 旅行社　C. 导游和领队　D. 旅行社经理

3. 多项选择题

(1) 某旅行社向某保险公司投保了旅行社责任保险，该旅行社为保险合同的______。

A. 投保人　B. 被保险人　C. 受益人　D. 保险人

(2) 保险合同履行的原则有______。

A. 严格原则　B. 全面原则　C. 及时原则　D. 准确原则

# 7

# 旅游安全管理制度

相关法律法规

目前我国关于旅游安全管理的法律法规主要包括《旅游安全管理暂行办法》、《旅游安全管理暂行办法实施细则》、《食品安全法》、《外国人在华死亡后的处理程序》等。

而我国《民法通则》、《合同法》、《消费者权益保护法》、《行政许可法》、《公司法》、《刑法》等相关法律法规对于旅游安全管理也起到了规范和指导作用。

# 一　旅游安全事故的概念和分类

## 案前导读

旅游安全事故是指在旅游活动过程中，涉及旅游者人身、财产安全的事故(见《旅游安全管理暂行办法实施细则》第三章第七条)。旅游安全事故分为4个等级，分别是轻微事故、一般事故、重大事故和特大事故(见《旅游安全管理暂行办法实施细则》第三章第八条)。

## 典型案例

### 案例 7-1　旅游景区超额接待导致特大事故案

**【案情介绍】**

据报道，2004年2月5日是北京密云县密虹公园举办的第二届迎春灯展的第六天，由于领导和管理责任不落实，导致彩虹桥(也称云虹桥)上拥挤、踩踏，造成37人死亡，15人受伤的特别重大旅游安全事故。据了解，19时39分，120接到一名男性的报警电话，称“密云彩虹桥出事了！二三十人被挤坏了……桥上有个小孩，已经不行了，你们快点来”。据现场目击者称，事发现场至少有数万观众，最开始时因为拥堵，有一人先摔倒了，后面人往上拥，一个踩一个，秩序就开始混乱了。而密云县公安局城关派出所并未按规定派警力到云虹桥执勤，负责安全保卫，致使事故发生后，现场未能在第一时间得到控制，事态进一步扩大。事故发生后，相关部门采取了一系列紧急措施，全力做好伤员救治及遇难者的善后处理工作。

(摘自百度网，有改动。)

**【请你思考】**

(1) 旅游安全事故的概念是什么？

(2) 旅游安全管理的指导方针是什么？

(3) 该案件应当如何处理？

**【涉及法条】**

(1)《旅游安全管理暂行办法》第二条：旅游安全管理工作应当贯彻“安全第一、预防为主”的方针。

(2)《旅游安全管理暂行办法》第五条：旅游安全管理工作应遵循统一指导、分级管理、以基层为主的原则。

(3)《旅游安全管理暂行办法实施细则》第七条：凡涉及旅游者人身、财物安全的事故均为旅游安全事故。

(4)《刑法》第三百九十七条第一款：国家机关工作人员滥用职权或者玩忽职守，致使公共财产、国家和人民利益遭受重大损失的，处2年以下有期徒刑或者拘役；情节特别严重的，处3年以上7年以下有期徒刑。本法另有规定的，依照规定执行。

**【法理分析】**

旅游者出外旅游，安全应当摆在第一位。如果不能保证其安全，那么也就失去了旅游的内在动因。例如，泰国局势的动乱、伊拉克的战争、埃及的示威游行、中国SARS疫情、甲流疫情、日本的大地震和核电站爆炸等事例都在告诉人们，出外旅游应当是在安全的前提下进行，如果该地区的安全系数不高，那么对当地的旅游产业会有很大影响。只有在保证其安全的基础上，才能招徕更多的旅游者，才能获得更多的经济财富，这是全球各个国家所达成的一种共识。

作为旅游管理部门、旅游经营者、旅游者都应当树立起安全意识，虽然监管部门定期或不定期地对于旅游企、事业单位进行检查，但还是不能保证万无一失，旅游者一定要时刻提高警惕，对于一些人多的地方、娱乐设施不是特别完善的旅游项目要慎重选择。例如2011年2月8日下午，来自山西太原和福建安溪的两个旅游团在台湾由于游客人数比较多，在乘坐小火车的时候大打出手，致使山西一游客手指被咬断。

一个个血的教训甚至生命的代价，一次次给人们敲响安全旅游的警钟。根据《旅游安全管理暂行办法》和《旅游安全管理暂行办法实施细则》的相关规定，旅游安全工作应当遵循统一领导、分级管理、以基层为主的原则。各级旅游行政管理部门(包括国家旅游行政管理部门、县级以上(含县级)地方旅游行政管理部门)在当地政府领导下，会同有关部门，对旅游安全进行管理，为此各级旅游行政管理部门必须建立和完善旅游安全管理机构。

**【处理结果】**

事故发生后，相关部门采取了一系列紧急措施，全力做好伤员救治及遇难者的善后处理工作。同时，对有关12名责任人分别给予行政撤职、行政记过、党内警告等党纪政纪处罚，并将事故中涉嫌玩忽职守犯罪的直接责任人孙某和陈某移交司法机关处理。法院审理认为，孙某、陈某身为国家工作人员，分别担任北京市密云县公安局城关派出所所长、政委，在2月5日晚没有按规定派警力到负责安全保卫的云虹桥执勤，造成国家及人民利益遭受重大损失，两人的行为均已构成玩忽职守罪，且情节严重，依法受到惩处。

### 知识拓展

对于当前各家旅行社根据自己所在地的实际情况开展的各种具有一定风险的旅游项目，经营者在看到可观经济利益的同时，也应意识到所带来的风险。因此，开发旅游项目时，必须将安全放在首位，并且要考虑到自己所能接待游客的承载量，量力而行。旅游行政管理机关更应当把好这道关口，必须严格地对新开发的项目进行审查，因为安全问题不仅事关游客的生命、财产安全而且事关我国旅游业声誉，决不能有丝毫懈怠。

### 典型案例

## 案例 7-2　漂流事故案

【案情介绍】

据报道，2006 年 9 月 20 日，新疆某漂流有限公司组织的一支试漂漂流队，在昭苏县境内的伊犁河上游河流——阿克尼牙孜河斯木塔斯峡谷河段发生特大安全事故。参加漂流的一行 20 人到达漂流地点后，其中 16 人乘上橡皮艇，当橡皮艇行至 3 千米的峡谷河段时，因河道狭窄有石块，橡皮艇无法通行撞到石块上，被湍急的河流冲翻，16 人当即滑到冰冷的河水中，最终造成 9 人死亡，1 人失踪的特大事故。9 月 22 日该公司负责人李某因涉嫌重大事故罪被刑事拘留。

(摘自新浪网，略有改动。)

【请你思考】

(1) 此次事故为何被鉴定为特大事故？

(2) 李某应当如何处罚？

【涉及法条】

(1)《旅游安全管理暂行办法实施细则》第八条：旅游安全事故分为轻微、一般、重大和特大事故 4 个等级。

① 轻微事故是指一次事故造成旅游者轻伤，或经济损失在 1 万元以下的。

② 一般事故是指一次事故造成旅游者重伤，或经济损失在 1 万至 10 万(含 1 万)元的。

③ 重大事故是指一次事故造成旅游者死亡或旅游者重伤致残，或经济损失在 10 万至 100 万(含 10 万)元的。

④ 特大事故是指一次事故造成旅游者死亡多名，或经济损失在 100 万元以上，或性质特别严重，产生重大影响的。

(2)《刑法》第一百三十四条第一款：在生产、作业中违反有关安全管理的规定，因而发生重大伤亡事故或者造成其他严重后果的，处 3 年以下有期徒刑或者拘役；情节特别恶劣的，处 3 年以上 7 年以下有期徒刑。

【法理分析】

当前，旅行社为了能够招揽更多生意，招徕旅游者，想出了许多“有创意”的新点子，比如漂流、蹦极、高山滑雪、森林探险、登山等旅游项目。这些新型的旅游项目都非常具有诱惑力，尤其能吸引年轻人，然而一方将创收放在首位，一方将寻求刺激放在第一位，却都将安全抛到脑后。近年来此类旅游安全事故呈现上升趋势。例如，北京大学和清华大学学子贵州登山坠崖身亡；复旦大学学生登黄山迷路致使一位民警因公殉职；等等。

从我国的《旅游安全管理暂行办法实施细则》第七条的规定可以总结出构成旅游安全事故的三个要素。

(1) 旅游安全事故必须是在旅游活动中发生。

(2) 引起旅游安全事故的主要原因有以下三个：一是自然原因，例如山洪、地震、泥石流等自然灾害；二是人为原因，例如旅行社、导游过错造成的事故；三是自然原因和人为原因的结合，例如由于旅游组织者没有尽到应有的责任，在发生自然灾害时救助不及时所造成的人员和财务的损失。

(3) 旅游安全事故会导致有关人员的法律责任。

根据《旅游安全管理暂行办法实施细则》第八条第四款的规定，特大事故是指一次事故造成旅游者死亡多名，或经济损失在 100 万元以上，或性质特别严重，产生重大影响的。可以明确地从该案例中看出，该事故造成 9 人死亡、1 人失踪，符合特大事故的确认标准，因此应当被认定为特大旅游安全事故。

根据《刑法》第一百三十四条的规定，本案例中，新疆某漂流有限责任公司属于企业，符合法律条文中规定的主体，作为公司的负责人李某未能根据国家相关规定建立健全规章制度，在未确定是否安全的时候并未能采取有效保护措施，过于自信地组织他人漂流，造成特大旅游安全事故，理应接受相关法律法规的制裁。

【处理结果】

被告李某身为企业主要负责人，在其工作中忽视安全，未组织制订并实施本单位安全事故紧急救援预案，违章指挥他人漂流，造成特大漂流死亡事故，对事故的发生负有直接责任，其行为已构成重大责任事故罪，判处有期徒刑 7 年，并按规定给予死者家属相应赔偿。

### 知识拓展

在构成旅游安全事故的三要素中，由于自然原因和人为原因相结合所造成的人身及财产损失呈上升趋势，其主要原因是旅游企、事业单位盲目开发，没有仔细地进行严格规划、勘查，甚至未通过有关部门的批准，属于私自开办的旅游项目。在遇到突发情况时措手不及，不知如何解决，怎样才能将损失降到最低限度。可见，对于新型旅游项目的开发应当有严格的审批制度，决不能随心所欲，自行其是。

## 思考与实训

1. 案例分析题

2010 年 7 月 5 日，王某受单位委托与某旅行社签订旅游合同，合同内容为 7 月 15 日王某及单位同事 30 余人参加该旅行社新开发的旅游项目，前往郑村极限攀岩，并在合同中列举到每位游客应当携带的攀岩工具和注意事项。在旅游活动当天，到达目的地后导游将王某等 30 余人分成两组，分别由导游和一名专业攀岩教练给游客介绍攀岩技巧和注意事项。之后便开始攀登 100 米高的崖壁。但由于旅游者大部分属于第一次攀岩，经验不足再加上个别旅游者装备不足，在攀登到 50 多米时山上刮起了一阵大风，部分旅游者惊慌失措，而导游和攀岩教练也未能及时做出应急措施，最终酿成了惨剧——5 人死亡、2 人重伤、2 人轻伤的旅游安全事故。请运用所学知识解决下列问题。

(1) 该案例中的事故属于哪一类旅游安全事故？

(2) 案例中谁应当承担责任？

2. 选择题

2 月 5 日，刘某和张某情侣二人，从报纸上了解到某甲旅行社推出“浪漫情人节一日游”的旅游项目，内容是在情人节当天安排 100 位情侣乘坐小木船一边欣赏大海的美丽景色，一边度过二人浪漫情人节。刘某和张某很快决定报名参团。在 2 月 14 日当天，二人兴致勃勃地登上了精心装扮的小木船，随行的包括一名导游和一位船娘，正当二人享受着二人世界时，船体突然进水，不会游泳的二人全部落水，经抢救治疗后刘某脱离了危险，而张某因溺水时间过长，错过最佳治疗时间，不幸身亡。

(1) 单项选择题

案例中的安全事故属于______旅游安全事故。

A. 轻微　　B. 一般　　C. 重大　　D. 特大

(2) 多项选择题

在参加此类旅游活动时应当注意______。

A. 选择的旅行社必须是合法经营的　　B. 导游尽可能为男性

C. 穿上救生衣　　D. 详细了解出行注意事项

# 二　旅游安全事故的处理

## 案前导读

当旅游者人身及财产遭受损失时，旅游行政管理机关和有关旅游企、事业单位应当及时采取相应措施，力争将损失降到最低，并且做好事后的处理工作。应依照《旅游安全管理暂行办法》第九、十、十一、十二条及《旅游安全管理暂行办法实施细则》

第九、十、十一条的规定进行处理。这些法规性文件，给相关旅游行政管理机关、旅游企业和旅游者以明确指导，使旅游安全工作有法可依，有章可循。

**典型案例**

## 案例 7-3　老年游客登山猝死案

**【案情介绍】**

据报道，2006 年 6 月底，张某(82 岁)向甲旅行社报名参加了某名山二日游，同年 7 月 16 日，张某依约参加旅游团前往该景区旅游。由于受到台风“碧利斯”的影响，景区虽然没有闭门谢客，但景区内索道停止运营，张某等游客只能徒步登山。导游带领张某等 26 名游客于当日下午 2 时左右开始登山，下午 5 时许，张某在登山过程中突然摔倒在地，不省人事，导游立即拨打求救电话。张某经抢救无效死亡。张某家属向旅游管理部门投诉，要求旅行社承担全部责任。由于双方对于张某的死因看法截然不同、赔偿数额差距过大，旅游行政管理部门从中多次协商未果，张某家属向当地法院提起民事诉讼，要求甲旅行社承担经济赔偿。

(摘自中国旅游研究院旅游安全研究基地网，略有改动。)

**【请你思考】**

(1) 该案例属于哪一类旅游安全事故？对此类事故的处理程序是什么？

(2) 造成该事故的主要责任人是谁？

**【涉及法条】**

(1)《旅游安全管理暂行办法》第九条：事故发生单位在事故发生后，应按下列程序处理。

① 陪同人员应当立即上报主管部门，主管部门应当及时报告归口管理部门。

② 会同事故发生地的有关单位严格保护现场。

③ 协同有关部门进行抢救、侦查。

④ 有关单位负责人应及时赶赴现场处理。

⑤ 对特别重大事故，应当严格按照国务院《特别重大事故调查程序暂行规定》进行处理。

(2)《旅游安全管理暂行办法》第十二条：事故处理后，立即写出事故调查报告，其内容包括：①事故经过及处理；②事故原因及责任；③事故教训；④今后防范措施。

(3)《旅游安全管理暂行办法实施细则》第九条：事故发生后，现场有关人员应立即向本单位和当地旅游行政管理部门报告。

(4)《旅游安全管理暂行办法实施细则》第十条：地方旅游行政管理部门在接到一般、重大、特大安全事故报告后，要尽快向当地人民政府报告，对重大、特大安全事故，要同时向国家旅游行政管理部门报告。

(5)《旅游安全管理暂行办法实施细则》第十一条：一般、重大、特大安全事故发生后，地方旅游行政管理部门和有关旅游企、事业单位要积极配合有关方面，组织对旅游者进行紧急救援，并妥善处理善后事宜。

**【法理分析】**

根据《旅游安全管理暂行办法实施细则》第八条的规定，重大事故是指一次事故造成旅游者死亡或旅游者重伤致残，或经济损失在10万至100万(含10万)元者，因此可以判断此案例的性质是重大旅游安全事故。

造成此事故的原因来自多方面，但主要责任方应当是旅行社。旅行社在台风期间组团，没有足够的警觉，应当要时刻关注气象变化，为了企业的经济利益，在特殊的天气条件下仍然组团，为日后纠纷埋下了安全隐患。张某年事已高，独自一人前往且参与的旅游项目又是具有一定危险性的登山，对于气候条件较为恶劣、山势较高、路程较远、游客年逾八旬，导游人员没有给予足够的关注，家人也缺乏对老人的关心。

要防止这样的悲剧发生，就需要旅行社、导游、游客及游客的家属将安全意识落实到各个环节中，最大限度地降低事故的发生。一旦旅游安全事故发生，就应当严格按照法律法规的规定及时报告接团旅行社，向相关部门求救，保护现场，协助相关部门抢救。旅行社要及时详细地向旅游管理部门报告，相关负责人员要第一时间赶到现场，最后妥善处理赔偿事宜。

**【处理结果】**

经过法院一审审理后，家属不服，上诉至二审法院。二审法院认为，甲旅行社无证据证明其服务周到细致，没有采取防范应急措施，旅行社的疏忽大意与张某的死亡存在相当因果关系，依法应当承担相应的责任；同时，法院也认为，张某年逾八旬，独自参团旅游，未能采取必要的自我保护措施，也应当承担一定的责任。

## 知识拓展

旅游安全取决于组团旅行社对相关服务是否熟知、旅行社开发设计的旅游线路是否安全。旅行社管理层和计调、导游等人员，应以游客的角度去实地考察和体验旅游全过程，重点对旅游车辆的安全及保险、餐饮卫生条件、饭店住宿条件、景点的可进入性等详加考察，从中发现服务质量和安全隐患，提出改进方案和意见。旅行社应身先士卒，站在游客的角度上去考虑，如果脱离了游客安全这一环节，那么再好的旅游线路也是昙花一现。

**典型案例**

## 案例 7-4　恐怖的"太空迷航"案

**【案情介绍】**

据报道，2010 年 6 月 29 日 16 时 45 分，深圳东部华侨城大峡谷太空迷航娱乐项目发生重大安全事故，造成 6 人死亡、10 人受伤，其中重伤 5 人，其余人员已安全疏散。据介绍，"太空迷航"是东部华侨城在 2009 年运行的一个旅游项目，据当时坐在飞船上的游客介绍，事故发生时，整个设备似乎停电了，突然停止运行，还传出爆炸声，随后听到有人喊叫，部分船舱好像掉了下来，但是现场一片漆黑，完全看不清发生了什么。事故发生后，深圳市委市政府高度重视，相关救援人员赶赴现场组织抢救。

(摘自百度网，略有改动。)

**【请你思考】**

(1) 该案例属于哪一类旅游安全事故？

(2) 该案例根据我国法律法规应当如何处理？

**【涉及法条】**

(1)《旅游安全管理暂行办法》第九条：见案例 7-3。

(2)《旅游安全管理暂行办法》第十一条：对于外国旅游者的赔偿，按照国家有关保险规定妥善处理。

(3)《旅游安全管理暂行办法实施细则》第九条：事故发生后，现场有关人员应立即向本单位和当地旅游行政管理部门报告。

(4)《旅游安全管理暂行办法实施细则》第十条：地方旅游行政管理部门在接到一般、重大、特大安全事故报告后，要尽快向当地人民政府报告，对重大、特大安全事故，要同时向国家旅游行政管理部门报告。

(5)《旅游安全管理暂行办法实施细则》第十一条：一般、重大、特大安全事故发生后，地方旅游行政管理部门和有关旅游企、事业单位要积极配合有关方面，组织对旅游者进行紧急救援，并妥善处理善后事宜。

**【法理分析】**

根据《旅游安全管理暂行办法实施细则》的规定，特大事故是指一次事故造成旅游者死亡多名，或经济损失在 100 万元以上，或性质特别严重，产生重大影响者。该案例中造成了 6 人死亡、10 人受伤，其中重伤 5 人的后果，可以判断该事故属于特大旅游安全事故。

对于造成如此多伤亡的事故，我国法律在处理程序上有着严格的规定。当特大安全事故发生后，首先要做好特大事故的现场保护和报告工作。

(1) 立即将所发生特大事故的情况报告上级归口管理部门和所在地方人民政府，并报告所在地的省、自治区、直辖市人民政府和国务院归口管理部门。

(2) 在24小时内写出事故报告，报以上各部门。

(3) 按照《特别重大事故调查程序暂行规定》的规定，特大事故的报告内容包括以下几个方面：①事故发生的时间、地点、单位；②事故的简要经过、伤亡人数，直接经济损失的初步估计；③事故发生原因的初步判断；④事故发生后采取的措施及事故控制情况；⑤事故报告单位。

从本案可以看到，事故发生后，各级职能部门高度重视，及时响应并赶赴事故现场进行抢救，展开事故的调查工作。正因为各级部门的重视、协调有序地组织抢救才使得损失降到了最低。对于此特大旅游安全事故应当严格按照国家相关规定处理。当前很多时候，不管是旅游企、事业单位，还是负责监督管理的行政职能部门或多或少都存在着大事化小，小事化无的心理。正因为有了这样不正确的想法才使得很多事故不能得到圆满的解决，往往要对簿公堂。但是作为弱势群体的旅游消费者又很难主张自己的权益，因为取证非常困难，往往得不到满意的赔偿。

**【处理结果】**

事故发生后，深圳市相关部门救援人员赶赴现场组织抢救，成立了事故调查组，连夜开展事故调查工作，要求全力抢救伤员，尽快查明事故原因，严肃追究相关责任人。“太空迷航”项目重大事故11名相关责任人被刑事拘留。

## 知识拓展

当前，很多游乐场为了能够吸引大量的游客旅游消费，想出了很多有新意的点子，例如开展各式各样的主题日活动，上大型的娱乐设施，幸运抽奖免费玩等。然而推出这些项目的初衷更多是为了企业的利益，一些大型的游乐设施甚至还没有通过相关部门的审批便开始运行，有的没有配备专业的维修人员，埋下了发生事故的隐患。

## 思考与实训

1. 案例分析题

小李夫妇平时喜欢刺激、冒险的旅游活动，当得知T旅行社将组织一行30人的漂流旅游时，二话不说便报名参加。活动当天一行人来到漂流地点，在导游介绍完注意事项之后，将其分为了三组，小李夫妇二人及10岁的儿子东东分在一只木筏上。在一个急转弯处，木筏未能控制住，10人全部落水，经过30分钟当地村民和游客的相互自救，10岁的东东未能被救起，一天后在下游发现尸体。而旅行社认为这是不可抗力因素造成的，对于赔偿要求不予满足。夫妇二人将T旅行社告上了法庭，追究相关当事人的责任。请运用所学知识回答下列问题。

(1) 案例的善后处理工作有哪些？

(2) 案例中旅行社的辩解是否合理？

2. 选择题

某单位组织职工到某著名风景去游览，与 H 旅行社签订了旅游合同。旅游团到达景点后，随团导游没有做任何安全提示。在参观一景观时突然下起了大雨，这时有游客提出来暂停游览，导游却一直催促大家前行去参观瀑布。在导游的带领下游客到达瀑布景点，由于刚下过大雨，路面有些湿滑，这时有两位游客不慎掉入湍急的河水中，而导游却束手无策并毫无人性地让其他游客继续前行。旅游团拒绝了导游的无理要求，开始寻找落水的 2 人，最后一位游客被乡民救起，而在下游找到了另一位游客的尸体。在整个救援寻找过程中，旅行社认为这是游客自己的行为与旅行社无关。

(1) 单项选择题

此事故属于______旅游安全事故。

A. 轻微　　B. 一般　　C. 重大　　D. 特大

(2) 多项选择题

此案件处理的程序是______。

A. 事故发生后，报告单位，立即派人赶赴现场组织抢救工作

B. 有伤亡情况的，应立即组织抢救，并及时报告当地卫生部门

C. 如实登记伤亡人员及其行李、物品等事项

D. 提供相关证明文件、妥善处理赔偿事宜

## 三　外国旅游者在华死亡事故处理

### 案前导读

根据我国《旅游安全管理暂行办法》的规定，处理外国旅游者重大伤亡事故时，应当注意下列事项：①立即通过外事管理部门通知有关国家驻华使领馆和组团单位；②为前来了解、处理事故的外国使馆人员和组团单位及伤亡者家属提供方便；③与有关部门协调，为国际急救组织前来参与对在国外投保的旅游者(团)的伤亡处理提供方便；④对在华死亡的外国旅游者严格按照外交部《外国人在华死亡后的处理程序》进行处理(见《旅游安全管理暂行办法》第十条)。

### 典型案例

## 案例 7-5　入境旅游团交通事故案

**【案情介绍】**

2010 年 2 月 28 日上午 11 时左右，某国际旅行社有限公司一辆载有 18 人(16 名韩

国游客，1名中方司机、1名导游)的旅游大客车，行至山东省威海市威石路上庄镇西旗杆石村路段时，与荣成市滕家镇西初家村村民张某驾驶的重型货车发生相撞。18名乘员中，大客车司机当场死亡，有2名韩国游客经抢救无效当晚在医院死亡，其余人员均有不同程度损伤。

(摘自网易新闻网，略有改动。)

**【请你思考】**

(1) 在处理外国旅游者重大伤亡事故时，应当注意哪些问题？

(2) 对2名韩国游客的尸体如何处理？

**【涉及法条】**

(1)《旅游安全管理暂行办法》第十条：处理外国旅游者重大伤亡事故时，应当注意下列事项。

① 立即通过外事管理部门通知有关国家驻华使领馆和组团单位。

② 为前来了解、处理事故的外国使馆人员和组团单位及伤亡者家属提供方便。

③ 与有关部门协调，为国际急救组织前来参与对在国外投保的旅游者(团)的伤亡处理提供方便。

④ 对在华死亡的外国旅游者严格按照外交部《外国人在华死亡后的处理程序》进行处理。

(2)《旅游安全管理暂行办法》第十一条：对于外国旅游者的赔偿，按照国家有关保险规定妥善处理。

(3)《外国人在华死亡后的处理程序》。

**【法理分析】**

在本案例中，由于交通事故使得两名韩国旅游者在华死亡，这样的事情是谁也不愿意看到的，不能出现隐报、缓报、谎报等行为，各级行政主管部门应当立即组织相关人员赶赴现场进行抢救，并且通知韩国驻青岛使领馆，做好死者善后处理工作。这样的做法不仅将损失降到了最低，而且也反映出我国处理外国人在华死亡的程序是有法可依的，也让更多的外国旅游者放心到中国来旅游。

在华死亡的外国人尸体，可在当地火化，也可将尸体运回其本国。如果死者家属要求火化尸体，必须由死者家属或所属使、领馆提出书面请求并签字后进行，骨灰由他们带回或运送回国。如果要求将死者在中国土葬，应以我国殡葬改革，提倡火葬为由，予以婉拒。如果外方要求将骨灰埋在中国或撒在中国的土地上，一般也应予以婉拒。若死者是对中国作出特殊贡献的友好知名人士，应报请省级或部级民政部门决定。

【处理结果】

事故发生后，当地公安交警部门在第一时间内赶赴现场进行救治，并马上上报有关情况。威海市政府组织卫生、安监、旅游、外侨及其他相关部门成立专门班子，全力做好救援及事故善后工作。2010 年 3 月 4 日和 6 日分两批全部签署赔偿协议，旅行社责任保险统保示范项目全国调处中心于 3 月 5 日垫付 150 万元，在政府部门的大力支持和安排下，受伤游客及家属及死亡游客家属顺利回国。

**知识拓展**

旅游者在选择旅游目的地时首先考虑的往往都是安全问题。如果这个城市正在动乱，或者是正在经历山洪、泥石流等自然灾害，应该不会有很多的旅游者去参观。例如埃及 2011 年年初发生的动乱便严重地影响了当地的旅游业，一度去参观埃及金字塔的游客平均每天不到 40 人，给当地的旅游业带来了不小的损失。然而有些事故却是人们无法顾及到的，例如交通事故。所以相关人员在热情接待游客的同时，也应当时刻将安全放在心上。一旦发生了外国人在华死亡的事件，也应当能够从容应对。

**典型案例**

## 案例 7-6　韩国游客赴桂林旅游交通事故案

【案情介绍】

2002 年 8 月李某等 9 位韩国公民报名参加了甲国际旅行社组织的赴广西桂林、漓江、阳朔旅游团。甲国旅委托某乙旅行社安排旅游行程，双方于 2002 年 8 月 23 日签订了桂林单飞五日行程确认单。8 月 25 日乙旅行社交由丙旅行社负责承接李某等旅游团队的服务接待。8 月 28 日，李某等人乘坐江山旅行社安排的由冯某驾驶的小客车行至广西桂林国道 321 线与一辆大货车相撞，李某被撞伤，后因伤势过重经抢救无效死亡。

(案例摘自中国法院网，略有改动。)

【请你思考】

(1) 外国人在华死亡的处理程序有哪些?

(2) 若李某所属国领事馆要求查明死因，解剖尸体是否可行?

【涉及法条】

(1)《旅游安全管理暂行办法》第十条：处理外国旅游者重大伤亡事故时，应当注意下列事项。

① 立即通过外事管理部门通知有关国家驻华使领馆和组团单位。

② 为前来了解、处理事故的外国使馆人员和组团单位及伤亡者家属提供方便。

③ 与有关部门协调，为国际急救组织前来参与对在国外投保的旅游者(团)的伤亡处理提供方便。

④ 对在华死亡的外国旅游者严格按照外交部《外国人在华死亡后的处理程序》进行处理。

(2)《旅游安全管理暂行办法》第十一条：对于外国旅游者的赔偿，按照国家有关保险规定妥善处理。

**【法理分析】**

根据《外国人在华死亡后的处理程序》的规定，对外国人在华死亡后的处理程序一般包括以下几方面：①死亡确定；②通知外国使、领馆及死者家属；③尸体解剖；④出具证明；⑤对遗体的处理；⑥骨灰和尸体运输出境；⑦死者遗物的清点和处理；⑧写出《死亡善后处理情况报告》。

根据《外国人在华死亡后的处理程序》的规定，正常死亡者或者死因明确的非正常死亡者，一般不需作尸体解剖。若死者家属或其所属驻华使、领馆要求解剖，我方可同意，但必须要有死者家属或使、领馆有关官员签字的书面请求。对于非正常死亡者，为查明死因需要进行解剖时，由公安、司法机关按有关规定办理。

**【处理结果】**

甲国际旅行社退还李某支付的旅游费用，并赔偿李某医疗费、丧葬费、交通费和精神损害赔偿共计人民币23.4万元。按照《外国人在华死亡后的处理程序》的相关规定，如果李某的家属提出尸体解剖的话，在签字确认后按公安、司法机关的有关规定处理。

## 知识拓展

为了做好外国人在华死亡后的善后工作，应当加强各有关职能部门的业务培训，提高办案人员的素质和医疗工作者的办事能力。树立文明执法和有法必依的思想，既能够严格执行我国的法律，也能够遵守相应的国际公约，尽量减少相关的投诉和诉讼。

## 思考与实训

1. 案例分析题

马来西亚某公司与我国某市S旅行社签订旅游合同，合同内容为该马来西亚公司一行40人参加S旅行社组织的极限滑雪运动。在导游和专业的滑雪教练的指导下分组进行练习，在练习的过程中反复向游客强调注意安全，因为滑雪道分为初级、中级和高级三类，其中的高级属于专业滑雪道，具有一定的危险性，希望游客首先在初级滑雪道游玩，在专业滑雪教练同意的情况下才能去中级滑雪道，而高级滑雪道是禁止去的。在自由滑行了 30 分钟后，游客 Eric 擅自跑到高级滑雪道滑雪，结果从 200 米的高处摔了下来，经医院抢救无效死亡。请运用所学知识回答下列问题。

(1) 谁应当对此事故负主要责任？

(2) 如果死者家属提出来在我国土葬是否可行？

2. 选择题

10 月 2 日，某市的 A 旅行社接待了来自日本一行 30 人的旅游团，前往市郊的旅游景区参观游览。导游带领一行人来到火车站，准备乘火车前往目的地，由于正好赶上了“十一”黄金周，出行人比较多，当火车缓缓进站时，旅客纷纷往进站口拥，这时来自日本的小川游客未能站稳，被挤下了站台，结果让进站的火车轧死。

(1) 单项选择题

此案例中日本游客小川属于______死亡。

A. 正常　　　　B. 非正常

C. 突然　　　　D. 无法预料

(2) 多项选择题

小川在华死亡后的处理程序有______。

A. 死亡确定　　　　B. 尸体解剖

C. 出具相应证明　　　　D. 就地火化

## 四　食品安全管理制度

### 案前导读

食品安全指食品无毒、无害，符合应当有的营养要求，对人体健康不造成任何急性、亚急性或者慢性危害。食品生产经营者应当依照法律法规和食品安全标准从事生产经营活动，对社会和公众负责，保证食品安全，接受社会监督，承担社会责任。

### 典型案例

### 案例 7-7　游客食物中毒案

**【案情介绍】**

2010 年 10 月 8 日上午 9 时多，四川省泸定县某花园酒店发生游客 100 多人出现疑似集体食物中毒事件，其中一个 13 人的广东旅行团中 47 岁的游客谭女士因抢救无效死亡。该旅行团由 N 旅行社组织，为稻城亚丁、海螺沟、成都双飞七天团。10 月 2 日从广州出发，原计划10月8日下午返回广州，结果在此花园酒店食用中式自助早餐后出现头晕、呕吐等不适症状。包括酒店员工以及全国各地其他游客在内总共一百余中毒者均被送往医院救治。

(摘自搜狐新闻网，略有改动。)

(图片来源：http://www.ycwb.com，春鸣绘)

【请你思考】

(1) 什么是食品安全事故？

(2) 食品安全事故处置的程序有哪些？

【涉及法条】

(1)《食品安全法》第三条：食品生产经营者应当依照法律法规和食品安全标准从事生产经营活动，对社会和公众负责，保证食品安全，接受社会监督，承担社会责任。

(2)《食品安全法》第七十条：国务院组织制定国家食品安全事故应急预案。

县级以上地方人民政府应当根据有关法律法规的规定和上级人民政府的食品安全事故应急预案以及本地区的实际情况，制定本行政区域的食品安全事故应急预案，并报上一级人民政府备案。

食品生产经营企业应当制定食品安全事故处置方案，定期检查本企业各项食品安全防范措施的落实情况，及时消除食品安全事故隐患。

【法理分析】

旅游者的食品卫生安全一直备受国家关注，有关部门对食品生产经营者进行定期和不定期的明察暗访，最大限度地保障人民的食品安全，但是还有一些企业忽视食品安全，屡酿食品安全事故。本案就属于典型的食品安全事故。食品安全事故指食物中毒、食源性疾病、食品污染等源于食品，对人体健康有危害或者可能有危害的事故。

按照《食品安全法》第七章的规定，食品安全事故的处置程序可分为报告、调查、施救、责任追究等环节，其中报告、调查、施救等环节同步进行：①报告，发生食品安全事故的单位应立即予以处置，防止事故扩大，并与治疗单位及时向当地县级卫生部门报告；②调查，县级以上卫生部门接到报告后，应立即会同有关农业、质监、工商、食品药品监管等部门进行调查处理，县级以上疾控机构应对与食品安全事故有关的因素开展流行病学调查；③施救，上述有关部门应采取有效措施，防止或者减轻事故的社会危害，例如组织伤员救治、封存致毒食品、封存污染用具、发布信息等；④责任追究，查明有关人员失职、渎职情况，确定事故责任，依法予以追究。

**【处理结果】**

事件发生后，有关单位和部门迅速启动事故处置预案，组织人员进行调查和抢救，组团社 N 旅行社也成立了以总经理为首的应急处理小组，迅速与当地政府取得联系，请求政府及旅游部门提供全力协助，并要求花园酒店查明原因给游客明确解释。与此同时，应急小组联系成都医院及专家，将病情较重的患者转移至成都医疗条件较好的医院继续治疗。保险公司也立即飞往事故现场调查取证，协同旅行社与游客及死者家属商讨赔偿事宜，使事故得到了妥善处理。

**典型案例**

## 案例 7-8　教师旅游团长沙食物中毒案

**【案情介绍】**

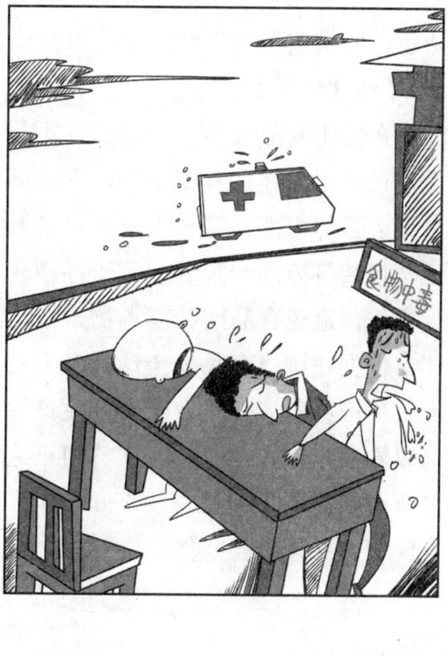


2006 年 7 月 1 日，江西南昌市东湖区一小学 35 名教师通过江西省某旅行社组团前往湖南长沙旅游，由湖南 W 旅行社接待。2 日晚 8 时许，他们从韶山回来入住长沙市 H 宾馆，用餐完毕后旅行团大部分人突然出现上吐下泻的症状，游客随即被送往医院救治。接诊的湖南省人民医院急诊科医生介绍，这批南昌游客食用了带有病菌的食物，属于群体性食物感染。经过治疗，大部分游客脱离危险出院，游览余下景点后乘火车于 5 日凌晨返回南昌，但仍有 5 位游客因年纪稍大，身体虚弱在医院继续接受治疗。

（摘自江西新闻网，略有改动。）

【请你思考】

(1) 什么是食品生产经营许可证制度？

(2)《食品安全法》对生产经营者有哪些要求？

【涉及法条】

(1)《食品安全法》第三条：食品生产经营者应当依照法律法规和食品安全标准从事生产经营活动，对社会和公众负责，保证食品安全，接受社会监督，承担社会责任。

(2)《食品安全法》第二十九条：国家对食品生产经营实行许可制度，从事食品生产、食品流通、餐饮服务，应当依法取得食品生产许可、食品流通许可、餐饮服务许可。

取得食品生产许可的食品生产者在其生产场所销售其生产的食品，不需要取得食品流通的许可；取得餐饮服务许可的餐饮服务提供者在其餐饮服务场所出售其制作加工的食品，不需要取得食品生产和流通的许可；农民个人销售其自产的食用农产品，不需要取得食品流通的许可。

食品生产加工小作坊和食品摊贩从事食品生产经营活动，应当符合本法规定的与其生产经营规模、条件相适应的食品安全要求，保证所生产经营的食品卫生、无毒、无害，有关部门应当对其加强监督管理，具体管理办法由省、自治区、直辖市人民代表大会常务委员会依照本法制定。

(3)《食品安全法》第九十六条：违反本法规定，造成人身、财产或者其他损害的，依法承担赔偿责任。

生产不符合食品安全标准的食品或者销售明知是不符合食品安全标准的食品，消费者除要求赔偿损失外，还可以向生产者或者销售者要求支付价款10倍的赔偿金。

【法理分析】

在发生食品安全事故之后，不论是游客、导游还是经营者应当及时地进行判断，看是否属于集体性食物中毒，并立即采取措施，减轻旅游者的痛苦。作为生产经营者来说应当尽可能在源头上阻止、切断类似事件的发生，所生产经营的原料在储存、加工、包装等方面一定要保证干净卫生。在制作过程中，应当由具备资格的专业人员进行操作，避免食品接触有毒物、不洁物。

根据我国《食品安全法》及《行政许可法》的规定，在符合国家规定的情况下，允许生产经营者依法取得食品生产许可、食品流通许可、餐饮服务许可。从本案例中可以看出，宾馆在取得相应许可证之后，也应当重视食品安全，许可证只是允许可以经营此类活动，但还需要不断改进和完善。一旦造成人身、财产或者其他损害的，生产经营者必须承担赔偿责任。

【处理结果】

事情发生以后，长沙市 H 宾馆承认由于工作失误导致游客发生意外的事实，并接受了游客提出的索赔要求。同时，长沙市 H 宾馆被有关部门勒令停业整顿。

## 知识拓展

食品从业人员的健康直接关系到广大消费者的健康。因此，食品从业人员除应做好个人卫生外，食品生产经营者还要加强对食品从业人员的管理，这是贯彻预防为主的主要措施。

(1) 食品生产经营者应当建立并执行从业人员健康管理制度。患有痢疾、伤寒、病毒性肝炎等消化道传染病的人员，以及患有活动性肺结核、化脓性或者渗出性皮肤病等有碍食品安全的疾病的人员，不得从事接触直接入口食品的工作。

(2) 食品生产经营人员每年应当进行健康检查，取得健康证明后方可参加工作。

## 思考与实训

1. 案例分析题

2010 年 10 月，太原某旅行社组织一旅游团共计 30 人前往郊区旅游。导游刘某带该团去一旅游定点饭店用餐。下午，车上陆续有游客出现肚疼、呕吐，甚至有的游客晕倒，据大家回忆应当是吃的过油肉有问题。导游刘某立即让车辆开到最近的医院救治。至当天下午 4 时，共有 28 名游客住进医院救治。经医院化验确定为食物中毒。请运用所学知识回答问题。

该团的损失应当由谁来负责赔偿？为什么？

2. 选择题

2010 年 9 月，太原市 D 酒店接待了一个来自山西运城的旅游团队用餐，客人用餐不久，一些人开始出现恶心、呕吐等不良反应，导游立即将此情况反映给酒店的总经理刘某，但刘经理害怕此事传出去会影响酒店的声誉，便把这些游客送到了附近一家无救治能力的小诊所为客人治病，但客人的病情未见好转，在导游的强烈要求下刘经理才将游客送往大医院救治。经医院诊断为食物中毒，其中有 3 人出现休克症状。

(1) 单项选择题

对该案件管辖的旅游行政机关是______。

A. 国务院　　B. 国家旅游局

C. 山西省旅游局　　D. 太原市旅游局

(2) 多项选择题

食品应当符合的标准是______。

A. 无毒无害　　B. 色、香、味、美

C. 符合应当有的营养要求　　D. 对人体健康不造成任何危害

# 8

# 旅游消费者权益保护制度

相关法律法规

目前，我国有关旅游消费者及其权益保护的法律法规主要包括《消费者权益保护法》、《旅行社条例》、《旅行社条例实施细则》、《旅游投诉处理办法》、《民事诉讼法》以及《最高人民法院关于审理旅游纠纷案件适用法律若干问题的规定》等。

# 一 旅游消费者的权利和旅游经营者的义务

## 案前导读

消费者的权利是我国《消费者权益保护法》的核心内容之一，该法第二条明确规定，消费者为生活消费需要购买、使用商品或者接受服务，其权益受本法保护；本法未作规定的，受其他有关法律、法规保护。消费者有以下9项权利，安全保障权、知悉真情权、自主选择权、公平交易权、请求赔偿权、结社权、获得有关知识权、受尊重权和监督权。经营者的义务与消费者的权利相对应，消费者权利的实现在一定程度上是通过经营者履行义务来保障的。我国《消费者权益保护法》第三条相应的作出规定，经营者为消费者提供其生产、销售的商品或者提供服务，应当遵守本法；本法未作规定的，应当遵守其他有关法律法规。经营者有以下10项义务，守法义务、接受监督义务、保证消费者安全义务、真实信息告知义务、真实标识义务、出具单据义务、质量保证义务、售后服务义务、禁止经营者以告示等方式免责、禁止侵犯消费者人身权。

## 典型案例

### 案例8-1 事先未告知游客而临时拼团案

**【案情介绍】**

济南市民陈先生意欲在春节期间带家人旅游，在一次上网的过程中，发现了本市一家旅行社的安排及价格等方面都符合自己的理想，遂决定前去咨询。经过双方协商，陈先生与该旅行社签订了旅游合同，合同基本内容如下，本次旅游活动为“青岛、大连、旅顺、烟台、威海双卧双船八日游”，委派全程陪同导游，住宿标准为二星级饭店，乘机标准为经济舱，乘船标准为三等舱(8至12人高低铺)。2月1日，陈先生携家人踏上旅程才得知，由于旅行社的原因，此次活动没有组织起预定人数的游客，最终因人数较少不能成团，需要在旅游目的地拼团，因此也未委派全陪导游。陈先生等游客无奈只好继续前行，但行程并不一帆风顺，住宿、乘船均未达到合同约定的标准，地陪导游也无故将其中的行程进行了变更。返回后陈先生认为自己的权益受损，向济南市消费者协会提起投诉，要求旅行社赔偿因旅行社违约而给自己造成的相应损失。

(摘自丽水旅游网，略有改动。)

【请你思考】

(1) 陈先生作为旅游消费者有什么权利？

(2) 消费者协会是否会支持陈先生的投诉请求？

【涉及法条】

(1)《消费者权益保护法》第八条：消费者享有知悉其购买、使用的商品或者接受的服务的真实情况的权利。

消费者有权根据商品或者服务的不同情况，要求经营者提供商品的价格、产地、生产者、用途、性能、规格、等级、主要成分、生产日期、有效期限、检验合格证明、使用方法说明书、售后服务或者服务的内容、规格、费用等有关情况。

(2)《合同法》第六十条：当事人应当按照约定全面履行自己的义务。

当事人应当遵循诚实信用原则，根据合同的性质、目的和交易习惯履行通知、协助、保密等义务。

(3)《合同法》第一百零七条：一方当事人不履行合同义务或者履行合同义务不符合约定的，应当承担继续履行、采取补救措施或者赔偿损失等违约责任。

(4)《旅行社条例》第三十六条：旅行社需要对旅游业务作出委托的，应当委托给具有相应资质的旅行社，应征得旅游者的同意，并与接受委托的旅行社就接待旅游者的事宜签订委托合同，确定接待旅游者的各项服务安排及其标准，约定双方的权利、义务。

(5)《旅行社条例实施细则》第三十五条：旅游行程开始前，当发生约定的解除旅游合同的情形时，经征得旅游者的同意，旅行社可以将旅游者推荐给其他旅行社组织、接待，并由旅游者与被推荐的旅行社签订旅游合同。

未经旅游者同意的，旅行社不得将旅游者转交给其他旅行社组织、接待。

【法理分析】

在实践中，旅行社由于报名人数未达到成行基准而不能成团的情况经常出现，此时旅行社如果征得这些旅游者的同意，并且在保证所承诺的服务内容和标准不变的前提下，与其他旅行社合作拼团的做法是允许的，对旅行社来说可以降低损失、减少纠纷，对旅游者来说也可以继续旅游、完成行程。但近年来因散客拼团导致的纠纷却是旅游投诉的热点之一，原因就是某些旅行社法律意识淡薄，不重视旅游者的权利，在发生上述情况时，不征得旅游者的同意，擅自将其转团。本案就是典型的例子，旅行社发生不能成行的情形，未事先告知旅游者并征得其同意就擅自转团，侵害了旅游者这一消费群体的知情权，因此发生了纠纷。

从法律上讲，作为旅游消费者享有知悉其购买、使用的商品或者接受的服务的真实情况的权利。旅行社在遭遇由于人数不足难以组团成行的情形时，应当按照法律的规定去履行自己的义务。旅行社应当在出团前将真实情况告知旅游者，并根据旅游者的意愿变更或者解除合同，旅游者同意和其他旅游团继续前行的，旅行社应当将其委托给具有相应资质的旅行社；旅游者不同意的，返还游客预付费用；给游客造成损失的，按合同约定予以赔偿。

本案中，济南市某旅行社没有征得旅游者的同意，擅自将陈先生等已经与其签约的旅游者拼到其他旅行社组织的旅游团队中，而且没有按照合同约定的服务内容和标准履行，此种行为违反了有关法律规定，侵害了陈先生作为旅游消费者的合法权益。陈先生将旅行社投诉至消费者协会，必定会得到相应的法律支持。

**【处理结果】**

该旅行社未征得旅游者的同意，擅自将一些散客与其他旅游团拼凑，属违法行为，侵害了旅游者的知情权。经过济南市消费者协会调解，旅行社和陈先生达成协议，由旅行社向陈先生及其家人一次性赔偿 1800 元，并当面道歉。

**典型案例**

## 案例 8-2　旅行社降低服务质量案

**【案情介绍】**

2010 年国庆期间，刘某在朋友的介绍下与其他 24 名游客参加了某旅行社组织的九寨沟 9 天豪华团，团费为每人 3290 元。刘先生本以为此次旅行会是很享受的一次“假期盛宴”，但由于旅行社提供的服务存在质量问题，使得刘先生很不高兴，向旅行社提出赔偿。在得不到及时解决的情况下，向市消费者协会提出投诉，并声明：①合同约定该团在九寨沟和成都安排入住三星级标准酒店，茂县和汶川入住二星级标准酒店，但实际上只在成都安排了符合约定的酒店，其余都安排入住无星级饭店；②旅行社导游没有跟团往返，只在目的地陪同游览了几个景点，并且没有进行讲解；③用餐条件差，标准不达标。经消协调查核实，旅行社确实存在以上服务质量问题。

(摘自惠州旅游局官网，略有改动。)

**【请你思考】**

(1) 旅行社作为旅游服务业务的经营者，应当承担什么义务？

(2) 旅行社降低服务质量违反了哪些法律法规的规定？

**【涉及法条】**

(1)《消费者权益保护法》第二十二条：经营者应当保证在正常使用商品或者接受服务的情况下其提供的商品或者服务应当具有的质量、性能、用途和有效期限；但消费者在购买该商品或者接受该服务前已经知道其存在瑕疵的除外。

经营者以广告、产品说明、实物样品或者其他方式表明商品或者服务的质量状况的，应当保证其提供的商品或者服务的实际质量与表明的质量状况相符。

(2)《合同法》第八条：依法成立的合同，对当事人具有法律约束力；当事人应当按照约定履行自己的义务，不得擅自变更或者解除合同。

依法成立的合同，受法律保护。

(3)《合同法》第一百零七条：一方当事人不履行合同义务或者履行合同义务不符合约定的，应当承担继续履行、采取补救措施或者赔偿损失等违约责任。

(4)《旅行社条例》第四条：旅行社在经营活动中应当遵循自愿、平等、公平、诚信的原则，提高服务质量，维护旅游者的合法权益。

**【法理分析】**

近年来，受利益的驱使和诱惑，一些旅行社在原来价格的基础上组织旅游团队，但在旅游过程中通过降低住宿标准、减少游览项目等方式赚取差价。本案就是典型案件，旅行社将自己的服务质量“缩了水”、“打了折”。旅游行业是服务行业，而旅行社是这一行业的中流砥柱，只有把服务质量放在经营的首位，通过提供优质优价的服务来赚取合理合法的利润才能在竞争中立于不败之地。

从法律法规的角度讲，旅行社随意降低服务质量和服务标准的行为违反了我国有关法律法规的规定。首先，旅行社作为旅游服务的经营者，违反了《消费者权益保护法》第二十二条关于经营者应当保证服务质量的义务。服务质量是旅行社经营的生命线，良好的服务可以赢得更多的消费者，才能实现企业的持续发展。旅行社应当保证游客在正常接受服务的情况下其提供的服务应当具有的质量。如果以广告等其他方式表明服务质量状况的，应当保证其提供服务的实际质量与表明的质量状况相符。其次，旅行社作为旅游行业的龙头产业、支柱产业，应当作为核心力量去履行和遵守《旅行社条例》及《旅行社条例实施细则》这一行业核心法规，该法第四条规定，旅行社在经营活动中应当遵循自愿、平等、公平、诚信的原则，提高服务质量，维护旅游者的合法权益。诚实守信是中国自古至今的修身治国之本，旅行社也唯有诚信经营、合法经营，不搞虚假宣传、合同欺诈等手段才能得以生存、发展。最后，履行合同是合同法律约束力的首要体现。旅行社作为旅游合同中的重要主体，应当依法、自觉、全面地履行与旅游者之间的约定。本案中涉及的旅行社无视合同的法律效力，没有与对方协商便擅自变更合同的内容，违反了《合同法》的有关规定。因此，旅游合同的履行要求合同当事人双方严格按照合同约定的各项内容全面履行义务，从而实现权利，不得擅自变更合同，更不得任意解除合同。

本案中，该旅行社没有将游客的利益放在第一位，伤害了顾客的心理，必定导致自身业绩的流失，影响企业的发展，同时还要受到法律的惩处。

**【处理结果】**

旅行社擅自降低服务质量和标准，侵害了旅游消费者的合法权益，故消费者协会对此案进行调解后双方以旅行社给刘某等游客每人 800 元经济赔偿为条件结束纠纷。

## 知识拓展

在旅游消费法律关系中，旅游消费者与旅游经营者都是法律主体，享有各自的权利，承担各自的义务，同时二者的权利和义务又相互依托、相互融合，消费者的权利就是经营者的义务，要求消费者采取正确的途径维护自身的合法权益，经营者通过合法的手段履行法律义务，实现自身的持续发展。因此，在旅游活动中，消费者一定要与旅行社签订内容规范、翔实的旅游合同，并严格按照合同的约定去履行，才能避免产生纠纷，一旦发生旅游质量等问题也可依据合同维护自身利益。与此同时，旅行社等经营者应秉承诚信为本的原则，靠提高服务质量和水平赢得长远发展。

## 思考与实训

1. 单项选择题

(1) 我国《消费者权益保护法》调整的对象是下列哪项？______

A. 消费者为生产需要购买、使用商品或接受服务时所发生的法律关系

B. 各商家为经营需要而发生的购销关系

C. 消费者为生活消费需要购买、使用商品或者接受服务而发生的法律关系

D. 消费者为营利而进行的购销活动

(2) 经营者提供商品或者服务有欺诈行为的，应当按照消费者的要求增加赔偿其受到的损失，增加赔偿的金额为消费者购买商品的价款或接受服务的费用的______？

A. 1 倍　　B. 2 倍　　C. 3 倍　　D. 4 倍

(3) 经营者的下列哪项行为，未违反《消费者权益保护法》规定的义务？______

A. 店堂告示“内衣一旦售出概不退换”

B. 店堂告示“打折商品一律不予退换”

C. 顾客购买两条毛巾索要发票，经营者以“小额商品，不开发票”为由加以拒绝

D. 出售蛋类食品的价格经常变化

(4) 消费者协会是对商品和服务进行社会监督的保护消费者合法权益的______

A. 行政机关　　B. 行业协会　　C. 社会团体　　D. 群众组织

(5) 我国《消费者权益保护法》最核心的原则是______

A. 经营者与消费者交易的基本原则

B. 国家保护消费者合法权益不受侵犯的原则

C. 全社会共同保护消费者合法权益的原则

D. 诚实信用的原则

2. 多项选择题

(1) 消费者和经营者发生消费者权益争议的，可以通过下列哪几种途径解决？___

A. 与经营者协商和解

B. 请求消费者协会调解

C. 根据与经营者达成的仲裁协议提请仲裁机构仲裁

D. 向有关行政部门申诉

(2) 消费者与经营者进行交易，享有______的权利。

A. 知悉真实情况　　B. 自主选择

C. 公平交易　　D. 获得赔偿

## 二　旅游消费者合法权益的保护

### 案前导读

消费者是经济活动中非常重要的、独立的主体之一，这已成为学术界及实践中的共识，但长久以来由于多种因素，消费者处于弱势的地位并未改变。作为买方的消费者在交易过程中地位相对较低的原因，主要体现在以下三个方面。一是经济实力薄弱，无法与实力雄厚的经营者相抗衡。二是信息掌握不对称，在商品信息和服务信息占有和获取上渠道不畅通。三是消费知识水平和自我保护意识的差距，使得一些消费者不能有效识别、防范风险。为了有效地保护消费者的权益，约束经营者的经营行为，我国建立了以《消费者权益保护法》为核心，包括《产品质量法》、《食品安全法》、《广告法》、《反不正当竞争法》等侧重消费者权益保护的法律体系。国家从立法、行政、司法各个角度对消费者合法权益进行保护(见《消费者权益保护法》第二十六、二十七、二十八、二十九、三十条)。除了国家保护消费者的合法权益之外，还要求全社会的各种组织和力量共同保护消费者的合法权益(见《消费者权益保护法》第五、六条)。社会保护是国家保护的必要补充，建立起全社会共同保护消费者权益的保护机制，方能使消费者的合法权益得到最充分、最有效的保护。

### 典型案例

## 案例 8-3　买药赠免费旅游欺骗消费者案

**【案情介绍】**

安徽退休干部郑先生于 2009 年 12 月的一天，接到其经常买药的药店服务员的电话，声称“为答谢老顾客一年来对药店的支持，特推出春节哈尔滨 3 日免费游，欢迎前来咨询”。郑先生对此颇感兴趣，邀请了几位棋友一同前去打听，来到药店后一位服务员递给他们一人一页宣传单，上面写着“本药店携同友好旅行社推出了年度消费

1000 元以上 VIP 会员哈尔滨冰上 3 日免费游活动，欢迎报名旅游”。郑先生等人通过咨询发现都达不到 VIP 会员的标准，于是又花 500 元左右不等的价钱购药后成为会员，当即报名参加此次旅游活动。春节将至，郑先生等 20 多名老年朋友兴致勃勃地踏上了旅途，到达哈市以后才知道根本不是什么冰上游，而是被集中到一家饭店进行了 3 天的集中上课，讲解某保健食品的奇特功效。回到安徽后郑先生将该药店和组团的友好旅行社一同投诉到省消费者协会，要求赔偿 500 元的经济损失和 3000 元的精神损失。消协受理后进行了调解，但调解未果。于是，郑先生向省质监所提出申诉，质监所经调查核实，认定药店和旅行社的行为违法，赔偿郑先生 500 元的经济损失。郑先生对此决定不服，向所在地的人民法院提起诉讼。

**【请你思考】**

(1) 旅游消费者应当如何避免上当受骗?

(2) 发生损害时，旅游消费者有权采取哪些途径进行维权?

**【涉及法条】**

(1)《消费者权益保护法》第四条：经营者与消费者进行交易，应当遵循自愿、平等、公平、诚实信用的原则。

(2)《消费者权益保护法》第十九条：经营者应当向消费者提供有关商品或者服务的真实信息，不得作引人误解的虚假宣传。

(3)《消费者权益保护法》第三十四条：消费者和经营者发生消费者权益争议的，可以通过下列途径解决。

① 与经营者协商和解。

② 请求消费者协会调解。

③ 向有关行政部门申诉。

④ 根据与经营者达成的仲裁协议提请仲裁机构仲裁。

⑤ 向人民法院提起诉讼。

(4)《消费者权益保护法》第四十九条：经营者提供商品或者服务有欺诈行为的，应当按照消费者的要求增加赔偿其受到的损失，增加赔偿的金额为消费者购买商品的价款或者接受服务的费用的 1 倍。

(5)《消费者权益保护法》第五十条：经营者有下列情形之一，《中华人民共和国产品质量法》和其他有关法律、法规对处罚机关和处罚方式有规定的，依照法律法规的规定执行；法律法规未作规定的，由工商行政管理部门责令改正，可以根据情节单处或者并处警告、没收违法所得、处以违法所得 1 倍以上 5 倍以下的罚款，没有违法所得的，处以 1 万元以下的罚款；情节严重的，责令停业整顿、吊销营业执照。

① 生产、销售的商品不符合保障人身、财产安全要求的。

② 在商品中掺杂、掺假，以假充真、以次充好，或者以不合格商品冒充合格商品的。

③ 生产国家明令淘汰的商品或者销售失效、变质的商品的。

④ 伪造商品的产地，伪造或者冒用他人的厂名、厂址，伪造或者冒用认证标志、名优标志等质量标志的。

⑤ 销售的商品应当检验，检疫而未检验、检疫或者伪造检验、检疫结果的。

⑥ 对商品或者服务作引人误解的虚假宣传的。

⑦ 对消费者提出的修理、重作、更换、退货、补足商品数量、退还货款和服务费用或者赔偿损失的要求，故意拖延或者无理拒绝的。

⑧ 侵害消费者人格尊严或者侵犯消费者人身自由的。

⑨ 法律、法规规定的对损害消费者权益应当予以处罚的其他情形。

(6)《最高人民法院关于确定民事侵权精神损害赔偿责任若干问题的解释》第八条：因侵权致人精神损害，但未造成严重后果，受害人请求赔偿精神损害的，一般不予以支持，人民法院可以根据情形判令侵权人停止侵害、恢复名誉、消除影响、赔礼道歉。

因侵权致人精神损害，造成严重后果的，人民法院除判令侵权人承担停止侵害、恢复名誉、消除影响、赔礼道歉等民事责任外，可以根据受害人一方的请求判令其赔偿相应的精神损害抚慰金。

**【法理分析】**

随着我国经济的不断发展和改革开发的深入，人民生活水平都有了较大幅度的提高，老年人的经济相对独立，家庭负担相对减轻，他们也开始关注自身的保健、娱乐等精神追求，改变了过去单一保守的消费观念，开始追求多样的、时尚的生活需求。但由于老年消费者警惕性差、辨别能力弱、力求保健长寿、喜欢占小便宜等缺点，有可能被一些不法分子利用和欺骗。不法分子常常以“免费”为幌子，采用花言巧语、返利送券、回馈顾客等手段诱导消费、欺骗消费。本案就是此类案件的典型，药店和旅行社以回馈 VIP 会员组织免费旅游为幌子销售其产品，损害了郑先生等老年消费者的合法权益。因此，老年消费者在面对商家的花招迭出时千万不能“雾里看花”，一定要先考察他们是否为正规、合法的经营者。一般情况，“野鸡社”最常见的陷阱就是派遣人员通过打电话、发信息、发传单等方式，以促销、打折、返券、特价为幌子，抓住人们爱占小便宜的心理来行骗，而正规的旅行社基本上不采取这些形式揽客，而是通过公开报价、提供优质优价的服务提高顾客参团率。为了更好地、有效地保护自身合法权益，老年消费者尽量不要光顾免费摊点，不要轻易相信免费旅游等虚假宣传。

从法律的角度看，旅游消费者一旦遭遇旅游纠纷，可以采取以下几种方式维护自己的合法权益。①与经营者协商和解。当消费者和经营者因商品或服务发生争议时，协商和解应作为首选方式，通过解释、谦让及其他补救措施，尽可能化解矛盾，平息争议。②请求消费者协会调解。《消费者权益保护法》明确规定消费者协会具有7项职能，其中之一就是对消费者的投诉事项进行调查、调解。③向有关行政部门申诉。消费者权益争议涉及的领域很广，当权益受到侵害时，消费者可根据具体情况，向不同的行政职能部门，例如向物价部门、工商行政管理部门、技术质量监督部门等提出申诉，求得行政救济。④提请仲裁。消费者权益争议也可通过仲裁途径予以解决。不过，仲裁必须具备的前提条件是双方订有书面仲裁协议(或书面仲裁条款)。⑤向人民法院提起诉讼。消费者权益受到损害时，可径直向人民法院起诉。司法审判具有权威性、强制性，是解决各种争议的最后手段。

本案中，郑先生先后采取向消费者协会投诉、质监所申诉、法院起诉三种方式，都是符合法律规定的，体现了我国《消费者权益保护法》从多个层面保护消费者合法权益的立法精神。但郑先生向人民法院要求赔偿500元的经济损失和3000元的精神损失的诉讼请求得不到完全支持。依据我国《消费者权益保护法》第四十九条的规定，经营者提供商品或者服务有欺诈行为的，应当按照消费者的要求增加赔偿其受到的损失，增加赔偿的金额为消费者购买商品的价款或者接受服务的费用的1倍。郑先生除了可获得包括500元所付药费和500元经济损失费。但依据《最高人民法院关于确定民事侵权精神损害赔偿责任若干问题的解释》第八条的规定，因侵权致人精神损害，但未造成严重后果，受害人请求赔偿精神损害的，一般不予以支持，人民法院可以根据情形判令侵权人停止侵害、恢复名誉、消除影响、赔礼道歉。由于郑先生虽受到了欺骗但并没有造成什么精神上的严重后果，遂其3000元的精神损失的诉讼请求得不到支持。

**【处理结果】**

安徽某药店和友好旅行社以买药成为VIP会员组织免费旅游为名，将消费者组织到异地进行授课的行为属消费欺诈行为，依照我国《消费者权益保护法》第四十九条的规定以及《最高人民法院关于确定民事侵权精神损害赔偿责任若干问题的解释》第八条的规定，被告除返还原告所购500元药费外，还应赔偿原告1倍于药费的损失，但不支持精神损失的赔偿。

**典型案例**

## 案例8-4　旅游购物有问题旅行社是否承担责任案

**【案情介绍】**

2009年6月12日至17日，宁波市民张女士参加了某旅行社组织的港澳双飞六日游，14日导游员刘小姐带领大家来到了合同约定之外的香港某商店购物，说这家店的东西质量好而且便宜，可以放心购买。张女士信以为真，花2100元购买了一台据称是720万像素的数码相机，同时商场开出了发票，票面上注明两项内容，即商品的名称和价格。旅游结束后，无意中张女士从说明书上得知，该相机只有300万像素，认为受到了导游和商家的欺骗。于是张女士 6 月 19 日找到旅行社要求退货并赔偿因此而受到的损失。旅行社辩称，相机系张女士自愿购买，与他们没有关系，不负任何责任，应当直接与商家联系请求解决此事。张女士认为，自己是在参加旅行社组织的旅游活动中经导游带领和介绍购买的产品，而且是合同约定之外的项目，理应由旅行社负责赔偿。在协商未果的情况下，张女士将旅行社投诉到宁波市消费者协会，要求旅行社负责联系商家退货并赔偿因此受到的损失。

(摘自国家旅游局官网，略有改动。)

**【请你思考】**

(1) 旅游消费者在购物时应当如何维护合法权益？

(2) 发生购物纠纷时旅行社应否承担责任？

**【涉及法条】**

(1)《消费者权益保护法》第二十一条：经营者提供商品或者服务，应当按照国家有关规定或者商业惯例向消费者出具购货凭证或者服务单据；消费者索要购货凭证或者服务单据的，经营者必须出具。

(2)《消费者权益保护法》第二十二条：经营者应当保证在正常使用商品或者接受服务的情况下其提供的商品或者服务应当具有的质量、性能、用途和有效期限；但消费者在购买该商品或者接受该服务前已经知道其存在瑕疵的除外。

经营者以广告、产品说明、实物样品或者其他方式表明商品或者服务的质量状况的，应当保证其提供的商品或者服务的实际质量与表明的质量状况相符。

(3)《旅行社条例》第三十五条：旅行社违反旅游合同约定，造成旅游者合法权益受到损害的，应当采取必要的补救措施并及时报告旅游行政管理部门。

**【法理分析】**

吃、住、行、游、购、娱是旅游的 6 个环节，其中购物本身并不是一件坏事，对于旅游者来说，有助于了解当地的风土人情、满足自己的生活需求；对于旅行社来说，可以通过购物来获取一部分佣金，以弥补成本和赚取利润；同时也有利于当地旅游产业的发展。但由于各种原因，旅游购物中常常会出现一些纠纷，影响到上述三个方面的优势。本案就是由于导游带领游客到合同约定之外的商店购得名不符实的商品而引发的纠纷。鉴于此，旅游消费者在购物时，一方面要权衡利弊，理性消费，不要冲动，不要轻易出手，管好自己的钱袋子，货比三家之后再决定。另一方面，要提高自我保护意识，购买贵重物品时向商家索要正规发票，并将商品的详细内容记载于发票上妥善保管好，以防发生纠纷后无凭无据。做到以上两点，旅游消费者便既能享受旅游购物的乐趣，满足自己的好奇心，给亲朋好友带回当地的一些纪念品、土特产，也不会受到旅游纠纷的困扰。

从法律上讲，在旅游过程中，游客因购物致权利受到损害时，旅行社是否应承担责任，应当分以下三种情况区别对待。首先，购物发生的原因与旅行社是否承担责任关系密切，如果在合同中明确约定了购物次数和场所，旅行社应尽谨慎义务，为游客安排正规的购物场所。在此情况下，旅游者作为完全民事行为能力人，应当谨慎购买同时为自己的行为负责，但因旅游购物属旅游活动一部分，旅行社应当积极协助游客退货或索赔。其次，如果购物是旅行社或其导游在合同约定之外擅自增加的，或是欺骗、胁迫游客购物的，则旅行社对此行为承担全部责任。最后，如果购物是旅游者自己安排或要求的，发生所购商品存在质量等问题时，旅行社则不承担责任。

本案中，旅行社的导游人员带领旅游者到合同约定之外的购物场所，并承诺该店商品物美价廉质优，尽管是张女士自愿购买但正是轻信导游才购买的商品，况且该商品说明书中载明的内容与商场的承诺不符，属欺骗购物，应由旅行社先行承担责任，给予游客合理的赔偿。

【处理结果】

法律看重的是证据，由于张女士持有的发票上并没注明相机的像素指标，也未有其他证据证明商店当时承诺该相机为 720 万像素，因此无法证明自己被骗，宁波市消协经调解后，旅行社承诺协助张女士与商家解决此事。

## 知识拓展

在法学上，消费者是消费法律关系最重要的主体，与此相适应，消费者权益便是《消费者权益保护法》最重要的保护对象。国家通过立法保护、行政监管、司法救济和全社会共同参与的手段，多方位保护消费者合法权益不受侵害。目前，对于旅游消费者来说，可以根据自己在接受服务时受到的损害直接到工商行政管理部门、消费者协会和人民法院投诉、控告。尽管国家从各方面采取措施保护消费者，但也要求消费者提高自我保护意识。消费者在向社会团体、行政机关或者司法机关投诉或诉讼时，一个重要环节就是通过举证证明自己合法权益受侵害的事实，其中正规、有效、详实的发票就是消费者很好维权的有力证据，务必妥善保存。

## 思考与实训

1. 案例分析题

(1) 某年 5 月，女青年张某与刘某至某百货商场化妆品自选柜台选购化妆品。两人在此挑选、试用化妆品约 20 分钟，终因未曾选中合适的化妆品而离开商场。二人走到店门口时，化妆品自选柜台的营业员和一位保安人员追了上来，指控二人偷了化妆品柜台陈列的货物，二人坚决否认，双方相持不下。这时，另一位商场保安人员上来对张、刘二人说："请你们到商场保卫科把事情说清楚。"到保卫科后，商场保安人员要求检查刘、张二人随身所带的皮包，遭到二人的拒绝。保安人员对刘、张说："如果你们确实没有偷窃商场的货物，就应该接受我们的检查来证明你们的清白。"迫于无奈，刘、张二人交出了自己的皮包。经检查，未发现任何商场的化妆品。此后，保安人员进一步提出要对二人搜身检查并立即找来两位女营业员对刘、张二人强行进行搜身检查，仍然没有找到任何商场的东西。事后，刘、张二人愤然离开了这家百货商场。

同年 6 月 1 日，刘、张二人以该百货商场损害了自己的人格尊严为由提出诉讼，要求该商场赔礼道歉，为其恢复名誉并赔偿精神损失费 3000 元。

请问：法院应支持刘、张的诉讼吗？为什么？

(2) 某年 5 月，来自保定的陈某在北京某商场购买了一双由天津某皮鞋厂生产的皮鞋，价值人民币 300 元。购鞋的同时，陈某还领取了此商场发的“包修、包换、包退”的三包质量卡。陈某回保定后，穿上了这双新购得的皮鞋。仅穿 10 天，此鞋鞋底即告断裂。陈某为此专程前往北京，找到店家要求退货。该商场承认皮鞋确实存在质量问题，同意调换，但同时还表示，目前商场无现货可换，商场将与生产厂家进行联系，请陈某暂回保定等候该商场与生产厂家联系的结果。此后，陈某 3 次电话查询此事，商场方面总以生产厂家没有回音为由要求陈某继续等待。次年 3 月，陈某再次赴北京找商场要求解决问题，商场仍给陈某以同样的答复。陈某遂向人民法院提出诉讼，要求该商场退回购鞋款 300 元，并要求赔偿交通、误工费等人民币 500 元。

请问：法院应怎样判决？

2. 单项选择题

(1) 甲借用乙的营业执照销售商品，消费者丙从甲雇佣的营业员丁处购买商品时合法权益受损。消费者丙就其损失请求赔偿的对象是______。

A. 只能是甲　　B. 只能是乙、甲

C. 只能是丁　　D. 可以是甲，也可以是乙

(2)《消费者权益保护法》中第一次规定了适用惩罚性赔偿制度的立法例。对下列经营者的哪一行为，消费者可以依法按其所支付价款的两倍要求经营者赔偿其损失？______

A. 不具备产品应当具备的性能而事先未作说明

B. 所售产品包装上未注明出厂日期和保质期限

C. 谎称某国内私营企业产品为“美国进口原装”

D. 出售国家明令淘汰的产品

3. 多项选择题

(1) 国家对消费者权益的保护，主要体现在______。

A. 消费者可以直接参与有关消费者权益的法律法规的制定工作

B. 各级人民政府应当制止危害消费者人身、财产安全行为的发生

C. 对符合法定起诉条件的消费者权益争议，人民法院必须受理

D. 工商行政管理部门依法保护消费者的合法权益

E. 国家机关工作人员不得包庇经营者侵犯消费者的合法权益

(2) 消费者协会享有下列职权中的______。

A. 参与行政部门对商品和服务的监督、检查

B. 受理消费者的投诉，并对投诉事项进行调查和仲裁

C. 支持受损害的消费者提起诉讼

D. 对投诉案件涉及的商品质量进行监督

E. 直接对违法经营者进行罚款

(3) 国家对消费者合法权益的保护包括______。

A. 国家对消费者合法权益的立法保护

B. 国家对消费者合法权益的行政保护

C. 国家对消费者合法权益的司法保护

D. 国家对消费者合法权益的管理保护

# 9

# 旅游饭店管理制度

相关法律法规

当前，我国还没有专门的旅游饭店法，对旅游饭店的管理，主要还是通过行政立法的手段进行。目前，涉及旅游饭店的规范主要包括《评定旅游涉外饭店星级的规定》、《旅游涉外饭店星级的划分与评定》、《旅游饭店星级的划分与评定》以及2006年发布的国家标准《绿色旅游饭店》。

另外，我国饭店与宾客的法律关系主要通过《民法通则》、《合同法》、《消费者权益保护法》等法律来调整。

# 一 旅游饭店的权利和义务

## 案前导读

目前我国用于调整旅游饭店和客人之间纠纷的有关法律法规大多是一些原则性的规定，尚欠缺详细具体的法律规定。在旅游饭店和客人之间发生纠纷后，通常无据可依，往往各执一词。旅游饭店在日常经营管理中同客人不断发生各种纠纷，向旅游饭店提出索赔的客人越来越多，对旅游饭店业的健康发展极为不利。国家在短期内制定旅游饭店法规时机尚不成熟，所以，旅游饭店与宾客间的有偿服务合同关系，主要是依靠我国《合同法》和《消费者权益保护法》来调整；但是，可以通过制定《中国旅游饭店行业规范》规范旅游饭店行业的行为来保护客人与饭店的合法权益。另外，饭店与宾客间的财产、人身侵权损害关系还可依据我国《民法通则》的相关规定和《最高人民法院关于审理人身损害赔偿案件适用法律若干问题的解释》来调整；旅游饭店与管理人员及员工劳资合同关系则由《劳动合同法》来规范调整。旅游饭店法律关系以相应的饭店法律规范为前提，是受饭店法律规范调整的、具体的社会关系，反映了当事人之间在饭店经营管理活动中所结成的一种社会关系。旅游饭店法律关系是以权利和义务为内容的社会关系。

## 典型案例

### 案例 9-1 就餐丢车案

**【案情介绍】**

2008 年 8 月 8 日晚，原告李先生驾驶一辆白色日产骐达小轿车到 BZ 宾馆，将车辆放在 BZ 宾馆停车场保管，然后在自助餐厅就餐并观看北京奥运会开幕式实况转播。当晚 11 时左右李先生到停车场取车时发现轿车已经不见了，经与 BZ 宾馆协商赔偿事宜未果，遂向法院起诉，请求法院判令 BZ 宾馆赔偿人民币 11 万元及其他损失，并承担诉讼费用。

被告 BZ 宾馆认为，该宾馆停车场有声明，停车免费，责任自负！而且李先生没有足够的证据证明车辆在 BZ 宾馆丢失。因为在奥运会开幕式当晚，BZ 宾馆在自助餐厅举行抽奖活动，对进餐客人派发抽奖券，并有存根联，但原告未能提供。原告既没有出具停放车辆的凭证，也没有在餐厅消费的凭证，更没有公安的破案资料。BZ 宾馆在此事上没有责任，因此没有理由对其赔偿。

【请你思考】

(1) “停车免费，责任自负”的声明有法律效力吗？

(2) BZ宾馆声称不予赔偿的理由是否成立？

(3) 李先生应该用什么样的法律条款来主张自己的权利？

【涉及法条】

(1)《消费者权益保护法》第七条：消费者在购买、使用商品和接受服务时享有人身、财产不受损害的权利。

(2)《消费者权益保护法》第十八条：经营者应当保证提供的商品和服务符合保障人身、财产安全的要求。

(3)《合同法》第三百七十四条：保管期间，因保管人保管不善造成保管物损毁、灭失的，保管人应当承担损害赔偿责任，但保管是无偿的，保管人证明自己没有重大过失的，不承担损害赔偿责任。

【法理分析】

(1) 李先生作为消费者到BZ宾馆就餐，与BZ宾馆形成了消费合同关系。根据我国《消费者权益保护法》第七条：消费者在购买、使用商品和接受服务时享有人身、财产不受损害的权利。在消费关系过程中，BZ宾馆向李先生提供了车辆停放的附属服务，这种停车服务是饭店综合服务设施和服务环境的一部分。消费者消费行为(包括吃、停车)是具有整体性的，所以不管有没有停车费，饭店都有义务保证停车的安全。无论对履行法律义务还是对履行合同义务而言，饭店都应该对李先生的车辆丢失承担赔偿责任。

(2) 李先生到BZ宾馆就餐，BZ宾馆就与其形成服务与被服务的关系，在这种关系中，服务的范围不仅包括就餐本身，还包括其人身与财产关系。根据我国《消费者权益保护法》第十八条：经营者应当保证提供的商品和服务符合保障人身、财产安全的要求。因此，不能因为停车免费就说饭店没有保障车辆安全的义务。事实上，停车场消费也是顾客消费的一个项目，其费用已经包含在就餐消费的数额之中，是一种以招徕顾客为主要目的的有偿服务，因此，不能说没有收费就不承担车辆丢失的责任。在现实中，饭店往往出资修建停车场地，出资聘用保安维持停车场秩序，停车场和保安的费用也定然从饭店客人消费的赢利中支付。

(3) 要分析饭店的责任范围，首先要进行权利和义务的分析。本案存在两个民事合同关系，一个是消费合同关系，另一个是保管合同关系。前者是一种有偿合同，合同双方当事人权利义务争议不大。后者是保管合同，从表面看是一宗无偿保管合同，应当依照我国《合同法》第三百七十四条的规定，保管期间，因保管人保管不善造成保管物损毁、灭失的，保管人应当承担损害赔偿责任，但保管是无偿的，保管人证明自己没有重大过失的，不承担损害赔偿责任。因此，BZ饭店不用承担赔偿责任。但是仔细分析便知，本案中保管合同不是无偿保管合同。公安机关未侦破案件只是表明未查获案犯和赃物，并不影响酒店承担民事责任。因为，该停车场只对本饭店消费的客人服务，因此该保管合同属于消费合同的附属合同。该停车场的场地费、保安费是饭店支付的，而该费用来源是饭店的营业收入。也就是说，就餐顾客是变相支付了停车费的。因此，该保管合同是有偿保管合同。依照我国《合同法》第三百七十四条的规定，BZ 饭店应当承担赔偿责任。

【处理结果】

经过审理，太原市中级人民法院二审认为，本案属于保管合同纠纷，并且根据调查所得事实确认合同成立。BZ 宾馆在事发当日并未对车辆保管与以往一样发放停车票，或者进行登记管理，致使无停车票者也可以驾驶车辆离开停车场，故可以认定 BZ 宾馆对车辆丢失有严重过失，因此，BZ 宾馆不予赔偿的理由是不成立的。

**典型案例**

## 案例 9-2　消毒餐具收费争议案

【案情介绍】

2010 年 5 月 25 日，铁路工人姚某和两位朋友到当地 J 饭店吃饭，3 人结账时却被每人收取消毒餐具使用费 3 元。回家后，姚某越想越觉得不对。虽然吃饭收餐具费、开瓶费等大家都在呼吁违法，但仍然长期地、大范围地存在。姚某于是向人民法院起诉，请求判令饭店退还餐具消毒使用费 3 元，并要求该饭店在报纸上登报道歉。9 月 28 日，法庭开庭审理了此案。姚某认为饭店作为餐饮经营服务者，提供经过消毒且达到国家卫生标准的餐具，是经营者的法定义务和附加义务，不应当再额外收取费用。

而被告 J 饭店的态度出乎所有人的意料，“饭店在顾客用餐之前就已经告知了对方，这些包装好的消毒餐具是要收取费用的；同时也告知了姚先生，餐厅提供免费的未经包装的消毒餐具。姚先生是自愿选择收费餐具的，所以饭店不能接受要其赔偿的请求。饭店方面的这种想法也得到了很多餐饮业者的支持”。J 饭店认为“虽然餐馆提供合格餐具是法定义务，但目前还没有哪部法律明确规定禁止收取餐具消毒使用费，它不合理，但是合法。在法律法规没有完善之前，收取餐具消毒费并不违法违规”。

(案例摘自凤凰网，略有改动。)

【请你思考】

(1) 在告知消费者消毒餐具收费，消费者自愿选择的情况下，收费就合理了吗?

(2) 消毒餐具收费确实是不合理但合法吗?

(3) 如何向行业潜规则说不?

**【涉及法条】**

(1)《食品安全法》第二十七条第五款：餐具、饮具和盛放直接入口食品的容器，使用前应当洗净、消毒。

(2)《餐饮修理业价格行为规则》第八条第二款：餐饮服务项目除国家另外有规定者外，经营者不得随意收取任何名目的价外服务费或以其他形式价外加价。

(3)《消费者权益保护法》第七条：消费者在购买、使用商品和接受服务时享有人身、财产安全不受损害的权利；消费者有权要求经营者提供的商品和服务，符合保障人身、财产安全的要求。

(4)《消费权益保护法》第二十四条：经营者不得以格式合同、通知、声明、店堂告示等方式作出对消费者不公平、不合理的规定，或者减轻、免除其损害消费者合法权益应当承担的民事责任。格式合同、通知、声明、店堂告示等含有前款所列内容的，其内容无效。

**【法理分析】**

首先，向消费者提供消毒餐具是经营者应尽的法定义务。

消费者到餐馆、酒店就餐，购买的标的既包括食物，也包括旅游饭店的服务。而旅游饭店是否提供安全卫生的用餐条件直接关系到消费目的的实现与否。根据我国《食品安全法》第二十七条第五款和《消费者权益保护法》第七条的有关规定，旅游饭店向消费者提供符合国家卫生标准的消毒餐具、确保消费者的健康安全是其应尽的法定义务。

其次，另行收取消毒餐具费属于强制收费，违反了公平原则。

餐具是用餐过程中的必备用品，旅游饭店向消费者提供经过消毒且达到国家卫生标准的餐具、纸巾，是餐饮过程中的配套服务项目，是消费者接受用餐的前提，同时也是经营者的法定义务和附随义务，长期以来已获社会认同，并约定俗成。该项服务产生的费用是经营成本的一部分，作为法定义务的承担方，旅游饭店理应承担该项费用，而不能因为餐具密封包装，就将消毒产生的费用转嫁到消费者身上，否则，就是在变相降低与消费者约定的服务标准，变相向消费者转嫁附随义务，这违背了民事合同中的诚信公平原则。此外，根据《餐饮修理业价格行为规则》第八条规定，餐饮服务项目除国家另外有规定者外，经营者不得随意收取任何名目的价外服务费或其他形式价外加价。而众多消费者在就餐时为了避免与经营者发生冲突，或者因为爱面子而被迫接收额外收费，消费者的公平交易权便受到了侵害。

最后，明确告知仍然违法。

一些旅游饭店借口在消毒餐具的外包装上印有有偿使用的提示，尽到了明确告知义务，且消费者也可选择是否使用收费的一次性消毒餐具，因此强制向消费者收取餐具消毒费。实际上这一行为已违反了法律的强制性规定，尽管对消费者事先进行了提示，也不具备法律效力。根据我国《消费者权益保护法》第二十四条的有关规定，不管旅游饭店是否在其餐厅明显位置或消毒餐具的外包装上进行了明确告知，但不能成为免除其法定义务的理由。

【处理结果】

收到法院的传票后，J饭店当天就已主动停止收取消毒餐具使用费，成为当地首家停止收取消毒餐具使用费的饭店。法庭判决J饭店支付姚先生人民币3元赔偿，对姚先生提出的登报道歉的请求未予以支持。J饭店当庭支付了3元赔偿款。

## 知识拓展

旅游饭店与客人间的权利、义务属于平等主体间的权利和义务，一般是基于合同而产生的。饭店与客人签订住宿合同后，应当按照合同的约定履行义务。一般而言，饭店对客人有如下义务：①向客人提供约定的服务；②保障客人的人身和财产安全；③尊重客人的隐私；④向客人提供真实可靠的服务信息，不得作引人误解的虚假宣传；⑤为客人提供的产品和服务必须与饭店的等级和收费标准相符合，对住宿设施要定期检修，保障店内各项设施设备运转良好；⑥应遵守国家的有关法律、法规和规章，遵守社会道德规范，诚信经营。旅游饭店享有如下权利：①有权拒绝接待某些不适合入住的客人；②有权要求客人遵守饭店的有关规章制度；③有权制止客人在饭店内的违法行为，有权按照有关规定收取费用，旅游饭店有权要求客人赔偿给饭店造成的损失。

## 思考与实训

1. 案例分析题

一日，林杰前往一家星级宾馆办事，该宾馆的前厅全部以无色透明玻璃装潢，从户外可见前厅内全部，而入口大门与整个玻璃墙浑然一体，当时的大门被拉开，林杰公务在身，急匆匆随人流进入，没有察觉到这种特殊的设计，以为没有门，可直接走过。办完事后，林杰向外走，迎面的阳光令人炫目，林杰从门卫身边走过，正经过来时经过的入口时，突然头部猛烈撞击到硬物，头破血流，同时“哗啦”一声响，原来硬物是玻璃门，撞得粉碎。事后，林杰被送到医院，头部缝了4针，花去医药费300元，而宾馆玻璃门造价是700元，该宾馆向林杰索赔，林杰说当时的阳光直射他的眼睛，一切都是透明的，他以为还和进来时一样可以走出，没有想到还有什么门，所以拒绝赔偿，林杰要求宾馆赔偿医药费，宾馆认为林杰自己撞上门，与宾馆没有丝毫关系，所以拒绝赔偿。

(1) 林杰是否应当赔偿宾馆损失？

(2) 宾馆是否应当赔偿林杰损失？

2. 多项选择题

(1) 旅游饭店有权拒绝接待旅客的情形包括以下______。

A. 客人已满，无客房出租

B. 旅客拒付有关费用

C. 旅客患有精神病而又无人监护或患有传染病

D. 欲利用客房进行违法活动

(2) 旅游饭店与宾客之间权利义务终止的情形有______。

A. 宾客按约定结账交费并离开旅游饭店

B. 因不可抗力饭店或宾客不能履行合同义务

C. 宾客在饭店内实施违法犯罪行为，被国家机关依法拘捕

D. 宾客损害了饭店的财产给饭店造成损失

# 二　旅游饭店星级评定制度

**案前导读**

我国饭店的星级评定制度是实现饭店管理与国际标准接轨的重要举措。饭店星级的出现是国际饭店业发展到一定水平的必然产物。随着我国全社会经济发展水平和对外开放程度的迅速提高，旅游饭店业所面临的外部环境和市场结构发生了较大变化，其自身按不同客源类型和消费层次所作的市场定位和分工也趋于细化。为促进旅游饭店业的管理和服务更加规范化和专业化，使之既符合本国实际又与国际发展趋势保持一致，2010 年 10 月 18 日，国家旅游局发布了修订的《旅游饭店星级的划分与评定》(GB/T 14308—2010)。

**典型案例**

## 案例 9-3　旅游饭店星级之争

**【案情介绍】**

2011 年 2 月，H 旅行社组织前往厦门的旅游团，在与客人签的合同上写着“安排住四星级或同级酒店”。旅行社工作人员说，同级酒店就是准四星级酒店，与挂牌四星级酒店条件差不多，但价格要便宜一些。

但当该旅游团到达厦门入住所订的 JK 大酒店后，发现卫生条件不是很好，客房的设备老化，餐厅的装潢也比较陈旧，旅游团成员觉得不属于合同中约定的四星级标准。于是，该旅游团推选 Y 小姐与旅行社交涉，要求旅行社证明 JK 大酒店属于挂牌的四星级旅游饭店。Y 小姐指出，JK 大酒店前厅大堂未标明国家旅游局规定的四星级标志，

因此不属于四星级酒店。该旅行社导游请出大堂副理冯某为Y小姐做解释。冯某说，JK大酒店有东楼和西楼两座营业楼层，东楼在2010年11月被国家旅游局“全国旅游星级酒店评定委员会”评为四星级酒店，并有全国酒店星评委颁发的星级证书。而西楼并未参评，因此仅仅是准四星级酒店。在JK大酒店西楼大堂宣传册上，JK大酒店自称为准四星级酒店。Y小姐看到“全国旅游星级酒店评定委员会”星级证书之时，也是满腹疑虑。

**【请你思考】**

(1) 这个所谓“全国旅游星级酒店评定委员会”是全国旅游饭店评定机构吗？

(2) 如何看待有些酒店声称的“准五星级”、“按星级装修”的宣传语？

**【涉及法条】**

(1)《<旅游饭店星级的划分与评定>(GB/T 14308—2010)实施办法》(以下简称《星评标准实施办法》)第四条：国家旅游局设全国旅游星级饭店评定委员会(以下简称为全国星评委)。全国星评委是负责全国星评工作的最高机构。

(2)《星评标准实施办法》第九条：饭店星级标志应置于饭店前厅最明显位置，接受公众监督。饭店星级标志已在国家工商行政管理总局商标局登记注册为证明商标，其使用要求必须严格按照《星级饭店图形证明商标使用管理规则》执行。任何单位或个人未经授权或认可，不得擅自制作和使用。同时，任何饭店以“准X星”、“超X星”或者“相当于X星”等作为宣传手段的行为均属违法行为。

(3)《星评标准实施办法》第十四条：星级饭店强调整体性，评定星级时不能因为某一区域所有权或经营权的分离，或因为建筑物的分隔而区别对待。饭店内所有区域应达到同一星级的质量标准和管理要求。否则，全国星评委对饭店所申请星级不予批准。

**【法理分析】**

为适应中国旅游饭店业发展的需要，增强饭店星级评定与复核工作的规范性和科学性，国家旅游局专门设立了全国旅游星级饭店评定委员会，这是负责全国饭店星级评定工作的唯一最高机构，而非本案例中JK大酒店大堂副理所提到的“全国旅游星级酒店评定委员会”。中国旅游饭店业协会和全国旅游星级饭店评定委员会办公室曾于2011年4月19日发表严正声明，指责某机构以“全国旅游星级酒店评定委员会”名义邀请各饭店参加“全国旅游星级酒店评定”并交纳高额推广宣传费用，并声称全国旅游星级饭店评定委员会从没有授权任何组织(包括全国旅游星级酒店评定委员会)、任何其他机构组织开展星评工作，并从未收取任何饭店评定和推广宣传费用。由此可见，全国旅游星级饭店评定委员会以外的任何机构、组织所开展的星评工作，或以此牟利的，均属于违法行为。看来，JK 大酒店的评定机构并不是国家旅游局设立的全国旅游星级饭店评定委员会。

在不少旅游饭店广告的宣传语中，类似于“准五星级”或“相当于五星级”酒店的说法比比皆是。作为散客，入住没评星的酒店，如果遇到纠纷就不好投诉，因为相关部门没有处理的参照标准。因此，现在很多理性消费者，在住宿标准上都会要求入住有星级的酒店，毕竟星级酒店在软、硬件上都有标准约束和保障。中国旅游饭店业协会是星级标志证明商标的所有权人，未经中国旅游饭店业协会许可使用星级标志证明商标的，均构成侵权行为。非星级饭店不得使用星级符号、与星级符号相似的标志及星级攀附性文字进行虚假宣传。旅行社安排的旅游住宿应首选星级饭店，与游客签订的合同应明确饭店星级水平，不得使用“相当于星级”、“准星”、“待评星”、“按星级装修”等模糊、攀附的语言。

且不说 JK 大酒店星级评定的合法性，JK 大酒店两栋营业楼竟然有不同的星级标准，不符合《星评标准实施办法》第十四条的规定，该规定要求饭店所有区域达到同一质量标准和管理要求，显然，正是因为 JK 大酒店的两栋不同服务标准和管理要求，导致了旅行团的投诉。

**【处理结果】**

厦门市旅游行政部门对违规饭店应及时下发警告通知书，责令整改，对逾期不改正者，依法对违反规定的非星级饭店处以 5000 元以上 1 万元以下的罚款。另一方面依据《旅行社条例》有关规定，狠抓旅行社合同管理，严禁旅行社使用攀附星级的字眼对外宣传，对违规者按照规定从严处罚。

**知识拓展**

目前在我国酒店评星中使用的国家标准并不是强制标准而是推荐标准，但评星显然拥有诸多好处。用星级来衡量酒店档次和服务水平是国际通用做法，因此在酒店行业中最大的品牌就是星级，即使是国际知名酒店品牌，在大众市民心中的知名度也远远无法与星级相比，这也是不少没评星的酒店常常利用攀附星级的字眼进行违规宣传的原因。大部分消费者对酒店的认知都是从星级开始的，那么多酒店要评星首先是看中星级这个品牌，酒店也都意识到评星是对酒店自身硬、软件水平提升的有效手段。

**典型案例**

## 案例 9-4　旅游饭店被摘星案

**【案情介绍】**

2011 年年初，江西省旅游饭店星级评定委员会决定，取消南昌 J 大酒店、九江 X 大酒店等 5 家饭店的三星级标牌。根据南昌市星评委意见，被取消星级的饭店将禁止利用星级进行企业宣传。

2010年6月，江西省旅游饭店星级评定委员会根据国家旅游星级饭店管理规定，对9个设区市和省直属的24家满5年期三、四星级饭店进行了评定性复核工作。同年11月，对9家未通过复核并责令进行整改的饭店和1家暂缓复核饭店进行了复查。最终，5家三星级宾馆由于对责令整改通知置若罔闻，在近半年的时间里未进行任何有效整改而被摘星。

据江西省星评委有关负责人介绍，星级饭店的评定性复核工作是按照《旅游饭店星级的划分与评定》和《星级饭店访查规范》等标准要求进行的，此项工作将有效地促进星级饭店硬件设施的改善和服务质量的提升。

据了解，摘星饭店主要存在硬件设施设备陈旧老化、饭店专业化水平匮乏、员工服务技能质量较差、企业内部管理混乱、安全防范存在隐患、环境清洁卫生状况不达标、出租经营场所服务品质严重损害饭店形象、饭店改制等诸多方面问题。

(摘自新华网，略有改动。)

【请你思考】

(1) 三星级饭店的评定和复核应该由哪级旅游行政部门来实施？

(2) 饭店被取消星级后如何再申请星级？

(3) 申请五星级饭店的条件和程序是什么？

【涉及法条】

(1)《星评标准实施办法》第六条：副省级城市、地级市(地区、州、盟)旅游局设地区旅游星级饭店评定委员会(简称地区星评委)。地区星评委在省级星评委的指导下，参照省级星评委的模式组建。

地区星评委依照省级星评委的授权开展以下工作：①贯彻执行并保证质量完成全国星评委和省级星评委布置的各项工作任务；②负责本地区星级评定机构的工作；③按照《饭店星评员章程》要求聘任地市级星评员，实施或组织实施本地区三星级及以下饭店的星级评定和复核工作；④向省级星评委推荐四、五星级饭店。

(2)《星评标准实施办法》第二十四条：星级复核是星级评定工作的重要组成部分，其目的是督促已取得星级的饭店持续达标，其组织和责任划分完全依照星级评定的责任分工。星级复核分为年度复核和3年期满的评定性复核。

(3)《星评标准实施办法》第二十六条：全国星评委委派2至3名国家级星评员同行，以明查或暗访的方式对饭店进行评定性复核检查。全国星评委可根据工作需要，对满3期的五星级饭店进行宾客满意度调查，并形成专业调查报告，作为评定性复核的参考意见。

(4)《星评标准实施办法》第二十七条：对复核结果达不到相应标准的星级饭店，相应级别星评委根据情节轻重给予限期整改、取消星级的处理，并公布处理结果。对于取消星级的饭店，应将其星级证书和星级标志牌收回。

(5)《星评标准实施办法》第二十九条：整改期限原则上不能超过一年。被取消星级的饭店，自取消星级之日起一年后，方可重新申请星级评定。

【法理分析】

《星评标准实施办法》从 2011 年 1 月 1 日起开始实施，本案的评定性复核工作开始于 2010 年 6 月，当时的复核依据是《旅游饭店星级的划分与评定》(GB/T 14308—2003)，省级星评委可以复核四星级和四星级以下饭店，因此，对南昌 J 大酒店、九江 X 大酒店等 5 家三星级旅游饭店的摘星属于其职责范围。假如按照《星评实施办法》第六条的规定，则从 2011 年 1 月 1 日起，三星级及以下饭店的星级评定和复核工作则只能由地区星评委实施或组织实施。

按照《旅游饭店星级的划分与评定》(GB/T 14308－2003)的规定，星评机构的星级检查员要不定期的对星级饭店进行检查，发现被检查饭店有任何一项达不到标准，检查员有权要求根据具体情况建议饭店星评机构签发警告通知书、通报批评、降低或者取消星级。而本案江西省多家饭店在检查机构对其批评之后，没有进行认真的整改，所以导致了星级被取消，江西省旅游部门依照规定向社会进行了公布。这些被取消星级的饭店，经过认真的整改，一年之后还可以申请星级评定。

【处理结果】

被取消星级的饭店将禁止利用星级进行企业宣传，一年后可继续申请星级评定。

## 知识拓展

2011 年 1 月 1 日开始，国家标准《旅游饭店星级的划分与评定》(GB/T 14308—2010)(以下简称新版标准)正式实施。与 2003 年版标准相比，新版标准的主要变化是增加了国家标准关于旅游业基础术语、公共信息导向系统及设置原则与要求中的宾馆饭店的相关内容；更加注重饭店核心产品，弱化配套设施；引入有限服务饭店与完全服务饭店的概念，将一、二、三星级饭店定位为有限服务饭店；突出绿色环保的要求；强化安全管理的要求，将应急预案的设立列入各星级的必备条件；提高饭店服务质量评价的操作性；增加例外条款，引导特色经营；保留白金五星级的概念，其具体标准与评定办法将另行制定。

旅游饭店星级标准于 1988 年正式颁布实施，经历了 1993 年、1997 年、2003 年 3 次修订，新版标准于 2010 年 10 月 18 日完成修订并发布。多年来，星级标准为引导饭店业的设施标准化、服务规范化、管理科学化以及与国际接轨作出了积极贡献；对服务业的标准化工作起到了良好的带动和示范作用，星级已成为老百姓衡量服务业质量的重要标准。

## 思考与实训

1. 案例分析题

2010 年 11 月，海南国际旅游岛建设旅游市场环境综合整治小组走访检查了部分酒店，发现一些酒店存在违规现象。在 DF 大酒店里，检查组扮作游客咨询酒店的星级，前台服务员表示该酒店为四星级，但该酒店并未将星级标牌按照规定悬挂在酒店明显位置。检查组后来发现该酒店的星级标牌被“年年有余”的吊饰遮盖着，揭开吊饰后发现该酒店并非服务员声称的四星级，而是三星级。针对该酒店的这种现象，检查组进行了现场批评教育，并作出了暂扣星级标牌的处理，随后又作出了进一步处理。

请问：(1)DF 大酒店有哪些违规行为？

(2) 按照 2010 版《星评标准》和《星评实施办法》，星级复核有哪些规定？

2. 单项选择题

(1) 凡在中华人民共和国境内正式营业______年以上的旅游饭店，均可申请星级评定。

A. 半　　B. 1　　C. 3　　D. 5

(2) 某饭店 2011 年被全国旅游饭店星级评定机构评为五星级饭店，按照 2010 版星评标准的有关规定，该饭店的五星级标志的有效期为______年。

A. 半　　B. 1　　C. 3　　D. 5

(3) 一、二、三星级饭店的评定检查工作应在______小时内完成，四星级饭店的评定检查工作应在______小时内完成。

A. 24　24　　B. 24　36　　C. 24　48　　D. 36　48

3. 多项选择题

(1) 关于星级饭店的复核工作，下列说法正确的是______。

A. 星级复核分为年度复核和评定性复核

B. 评定性复核工作由各级星评委委派星评员以明查或暗访的方式进行

C. 对复核不达标的星级饭店，星评委根据情节轻重给予限期整改、取消星级的处理

D. 对于取消星级的饭店，应将其星级证书和星级标志牌收回

(2) 关于复核结果，下列说法正确的是______。

A. 星级饭店复核后需整改的，整改期限原则上不能超过半年

B. 星级饭店复核后需整改的，整改期限原则上不能超过 1 年

C. 被取消星级的饭店，自取消星级之日起 1 年后，方可重新申请星级评定

D. 被取消星级的饭店，自取消星级之日起 2 年后，方可重新申请星级评定

(3) 接受评定性复核的星级饭店，如其正在进行大规模装修改造，或者其他适当原因而致使暂停营业，可以______。

A. 在评定性复核当年年前提出延期申请

B. 相应级别星评委可以酌情批准其延期一次

C. 延期复核的最长时限不应超过 1 年

D. 延期超过 1 年的，须重新申请星级评定

# 10

# 旅游资源保护制度

## 相关法律法规

旅游资源是一个国家或地区发展旅游业的基础条件，目前，我国有关旅游资源开发、利用和保护的法律法规主要包括《风景名胜区条例》、《自然保护区条例》、《中华人民共和国文物保护法》。此外，我国《中华人民共和国环境保护法》、《森林法》、《草原法》、《海洋环境保护法》等相关法律也有一些涉及旅游资源的条款内容。

# 一　自然旅游资源的法律保护

## 案前导读

旅游资源是一个国家或地区发展旅游业的基础和前提条件，旅游资源的脆弱性和不可修复性决定了其一旦遭到破坏便很难恢复，因此如何有效地开发、利用和保护旅游资源，一直是旅游业发展中的重要问题。按照传统观点，旅游资源可以分为自然旅游资源和人文旅游资源两类，但目前社会资源(例如工农业示范点)也正在成为新种类的旅游资源。

旅游资源保护法律制度是国家对旅游资源保护、开发、利用中各种法律法规和规章的总称。其中《风景名胜区条例》、《自然保护区条例》等法规在目前对自然旅游资源的保护发挥着极其重要的作用。

## 典型案例

### 案例 10-1　在风景名胜区内违规修建酒店案

**【案情介绍】**

某市通过招商引资引进五星级酒店项目，这将成为该市首家五星级酒店，当地政府极其重视，把它当作重点项目来抓，为开发商提供了一切尽可能的优惠政策。

酒店投资方看中了有山有水的某风景名胜区，将酒店选址在景区的仙女湖旁边。由于酒店毗邻该湖，开发商与当地政府商定，将隔在酒店与湖间的景区围墙拆掉，将原属景区范围的一段长 500 米，面积 1 万多平方米的环湖专用游道划给酒店使用，然后从酒店后面划出同等的面积规划景区使用。

另外，酒店开发商还要求将位于湖对面的码头化为酒店专用码头，开设游艇旅游项目，当地规划部门和国土等部门也迅速地给开发商颁发了土地使用证和建设许可证。

**【请你思考】**

(1) 风景名胜区的概念是什么？

(2) 该酒店开发商的行为主要违反了哪些规定？

(3) 该酒店开发商应接受怎样的处罚？

**【涉及法条】**

(1)《风景名胜区条例》第二条第二款：本条例所称风景名胜区，是指具有观赏、文化或者科学价值，自然景观、人文景观比较集中，环境优美，可供人们游览或者进行科学、文化活动的区域。

(2)《风景名胜区条例》第二十七条：禁止违反风景名胜区规划，在风景名胜区内设立各类开发区和在核心景区内建设宾馆、招待所、培训中心、疗养院以及与风景名胜资源保护无关的其他建筑物；已经建设的，应当按照风景名胜区规划，逐步迁出。

(3)《风景名胜区条例》第四十条：违反本条例的规定，有下列行为之一的，由风景名胜区管理机构责令停止违法行为、恢复原状或者限期拆除，没收违法所得，并处50万元以上100万元以下的罚款。

① 在风景名胜区内进行开山、采石、开矿等破坏景观、植被、地形地貌的活动的。

② 在风景名胜区内修建贮存爆炸性、易燃性、放射性、毒害性、腐蚀性物品的设施的。

③ 在核心景区内建设宾馆、招待所、培训中心、疗养院以及与风景名胜资源保护无关的其他建筑物的。

县级以上地方人民政府及其有关主管部门批准实施本条第一款规定的行为的，对直接负责的主管人员和其他直接责任人员依法给予降级或者撤职的处分；构成犯罪的，依法追究刑事责任。

**【法理分析】**

随着我国旅游产业的不断发展，许多地区逐渐认识到旅游业确实是无烟工业、朝阳产业，各级领导也把发展旅游放在显著的地位，同时作为衡量地区领导政绩的尺度。因此，“旅游扶贫”、“旅游兴市”、“旅游致富”的口号就喊了起来。然而，由于对发展旅游业的认识、管理水平低下，加上对保护自然环境和文化遗产存在片面性认识，许多地方在建设、开发、利用和管理中会对旅游资源造成破坏。但是，旅游资源具有脆弱性、不可代替性和不可再生性，一旦遭到破坏，就再也不能复生，将造成不可估量的损失。结合本案案例而言，风景名胜区的规划和开发不是个别开发商或单位可以单独完成的。对景区的保护、开发和利用，应该由专业人员调查研究后做出完备的计划方案，由相关部门审批和上级领导的审核，而不是有谁想开发就可以开发、想利用就可以利用的。而且风景名胜旅游资源的保护、开发和利用三者的关系应当是保护是前提、基础，开发是手段，而利用则是目的。

本案中，当地政府有关部门对旅游资源没有充分全面的认识，在景区开发中出现了严重错误。为发展本地经济而引进重点项目，当地政府的出发点无疑是好的，但他们没有清楚地认识到当地风景名胜资源的利用价值，就盲目开发的做法明显是不正确的。不管是当地政府还是酒店开发商，都没有重视甚至可以说是忽视了风景名胜区的开发利用要遵照相关条例来进行。一方面，当地规划部门和国土资源等相关部门为了追求短期利益，同意开发商在景区建设大型酒店，并把周围大部分面积的景区划给酒店使用，严重破坏了当地自然景观，使环境受到污染破坏。另一方面，酒店开发商的做法显然违反了《风景名胜区条例》第二十七条的规定，应该为其所作所为付出相应的代价。风景名胜区并不是哪个人或哪个单位的财产，我国《宪法》第九条明确规定，矿藏、水流、森林、山岭、草原、荒地、滩涂等自然资源，都属于国家所有，即全民所有；由法律规定属于集体所有的森林和山岭、草原、荒地、滩涂除外。风景名胜旅游资源是上述法定自然资源的一部分，其所有权关系也甚为明确，因此，风景名胜区的土地，从其所有权看，应属国家或集体。不是哪个单位或个人说开发就可以开发的，酒店的开发商并不拥有当地旅游资源的使用权，不管他是出于什么样的目的，这样的行为都应该杜绝或制止。

【处理结果】

本案中，风景名胜区管理机构应责令酒店开发商停止违法行为、恢复原状，没收违法所得，并处 50 万元以上 100 万元以下的罚款。对批准该项目的当地有关主管部门直接负责的主管人员和其他直接责任人员依法给予降级或者撤职的处分；构成犯罪的，依法追究刑事责任。

## 典型案例

### 案例 10-2　黄山风景区无序开发案

【案情介绍】

黄山既是世界自然遗产、又是世界文化遗产，然而随着旅游业的不断发展和假日旅游的不断升温，黄山旅游开发逐渐出现了无序竞争的现象，对黄山的旅游资源和自然环境造成了严重的破坏。

在位于海拔 1000 多米的黄山核心风景区，不仅拥有数量众多的楼堂馆所，而且其数量还在不断增加。 这主要是因为黄山旅游发展股份公司麾下 7 家宾馆的盈利，吸引了更多的后来者跃跃欲试，争相修建楼堂馆所对外营业。比如黄山市的一些政府部门，就纷纷在黄山核心风景区内修建自己的招待所，接待游客。

既然要修建楼堂馆所，首先不可避免的是开山炸石，伐木毁林。当楼堂馆所建好，紧随而来的是餐厅的油烟、宾馆的污水，还有遍地的生活垃圾。建筑使用的钢筋、水泥和碎石四处堆积，原来的植被已经荡然无存。

为了配合旅游饭店经营的需要，黄山的水通过管道输送给数量越来越多的宾馆和招待所。因为输水管道施工的需要，经过上亿年地质构造才形成的黄山岩体被凿开敲碎，输水管通到哪里，哪里就是碎石遍地。在半山腰、在游人步行道的两旁，管道、碎石随地可见。远远望去，秀美的黄山伤痕累累。据统计，黄山风景区内的输水管道长达40km，一直通到了黄山的顶峰。

没有了水源的黄山，旅游景观大打折扣。例如观瀑楼对面的瀑布叫"人字瀑"，往日一股瀑布飞流直下，在中途分为两股，像是在悬崖峭壁上写出的一个大大的"人"字。但今天，峭壁上只剩下瀑布曾经冲刷过的痕迹。而"梦笔生花"的真松树是一棵长在山峰顶端的黄山松，现在游客所能看到的只是一棵塑料树，真树已在几年前枯死。

**【请你思考】**

(1) 黄山风景名胜区属于哪级风景名胜区？

(2) 风景名胜区的管理如何规定？

**【涉及法条】**

(1)《风景名胜区条例》第五条：风景名胜区划分为国家级风景名胜区和省级风景名胜区。

自然景观和人文景观能够反映重要自然变化过程和重大历史文化发展过程，基本处于自然状态或者保持历史原貌，具有国家代表性的，可以申请设立国家级风景名胜区；具有区域代表性的，可以申请设立省级风景名胜区。

(2)《风景名胜区条例》第十九条：国家级风景名胜区的总体规划，由省、自治区、直辖市人民政府审查后，报国务院审批。

国家级风景名胜区的详细规划，由省、自治区人民政府建设主管部门或者直辖市人民政府风景名胜区主管部门报国务院建设主管部门审批。

(3)《风景名胜区条例》第二十二条：经批准的风景名胜区规划不得擅自修改，确需对风景名胜区总体规划中的风景名胜区范围、性质、保护目标、生态资源保护措施、重大建设项目布局、开发利用强度以及风景名胜区的功能结构、空间布局、游客容量进行修改的，应当报原审批机关批准；对其他内容进行修改的，应当报原审批机关备案。

风景名胜区详细规划确需修改的，应当报原审批机关批准。

**【法理分析】**

风景名胜区的科学规划，是风景名胜区得以成功保护、开发与利用的前提。黄山景区的无序开发现状则充分显现了旅游资源的脆弱性及风景名胜区规划的重要性。

风景名胜区规划的主要内容包括确定风景名胜区性质，划定风景名胜区范围及其外围保护地带，划分景区及其他功能区，确定保护和开发利用风景名胜区资源的措施，确定游客接待量和游览活动的组织管理措施，统筹安排公用、服务及其他设施，估算风景名胜区的投资和效益。

**【处理结果】**

黄山风景名胜区所在地政府进一步重视景区资源的开发、利用和保护工作，及时采取了相应的补救措施，责令其退出所占土地，拆除了与景观不协调、可能对景区资源造成破坏、污染环境、妨碍游览的设施，以及对景区环境造成严重影响的宾馆等建筑。

**典型案例**

## 案例 10-3　自然保护区破坏案

**【案情介绍】**

2005 年 11 月 15 日，国家环保总局(环境保护部的前身)通报了 7 个破坏自然保护区的典型违法案件，并表示要坚决查处保护区内的违法违规行为，要对自然保护区内造成的生态破坏采取补救措施，限期治理，恢复原有生态环境。

(1) 内蒙古九峰山省(自治区)级自然保护区内众多采煤企业违法生产，破坏生态环境的问题。九峰山自然保护区有煤矿企业 37 家，其中核心区有 1 家，缓冲区有 8 家，实验区有 28 家，目前 37 家煤矿企业均已停产。由于多年的乱采滥挖，九峰山自然保护区内生态破坏严重，采矿点千疮百孔，很多植被覆盖地变成露天矿洞，因山体破坏导致水土流失严重，沟壑纵横，部分村庄、民舍被毁。

(2) 湖南东洞庭湖国家级自然保护区内非法大面积种植速生丰产林。湖南东洞庭湖保护区内有多种鸟类和湿地植物，以珍稀水禽及湿地生态系统为保护对象，还有独特的湖洲滩涂生态系统和景观，是我国第一批列入《湿地公约》“国际重要湿地目录”的湿地保护区。保护区大面积种植了杨树速生林，缓冲区、核心区均种植有意大利杨，其中在核心区栽种意大利杨 1 千多亩。违反了《自然保护区条例》不得在自然保护区核心区和缓冲区内开展生产经营活动的规定。在东洞庭湖湿地自然保护区内大面积种植杨树，一方面改变了原有的湿地生态系统，破坏生物多样性，另一方面也影响洞庭湖的蓄洪泄洪。

(3) 江苏大丰麋鹿国家级自然保护区核心区内非法开展水产品养殖活动。2002 年 11 月大丰市海利水产养殖有限公司将大丰麋鹿自然保护区第三核心区部分土地租赁给个人从事水产品开发经营活动。于 2004 年在核心区境内开挖水产养殖水塘三处，拉接了高压线路，并兴建大棚、生产生活用房等开发设施，占地约 150 亩。严重违反了《自然保护区条例》不得在自然保护区核心区和缓冲区内建设任何生产设施的规定，破坏了保护区原有生态环境。

(4) 海南五指山国家级自然保护区内非法开发建设小水电站。海南五指山自然保护区管理站仅依据省林业厅的批复，而不履行环境影响评价手续，就与当地电力公司联合在五指山自然保护区内实验区内开发兴建仕阶水电站。而且已建成拦水坝，约 1km 引水渠，铺设压力管道约 800m，建设施工道路 2km。项目建设地的原有次生林木被砍伐，建设地植被已被全部清除，施工建设造成一定程度的水土流失。该项目属于未经环评先行建设的违规项目。

(5) 云南绿春黄连山国家级自然保护区内建设水电站。绿春黄山连自然保护区实验区内有两个水电站正在建设，一是位于绿春县小黑江一级支流渣马核支流欧迷河上的玛玉电站，二是位于渣马河干流上的绿春县骑马坝电站。两个项目均未办理环境影响评价手续，云南省环保部门已依法责令两个项目停止建设。目前两个电站均已停止建设，其中玛玉电站已为撤销项目，骑马坝电站正由林业、环保等部门进行调查处理。

(6) 内蒙古大青沟国家级自然保护内非法建设空中索道和旱地滑道等旅游设施。位于大青沟自然保护区实验区内的旱地滑道项目和索道项目，是由项目单位在与保护区管理局签订经营合同书后开始建设。旱地滑道项目滑轨铺设完成，其他附属工程也已施工过半，但未经环评审批，属于未批先建项目。项目建设对保护区造成生态破坏，旱地滑道基础建设开挖 700m 长的沟，多处山体植被遭到破坏。由于是沙土结构，地表植被破坏后难以恢复，生态破坏比较严重，也影响了保护区的自然景观。

(7) 河南黄河湿地国家级自然保护区核心区内违法建设交通设施。河南省三门峡市在黄河湿地保护区核心区及缓冲区内，擅自建设道路 、停车场、涵闸等设施，既未向环保行政主管部门报批，也未经保护区行政主管部门同意。不仅人为侵占黄河湿地保护区区域，而且严重影响了保护区自然生态环境。河南省环保局已要求三门峡市政府责成有关部门查清实施违法建设行为的有关责任人。

(摘自国家环境保护部网站，有改动。)

**【请你思考】**

(1) 何谓自然保护区？自然保护区分为哪些区域？在自然保护区内可否组织参观游览？

(2) 我国主管自然保护区工作的是哪个部门？

(3) 我国法律法规对自然保护区分区管理有哪些具体的规定？

**【涉及法条】**

(1)《自然保护区条例》第十八条：自然保护区可以分为核心区、缓冲区和实验区。

自然保护区内保存完好的天然状态的生态系统以及珍稀、濒危动植物的集中分布地，应当划为核心区，禁止任何单位和个人进入；除依照本条例第二十七条的规定经批准外，但也不允许进入从事科学研究活动。

核心区外围可以划定一定面积的缓冲区，只准进入从事科学研究观测活动。

缓冲区外围划为实验区，可以进入从事科学试验、教学实习、参观考察、旅游以及驯化、繁殖珍稀、濒危野生动植物等活动。

原批准建立自然保护区的人民政府认为必要时，可以在自然保护区的外围划定一定面积的外围保护地带。

(2)《自然保护区条例》第二十七条：禁止任何人进入自然保护区的核心区。因科学研究的需要，必须进入核心区从事科学研究观测、调查活动的，应当事先向自然保护区管理机构提交申请和活动计划，并经省级以上人民政府有关自然保护区行政主管部门批准；其中，进入国家级自然保护区核心区的，必须经国务院有关自然保护区行政主管部门批准。

(3)《自然保护区条例》第二十八条：禁止在自然保护区的缓冲区内开展旅游和生产经营活动。因教学科研目的，需要进入自然保护区的缓冲区内从事非破坏性的科学研究、教学实习和标本采集活动的，应当事先向自然保护区管理机构提交申请和活动计划，经自然保护区管理机构批准。

从事前款活动的单位和个人，应当将其活动成果的副本提交自然保护区管理机构。

**【法理分析】**

根据《自然保护区条例》第二条的规定，自然保护区是指对有代表性的自然生态系统、珍稀濒危野生动植物物种的天然集中分布区、有特殊意义的自然遗迹等保护对象所在的陆地、陆地水体或者海域，依法划出一定面积予以特殊保护和管理的区域。依据《自然保护区条例》第八条的规定，国家对自然保护区实行综合管理与分部门管理相结合的管理体制。具体而言，国务院环境保护行政主管部门负责全国自然保护区的综合管理，国务院林业、农业、地质矿产、水利、海洋等有关行政主管部门在各自的职责范围内，主管有关的自然保护区。县级以上地方人民政府负责自然保护区管理的部门的设置和职责，由省、自治区、直辖市人民政府根据当地具体情况确定。

自然旅游资源为我国旅游业的发展奠定了基础，并带来了可观的经济效益和社会效益。但是，自然旅游资源多数具有脆弱性和不可再生性，在诸如本案中所涉及的种种违规操作行为的破坏下，我国一些珍贵的自然资源遭到严重破坏，有些甚至完全消失，难以再现，造成不可弥补的损失。为了科学管理和有效保护自然环境、自然资源和自然遗迹，拯救濒危的生物物种，我国建立起自然资源保护制度，设立自然保护区，这是我国环境建设的一项重要工作。自然保护区的设立，以自然资源保护为主、与科研、教育、旅游相结合为辅的原则。我国对自然保护区实行分区管理，将自然保护区划分为核心区、缓冲区和实验区，原则上来讲，核心区禁止任何人进入，缓冲区只准进行科学研究活动，实验区可以进入从事科学试验、教学实习、参观考察、旅游以及驯化、繁殖珍稀、濒危野生动植物等活动，进行任何活动均应履行报批手续，无论在什么区域均不得进行破坏自然生态环境的生产经营活动。但本案中的案件则完全违背了以上原则，违反了自然保护区分区管理与保护的规定，均在相应区域内从事生产经营活动，未履行任何报批手续，对相应自然保护区的生态环境和植被造成了较严重的破坏。案件1、2、3、7中均在核心区内进行过生产经营活动，案件1、2、7中均在缓冲区内进行过生产经营活动；案件1、4、5、6中均在实验区内进行生产经营活动，以上案件无一例是经过审批的科研活动。

本案中环保部门在专项执法检查中的结果表明，一些地区和部门在自然保护区的建设管理中急功近利，重审批轻建设、重开发轻保护、重晋级轻管理现象严重。尤其突出的是在自然保护区内无序开发与建设，主要表现在非法进行矿产资源开发，违法进行交通、水电、林业等开发建设，盲目开展旅游开发活动等。上述现象反映出自然保护区所在地政府、相关部门及相关管理机构一味追求经济利益，知法犯法，建立保护区不是为保护而是为开发的错误思想，各级环保部门对此类问题应依法严肃查处。本案发现和暴露出的问题表明，加快制定《自然保护区法》，建立自然保护区评估和升级降级制度，加强统一监管，促进保护区健康发展，维护国家生态安全，已到了刻不容缓的地步。

【处理结果】

依据《自然保护区条例》第三十五条的规定，本案涉案的违规人员和单位分别应由其所属县级以上人民政府有关自然保护区行政主管部门或者其授权的自然保护区管理机构没收违法所得，责令停止违法行为，限期恢复原状或者采取其他补救措施；对已经对自然保护区造成破坏的，同时处以300元以上1万元以下不等的罚款。材料中涉及的自然保护区的管理机构和相关责任人也分别接受了责令限期改正、行政罚款等行政处罚。

## 知识拓展

风景名胜资源是大自然和前人留下的珍贵自然文化遗产，十分稀有，而且相当脆弱，一旦破坏就不可再生，如果能得到有效保护，进行科学开发和利用，就可世代增值。为使风景名胜区的保护、利用、管理有章可循，有法可依，国务院制定了《风景名胜区条例》，对风景名胜区的设立、规划、保护、利用和管理等方面的工作作出了明确规定，完善了风景名胜区各项管理制度，强化了风景名胜资源的保护工作，对资源的合理利用作出了限制性和引导性的规定，在新的形势下，很好地处理了风景名胜区保护与利用、短期利益与长远利益之间的关系。

《风景名胜区条例》突出强化了以下五个方面内容。

第一，强化了风景名胜区的规划管理，建立健全了风景名胜区规划编制和审批制度，使风景名胜区保护、利用和管理切实有章可循。规划是一切建设行为的纲领，风景名胜区的任何建设行为都不能违背规划，同时规划又是处理好资源保护与利用的唯一有效手段。风景名胜区应当根据规划，积极开发风景名胜资源，改善交通、服务设施和游览条件。

第二，增加了风景名胜区资源的保护、利用和管理措施，明确了风景名胜区内的禁止行为。《风景名胜区条例》明确规定了风景名胜区内哪几类行为是严格禁止的，哪几类行为必须要得到行政许可，哪几类行为必须要经过审批，确保在有效保护和管理的前提下促进风景名胜资源的合理利用。在风景名胜区及其外围保护地带的各项建设，都应当与景观相协调，不得建设破坏景观、污染环境、妨碍游览的设施；在游人集中的游览区内，不得建设宾馆、招待所以及休养、疗养机构。

第三，明确了风景名胜区管理机构的性质、职能、执法主体地位以及上级主管部门对管理机构的监督职责，确立了管理机构的行政管理不得委托给企业行使的原则，强化了政府依法管理风景名胜区的职能。《风景名胜区条例》明确了风景名胜区管理机构执法的主体地位，明确管理机构属于政府序列的执法主体，负有不可推卸的法定的权力与责任，而且这个权力不可委托移交给企业。

第四，建立健全了风景名胜区门票和风景名胜资源有偿使用费管理制度，明确了风景名胜区内项目经营与管理制度，既起到了规范风景名胜区经营权出让转让行为的作用，又进一步弥补和解决了风景名胜区保护管理工作经费不足的问题。

第五，充实和完善了法律责任，强化了行政责任追究制度，加大了对违法行为的处罚力度。《风景名胜区条例》对严重破坏风景名胜资源，并可能给风景名胜资源造成不可挽回的损失的行为，规定了严厉的处罚，经济处罚最高可达100万元，并追究相应的刑事责任；同时对批准实施违法行为的地方人民政府以及相关主管部门直接负责的主管人员和其他直接责任人员，也规定了相应的行政责任和刑事责任。

### 思考与实训

1. 单项选择题

(1) 自然保护区的______禁止任何单位和个人进入。

A. 核心区　B. 游览区　C. 实验区　D. 缓冲区

(2) 旅游者可以进入自然保护区的______。

A. 核心区　B. 游览区　C. 实验区　D. 缓冲区

2. 多项选择题

某旅游团在进入一风景名胜区后，导游未做任何警示和说明，在游客自由活动期间，采取放任不管的态度，让游客随意游览，对任意采集各种野生药材的行为也未做任何制止，最终结束行程时，景区内已是一片狼藉。

(1) 在风景名胜区内采集标本、野生药材和其他林副产品，必须______。

A. 在专家指导下　B. 经管理机构同意

C. 限定数量　D. 在指定范围内进行

(2) 我国法律规定，对风景名胜区资源保护、利用和开发的原则是______。

A. 科学规划，分级管理　B. 科学规划，统一管理

C. 严格保护，永续利用　D. 严格保护，充分利用

(3) 在风景名胜区内进行下列______活动的，应当经风景名胜区管理机构审核后，依照有关法律、法规的规定报有关主管部门批准。

A. 设置、张贴商业广告

B. 举办大型游乐等活动

C. 改变水资源、水环境自然状态的活动

D. 其他影响生态和景观的活动

## 二　人文旅游资源的法律保护

### 案前导读

我国作为一个历史悠久、民族众多的文明古国，名胜古迹源远流长，历史文物数

不胜数，风土人情各异，人文旅游资源丰富，数量名列世界前茅。

有形的人文旅游资源，主要是指历史文物古迹，我国制定了《文物保护法》、《文物保护法实施条例》等一系列法律法规以保护人文旅游资源。《文物保护法》从文物的概念、范围、保护原则、考古发掘、文物交易、文物的出入境等多个方面做了明确规定，并对不可移动文物、馆藏文物、民间收藏文物等不同类型文物的保护措施做了具体详细的规定，同时强化了法律责任，对保护我国文物起到了非常重要的作用。

**典型案例**

## 案例 10-4　古民居建筑违规修缮案

**【案情介绍】**

在湖南南部的张谷英村，村民张某发现自己家房子的山墙由于年久失修快要倒了，他觉得墙体如果不维修，不知道哪天就会倒塌，说不定还会砸到人。2008 年 4 月中旬，他就自己动手，拆除并维修了这面山墙。

但是，早在 2001 年 6 月，张谷英村的古民居建筑群以其严格按照封建伦理观念修建的整体建筑风格，被列为国家重点保护文物。鉴于张谷英村的民居建筑是文物这一特点，文物部门规定，在修建时必须在文物部门的指导下，依照维持原貌的原则，保持整体的建筑风格进行修建。所以，张某修墙之前便和村里打过招呼。可是，村委会告诉张某，因为整个村子是文物，所以村委会并没有批准维修的权力，让其去找设在村里的张谷英民俗文化建设指挥部。该建设指挥部是当地政府为开发保护张谷英村设立的综合办事机构，其主要职能之一就是监管张谷英村的修建工作。张某提到既然房子是文物，修墙如果修成原样肯定会花较多的钱，于是就请求指挥部能给自己一些修缮补贴。对于张某的请求，指挥部拒绝了。指挥部指出，文物处管辖的国家经费没有对个人房屋维修的计划，这笔经费主要是对环境整治、大面积公益设施的维修费用。对于指挥部不承担个人维修费用的答复，张某自然不满意。他想，房子虽然是国宝，但是毕竟还是自己的财产，为了安全，他便自己动手，私自维修了墙体。结果，被张谷英民俗文化建设指挥部告之：推倒重修，恢复原状。

【请你思考】

(1) 不可移动文物的等级如何划分？本案张谷英村的古民居建筑群属于什么等级？

(2) 张某私自拆除他家房子山墙的做法对不对？其法律依据是什么？

(3) 张某房子的修缮费用应该由谁承担？

【涉及法条】

(1)《文物保护法》第二十一条：国有不可移动文物由使用人负责修缮、保养；非国有不可移动文物由所有人负责修缮、保养。非国有不可移动文物有损毁危险，所有人不具备修缮能力的，当地人民政府应当给予帮助；所有人具备修缮能力而拒不依法履行修缮义务的，县级以上人民政府可以给予抢救修缮，所需费用由所有人负担。

对文物保护单位进行修缮，应当根据文物保护单位的级别报相应的文物行政部门批准；对未核定为文物保护单位的不可移动文物进行修缮，应当报登记的县级人民政府文物行政部门批准。

文物保护单位的修缮、迁移、重建，由取得文物保护工程资质证书的单位承担。

对不可移动文物进行修缮、保养、迁移，必须遵守不改变文物原状的原则。

(2)《文物保护法》第二十六条：使用不可移动文物，必须遵守不改变文物原状的原则，负责保护建筑物及其附属文物的安全，不得损毁、改建、添建或者拆除不可移动文物。

对危害文物保护单位安全、破坏文物保护单位历史风貌的建筑物、构筑物，当地人民政府应当及时调查处理，必要时，对该建筑物、构筑物予以拆迁。

(3)《文物保护法》第六十六条：有下列行为之一，尚不构成犯罪的，由县级以上人民政府文物主管部门责令改正，造成严重后果的，处 5 万元以上 50 万元以下的罚款；情节严重的，由原发证机关吊销资质证书。

…………

③ 擅自迁移、拆除不可移动文物的。

④ 擅自修缮不可移动文物，明显改变文物原状的。

…………

【法理分析】

我国《文物保护法》第二十一条第二款规定，对文物保护单位进行修缮，应当根据文物保护单位的级别报相应的文物行政部门批准。该条第四款规定，对不可移动文物进行修缮、保养、迁移，必须遵守不改变文物原状的原则。而且按照《文物保护法》第二十六条的规定，使用不可移动文物，必须遵守不改变文物原状的原则，负责保护建筑物及其附属文物的安全，不得损毁、改建、添建或者拆除不可移动文物。因此，被确定为文物的不可移动文物原则上是不能随意改建或拆除的，如果必须改建、添建或者拆除，也应该履行法律规定的手续，依法进行。

本案中的修缮对象是已经确定为全国重点文物保护单位的张谷英村古民居建筑，其修缮计划和设计施工方案，应由国家文物局审查批准，修缮要遵循“修旧如旧”的原则，要保持原状。行为人张某未经批准擅自对已经确定为国家重点文物保护单位的房屋进行修缮是不合法的。

根据我国《文物保护法》第二十一条第一款的规定，非国有不可移动文物由所有人负责修缮、保养。非国有不可移动文物有损毁危险，所有人不具备修缮能力的，当地人民政府应当给予帮助；所有人具备修缮能力而拒不依法履行修缮义务的，县级以上人民政府可以给予抢救修缮，所需费用由所有人负担。因此，本案中房屋的所有人张某应负责修缮费用，如果其不具备修缮能力，可以向有关文物保护部门申请，由政府部门帮助解决修缮费用。

【处理结果】

根据我国《文物保护法》第六十六条第三款和第四款的规定，应由县级以上人民政府文物主管部门对张某的行为责令改正，恢复文物原状，造成严重后果的，应处 5 万元以上 50 万元以下的罚款。

典型案例

## 案例 10-5　南昌市古遗址、古墓葬发掘案

【案情介绍】

南昌市是全国首批历史文化名城。据文字记载，南昌城始建于汉高祖四年(公元前 201 年)，至今 2200 年。据考证，南昌有人类的历史距今约 5 万年，而人类在南昌定居的最早历史则为新石器时代。因此，该市地下文物遗存比较丰富。据记载，解放以来，文物考古部门在南昌共发现古文化遗址 59 处，其中在近郊的齐城岗、南郊的青云谱、西郊的西山和北郊的青山湖等地先后发现新石器时代遗址 14 处，发现西汉以来颇具历史、艺术和科学价值的大型古墓葬上百座。2001 年以来，古城南昌及所辖 4 县掀起城市建设热潮，大大小小的基建工程难以计数，但挖掘到古墓葬及古文化遗址而自觉向有关部门报告的并不多。

从 2001 年 12 月至 2002 年 8 月，主动上报的只有 5 处地下墓葬，分别为华东交大明墓、小蓝乡晋墓、下罗的汉墓、昌北开发区的晋墓和青云谱古墓场。这 5 处古墓中，除华东交大和青云谱古墓葬外，其他几处均有损坏。例如 2001 年 4 月份小蓝乡工地发现西晋墓葬后，几名施工者违法盗墓，最后因分赃不均闹到当地公安机关才败露。警方经过长时间努力，终于追回部分被盗文物。因古墓葬形制被破坏、部分文物流失，给考古研究带来不少困难。至今，这座墓葬的墓主身份还无从考证。

南昌某经济开发区在平整用地时，发现 3 座大型两晋时期墓葬，当时向江西省文物考古研究所作了报告。当考古队说明地下文物的勘探发掘所需经费依法应由土地开发单位承担时，对方表示很不理解。10 多天后，当考古专家重返现场时，对方说古墓葬已被推土机推掉了。

【请你思考】

(1) 南昌某经济开发区平整土地时发现的墓葬遗址所有权如何认定？

(2) 违法盗墓行为应该承担怎样的法律责任？

(3) 在基本建设和生产建设中进行的文物发掘费用应由谁来承担？

**【涉及法条】**

(1)《文物保护法》第五条：中华人民共和国境内地下、内水和领海中遗存的一切文物，属于国家所有。

古文化遗址、古墓葬、石窟寺属于国家所有。国家指定保护的纪念建筑物、古建筑、石刻、壁画、近代现代代表性建筑等不可移动文物，除国家另有规定的以外，属于国家所有。

国有不可移动文物的所有权不因其所依附的土地所有权或者使用权的改变而改变。

(2)《文物保护法》第九条第二款：基本建设、旅游发展必须遵守文物保护工作的方针，其活动不得对文物造成损害。

(3)《文物保护法》第十六条：各级人民政府制定城乡建设规划，应当根据文物保护的需要，事先由城乡建设规划部门会同文物行政部门商定对本行政区域内各级文物保护单位的保护措施，并纳入规划。

(4)《文物保护法》第二十九条第一款：进行大型基本建设工程，建设单位应当事先报请省、自治区、直辖市人民政府文物行政部门，组织从事考古发掘的单位在工程范围内有可能埋藏文物的地方进行考古调查、勘探。

(5)《文物保护法》第三十一条：凡因进行基本建设和生产建设需要的考古调查、勘探、发掘，所需费用由建设单位列入建设工程预算。

(6)《文物保护法》第三十二条：在进行建设工程或者在农业生产中，任何单位或者个人发现文物，应当保护现场，立即报告当地文物行政部门，文物行政部门接到报告后，如无特殊情况，应当在24小时内赶赴现场，并在7日内提出处理意见。文物行政部门可以报请当地人民政府通知公安机关协助保护现场；发现重要文物的，应当立即上报国务院文物行政部门，国务院文物行政部门应当在接到报告后15日内提出处理意见。

依照前款规定发现的文物属于国家所有，任何单位或者个人不得哄抢、私分、藏匿。

(7)《文物保护法》第六十四条：违反本法规定，盗掘古文化遗址、古墓葬，构成犯罪的，依法追究刑事责任。

(8)《文物保护法》第六十五条第一款：违反本法规定，造成文物灭失、损毁的，依法承担民事责任。

(9)《文物保护法》第七十四条第一款：发现文物隐匿不报或者拒不上交，尚不构成犯罪的，由县级以上人民政府文物主管部门会同公安机关追缴文物；情节严重的，处5000元以上5万元以下的罚款。

**【法理分析】**

考古发掘是指对埋藏在我国领域内的地下、水中的文物进行的考古发掘。地下文物是进行科学研究的宝贵财富，也是不可多得的旅游资源。那么，应该如何保护地下丰富的文化遗产呢？我国《文物保护法》对此作出了严格规定。第一，必须履行报批手续，一切考古发掘工作都必须履行报批手续，未经批准，地下埋藏的文物，任何单位和个人都不得私自发掘。第二，确认出土文物的归属，按我国《文物保护法》的规定，地下、内水和领海中遗存的一切文物，属于国家所有。经发掘出的文物，除根据考古需要交科学研究部门外，都必须由当地文物行政管理部门指定的单位保管，任何单位和个人不得侵占。第三，进行大型基本建设项目时，建设单位要实现会同省级文物行政管理部门，对可能埋藏文物的地方进行考古调查或勘探。第四，在进行基建或农业生产中，任何单位或个人发现文物，应报告给当地文物行政管理部门，只有这样，才能使文物的流失率降到最低程度。

本案涉及多处违法行为。首先，最为明显的是盗墓行为，不仅违反了我国《文物保护法》的规定，也触犯了刑法。其次，许多基建工程单位未按我国《文物保护法》第二十九条的规定履行报请手续。再次，多数建设施工单位违反我国《文物保护法》第三十二条的规定，在发现文物时，未立即报告给当地文物行政部门。最后，南昌某经济开发区在发现古墓葬后虽然向有关文物部门报告，但在文物部门作出处理之前擅自将古墓葬用推土机推掉，造成文物毁损。事实上，在全国各地的建设和生产中，均有上述类似的破坏、毁损、盗挖文物的违法行为，据有关人士介绍，各施工单位对发现的地下古墓葬不上报，原因有以下 3 个方面。一是怕文物勘探发掘耽误工程进展，二是不想支付文物勘探发掘费(按照我国《文物保护法》第三十一条的规定，基本建设和生产建设中涉及的文物调查、勘探和发掘的费用由建设单位承担)，三是企图将文物据为己有。所以，要更全面深入地保护文物资源，仍需要做很多工作。

**【处理结果】**

本案中，建设单位发现文物隐匿不报的行为尚未触犯刑法的，应按我国《文物保护法》第七十四条第一款的规定，由县级以上人民政府文物主管部门会同公安机关追缴文物；情节严重的，处 5000 元以上 5 万元以下的罚款。私自盗挖古墓葬文物的行为应依据我国《刑法》的有关规定处以刑罚。某经济开发区擅自推掉古墓葬的行为，应承担相应的民事责任，并可由当地文物主管部门责令改正，造成严重后果的，处 5 万元以上 50 万元以下的罚款。另外，所有负有责任的主管人员和其他直接责任人员是国家工作人员的，依法给予相应的行政处分。

## 知识拓展

我国《文物保护法》第二条明确了我国文物的范围，该条规定，在中华人民共和国境内，下列文物受国家保护：①具有历史、艺术、科学价值的古文化遗址、古墓葬、古建筑、石窟寺和石刻、壁画；②与重大历史事件、革命运动或者著名人物有关的以及具有重要纪念意义、教育意义或者史料价值的近代现代重要史迹、实物、代表性建筑；③历史上各时代珍贵的艺术品、工艺美术品；④历史上各时代重要的文献资料以及具有历史、艺术、科学价值的手稿和图书资料等；⑤反映历史上各时代、各民族社会制度、社会生产、社会生活的代表性实物；⑥具有科学价值的古脊椎动物化石和古人类化石同文物一样受国家保护。

《文物保护法》对我国文物设立了不同的等级，古文化遗址、古墓葬、古建筑、石窟寺、石刻、壁画、近代现代重要史迹和代表性建筑等不可移动文物，根据它们的历史、艺术、科学价值，可以分别确定为全国重点文物保护单位，省级文物保护单位，市、县级文物保护单位。历史上各时代重要实物、艺术品、文献、手稿、图书资料、代表性实物等可移动文物，分为珍贵文物和一般文物；珍贵文物分为一级文物、二级文物、三级文物。

无论是国有文物，还是属于集体所有和私人所有的纪念建筑物、古建筑和祖传文物以及依法取得的其他文物，其所有权均受法律保护。同时，文物的所有者均须遵守国家有关文物保护的法律法规的规定。不可移动文物的使用、修缮、迁移，馆藏文物的使用、展览、调配、管理，民间文物的流通转让等方面的事项，我国法律法规均有相应的规定。如有违反，将要承担相应的民事责任、行政责任甚至刑事责任。

## 思考与实训

1. 案例分析题

山西省灵丘县觉山寺塔，2001 年 7 月刚被列为第五批全国重点文物保护单位，就遭到严重破坏。塔基座四周在国内砖塔中绝无仅有的造型生动、雕刻精细的雕像，有的被砍去胳膊和头部，有的被整个盗走。塔内对研究辽代的绘画和佛教艺术极有价值的辽代壁画，被破坏得面目全非。不仅如此，灵丘县文化旅游部门还违规把觉山寺承包给 5 个人经营，每年负责向县里上缴门票收入 9 万元。这 5 人接手管理后，只是在塔四周新增了一圈不足 1 米高的铁栏杆，此外便没有采取任何保护措施。

山西省文物局得知此事后，立即责成大同市文物局处理此事。经调查核实，发现上述情况属实，大同市文物局责成灵丘县立即解决。灵丘县县委、县政府十分重视，以县政府常务会会议纪要的形式，责令即解除觉山寺塔的承包合同，将觉山寺塔仍交当地文管所管理。

请问：全国重点文物保护单位能随意承包的？

2. 单项选择题

(1) 按照我国《文物保护法》的规定，下列______文物不属于国家所有。

A. 赵某在深山捡到的古龟甲　　B. 王某在铁路施工中发现的古钱币

C. 李某捐赠给某博物馆的古鼎　　D. 张某家传的一幅古画

(2) 我国文物保护单位分为三级，其中不包括______。

A. 世界级　　B. 省、自治区、直辖市级

C. 国家级　　D. 市、县级

3. 多项选择题

(1) 国家禁止出境的文物，不得______给外国人。

A. 赠送　　B. 转让　　C. 出租　　D. 质押

(2) 导游员可以收藏______取得的文物。

A. 依法继承或接受赠与　　B. 从文物商店购买

C. 从经营文物拍卖的拍卖企业购买　　D. 与他人合法所有的文物进行交换

# 11

# 旅游纠纷解决制度

相关法律法规

目前，我国有关旅游纠纷的法律法规主要包括《民事诉讼法》、《仲裁法》、《最高人民法院关于审理旅游纠纷案件适用法律若干问题的规定》、《旅游投诉处理办法》、《旅行社服务质量赔偿标准》等。

当然，我国有关规范旅行社经营活动以及保护旅游者合法权益的法律法规对解决旅游纠纷也有指导、参照作用，例如《消费者权益保护法》、《旅行社条例》、《旅行社条例实施细则》《导游人员管理条例》、《中国公民出国旅游管理办法》等。

# 一　旅游投诉

**案前导读**

随着我国市场经济的发展、交通状况的改善以及人们生活需求的不断变化，旅游活动也蓬勃发展起来，与此同时，在旅游活动中发生的各种纠纷和矛盾也频繁出现，于是旅游投诉成为解决旅游纠纷不可缺少的一种手段。为了维护旅游者和旅游经营者的合法权益，依法公正处理旅游投诉，国家旅游局制定了《旅游投诉处理办法》，明确规定旅游者认为旅游经营者损害其合法权益时，有权请求旅游行政管理部门、旅游质量监督管理机构或者旅游执法机构，对双方发生的民事争议进行处理(见《旅游投诉处理办法》第二条)。可以说，《旅游投诉处理办法》的实施给旅游者吃了一颗定心丸，例如将旅游投诉的有效期由以前的 60 天延长至现在的 90 天，给游客提供了足够长的时间维护自身的合法权益。如果因为旅行社的原因造成旅游者预交旅游费用损失的，甚至造成旅游者滞留的，旅行社需要及时支付实际发生的交通、食宿或返程费用。如果游客与旅行社不能达成调解协议，旅游投诉处理机构可以作出划拨旅行社质量保证金赔偿的决定，或向旅游行政管理部门提出划拨旅行社质量保证金的建议(见《旅游投诉处理办法》第二十六条)。旅游者在参加旅游活动中有许多法律途径可以维护其权益不受侵犯，但如果客观条件允许，最好先与旅行社及时沟通、妥善处理、相互协作、采取补救措施，继续完成旅行，不可随意解除合同或采取过激行为扩大损失，做到理性消费、依法维权。

**典型案例**

## 案例 11-1　旅行社强迫消费遭投诉案

**【案情介绍】**

2010 年 3 月，西安市民王先生看到一则标价为 1980 元的“泰国七日游经典版”旅游广告，比较符合自己的心理价位，决定报名出游。3 月 22 日王先生来到西安某旅行社交齐旅游款项，签订了出境旅游合同。合同写明一条：游客每人所交团费 1980 元，其中机票 1400 元、各种杂费 580 元，其他项目由游客自愿消费。王先生觉得签了合同又写得如此详细，可以放心旅游了，但旅途中才发现旅行社安排的游览景点都是“走马观花”，而且未经游客同意增加了诸如泰式按摩、森林骑大象、鱼翅燕窝等多个自费项目。王先生理解旅行社的做法，他想旅游离不开消费，旅行社一般都会安排一些消费、购物之类的项目，既然是自费的，只要自己不掏腰包就行了。但在一个岛上游览时，导游要求王先生及其他游客每人交纳 500 元费用观看“蓝色生死恋”，否则不许离开此岛。王先生跟导游讲自己带的钱不够不想参加，却没想到导游态度强硬，还说这是旅行社的规定，迫于无奈王先生掏了 500 元观看了一场色情表演。旅游行程结束后，王先生向陕西省旅游局提出投诉，要求旅行社退还参加自费项目的 500 元，并赔偿损失的 1 倍费用。

(摘自西安晚报，有改动。)

**【请你思考】**

(1) 旅游者在旅游活动中发生纠纷，有权向哪些部门投诉？

(2) 陕西省旅游局是否对本案有管辖权？

(3) 旅游者可以就哪些事项向旅游投诉处理机构投诉？

(4) 旅行社擅自增加自费项目应当承担什么法律责任？

**【涉及法条】**

(1)《旅游投诉处理办法》第二条：本办法所称旅游投诉，是指旅游者认为旅游经营者损害其合法权益，请求旅游行政管理部门、旅游质量监督管理机构或者旅游执法机构(以下统称旅游投诉处理机构)，对双方发生的民事争议进行处理的行为。

(2)《旅游投诉处理办法》第五条：旅游投诉由旅游合同签订地或者被投诉人所在地县级以上地方旅游投诉处理机构管辖。

需要立即制止、纠正被投诉人的损害行为的，应当由损害行为发生地旅游投诉处理机构管辖。

(3)《旅游投诉处理办法》第六条：上级旅游投诉处理机构有权处理下级旅游投诉处理机构管辖的投诉案件。

(4)《旅游投诉处理办法》第八条：投诉人可以就下列事项向旅游投诉处理机构投诉。

① 认为旅游经营者违反合同约定的。

② 因旅游经营者的责任致使投诉人人身、财产受到损害的。

③ 因不可抗力、意外事故致使旅游合同不能履行或者不能完全履行，投诉人与被投诉人发生争议的。

④ 其他损害旅游者合法权益的。

(5)《消费者权益保护法》第四十九条：经营者提供商品或者服务有欺诈行为的，应当按照消费者的要求增加赔偿其受到的损失，增加赔偿的金额为消费者购买商品的价款或者接受服务费用的 1 倍。

**【法理分析】**

为了争取客源，旅行社不时想出各种揽客的招数，通过零团费、负团费的低报价招徕旅游者，再通过增加各种自费项目来赚取差价、赢得利润就是手段之一。本案旅行社不是靠诚信经营、提高服务质量赢得发展，而是以较低的团费招徕旅游者，却在行程中违反约定擅自增加自费项目来补贴差价，使得旅游者的合法权益受损，做法显然是违法的。

一般来说，当旅游者与旅行社之间发生纠纷时，可先沟通协商解决；协商不成时可以拿起手中的法律武器去维权，向旅游行政管理部门、旅游质量监督管理机构或者旅游执法机构投诉就是其中途径之一。随着我国旅游市场的逐渐规范化，各地旅游局均设立了质量监督管理所，专门受理旅游者的投诉请求。如果旅游者认为自己的合法权益受到侵害时，可以向旅游合同签订地或者被投诉人所在地县级以上地方旅游投诉处理机构进行投诉，特殊情况下还可以向损害行为发生地旅游投诉处理机构投诉。本案中王先生向旅游合同签订地的陕西省旅游投诉处理机构进行投诉是合法的。

《旅游投诉处理办法》中明确规定了旅游者可以就哪些事项进行投诉，主要包括认为旅游经营者违反合同约定的；因旅游经营者的责任致使投诉人人身、财产受到损害的；因不可抗力、意外事故致使旅游合同不能履行或者不能完全履行，投诉人与被投诉人发生争议的；其他损害旅游者合法权益的，例如强迫消费、坑骗游客等。本案中王先生认为旅行社违反合同约定擅自增加自费项目而提起投诉是符合规定的。

**【处理结果】**

西安市某旅行社违反合同约定，擅自增加自费项目，致使旅游消费者王先生产生了经济损失，经陕西省旅游局调解，由旅行社退还王先生参加自费项目的 500 元，并增加赔偿其受到的损失 500 元，共计 1000 元人民币。同时，由于旅行社涉嫌胁迫旅游者参加需要另行付费的游览项目，陕西省旅游局依法对该旅行社处以 10 万元的罚款，其委派的导游人员也被罚款 1 万元。

**典型案例**

## 案例 11-2　旅游者擅自解除合同过度维权案

**【案情介绍】**

2009 年 8 月，福州市某旅行社组织了一个庐山四日游的旅游团，共由 35 名游客组成。该旅行社与游客协商一致后订立了旅游合同，约定每人旅游费用 1800 元；团队往返乘坐硬卧火车，住宿标准为二星级饭店、双人标准间、独立卫生间，餐饮标准是四菜一汤、不含酒水，安排游览庐山等 6 个景点。该旅行团到达目的地后，在导游的带领下抵达饭店，导游称下榻的是评上二星级多年的一家老饭店，希望游客放心入住。但其中有 5 位客人认为该饭店设施老化、服务有限，不符合二星级饭店的标准，拒绝入住，要求更换饭店。导游和旅行社经理联系后向游客解释说正值庐山旅游旺季饭店紧张，他们已尽全力才订到房间，希望客人谅解并愿意对饭店未达服务质量标准的部分给予每人50元的补偿。但5名客人拒绝接受旅行社的意见，决定解除旅游合同，自行返回。随后5名客人委托其中1名游客张某向福州市旅游质监所投诉，要求组团社退还全部的旅行费用，并要求按团费的80%支付违约金。经调查核实，该团队下榻的饭店确实是二星级饭店。

(摘自网易博客之福建省旅游质量监督管理所林松，略有改动。)

**【请你思考】**

(1) 张某是否有权代表其他4名游客进行投诉？

(2) 在投诉处理过程中，张某是否可以和旅行社进行和解？

(3) 旅游质监所是否会支持5名游客的投诉请求？

**【涉及法条】**

(1)《旅游投诉处理办法》第八条：投诉人可以就下列事项向旅游投诉处理机构投诉。

① 认为旅游经营者违反合同约定的。

② 因旅游经营者的责任致使投诉人人身、财产受到损害的。

③ 因不可抗力、意外事故致使旅游合同不能履行或者不能完全履行，投诉人与被投诉人发生争议的。

④ 其他损害旅游者合法权益的。

(2)《旅游投诉处理办法》第十四条：投诉人4人以上，以同一事由投诉同一被投诉人的，为共同投诉。

共同投诉可以由投诉人推选1至3名代表进行投诉。代表人参加旅游投诉处理机构处理投诉过程的行为，对全体投诉人发生效力，但代表人变更、放弃投诉请求或者进行和解，应当经全体投诉人同意。

(3)《旅游投诉处理办法》第二十三条：在投诉处理过程中，投诉人与被投诉人自行和解的，应当将和解结果告知旅游投诉处理机构；旅游投诉处理机构在核实后应当予以记录并由双方当事人、投诉处理人员签名或者盖章。

(4)《合同法》第一百一十九条：一方当事人违约后，对方应当采取适当措施防止损失的扩大；没有采取适当措施致使损失扩大的，不得就扩大的损失要求赔偿。当事人因防止损失扩大而支出的合理费用，由违约方承担。

**【法理分析】**

随着人们法律意识的普遍提高，旅游者在参团旅游时都保持高度警觉，注重旅游合同的严格履行，时刻准备在权益受到侵害时采取法律手段予以维护。本案中由于旅行社未能完全按照合同约定提供饭店，有部分旅游者解除合同后向相关部门提起投诉，就是旅游者维护自身合法权益的典型案件。旅游者参团旅游受到损害往往涉及人数众多，《旅游投诉处理办法》规定了共同投诉的法律制度，即投诉人为4人以上，以同一事由投诉同一被投诉人的，为共同投诉。可以由投诉人推选1至3名代表进行投诉。本案中5名游客委托其中1名向旅游质监所投诉是符合办法规定的，因此，张某有权代表其他4名游客提出投诉。

同时，《旅游投诉处理办法》中还规定了代表人参加旅游投诉处理机构处理投诉过程的行为，对全体投诉人发生效力，但代表人变更、放弃投诉请求或者进行和解，应当经全体投诉人同意。本案中，张某在参加处理投诉的过程中与旅行社达成和解协议，并未征得其他 4 名游客同意，不符合办法之规定的，对其他投诉人不发生法律效力。为此，旅游质监所应当依法对本案进行相应处理，及时解决纠纷。

【处理结果】

由于共同投诉中的代表人与被投诉人达成的和解协议未能生效，旅游质监所对本案进行了调解，双方达成调解协议，由旅行社退还 5 名游客全部旅行费用。

## 知识拓展

一份合法的旅游合同，不仅规范了旅行社的行为，也规定了旅游者应尽的义务。依法成立的合同受法律保护，对当事人双方都有法律约束力，无论旅行社还是旅游者都应当按照合同约定履行自己的义务。笔者此处强调，旅游者权益受损时通过法律途径维权，理所当然，但应当在法律和公共道德允许的范围之内，在合法和合理的范围内为之。旅游者不能因旅行社违约就让它遭受更大的损失。所谓过犹不及，因过度维权而扩大的损失只能自己承担，旅行社不予赔偿。因此，作为旅游者应当遵循诚实信用原则，不得滥用权利，在依法行使权利的同时注意履行相应的义务，采取正确的方式促使合同完成，实现旅游目的。

## 思考与实训

1. 案例分析题

(1) 林某持有导游证并办理了登记注册手续，被某旅行社聘用。在一次带团旅游中，他按照旅行社的接待计划，安排和组织该团旅游者游览。该团旅游者对其在旅游途中的导游讲解服务质量不满。旅游结束后，向质监所投诉，要求退还导游服务费用。该旅行社以旅游者投诉为由，不支付林某带团报酬，并辞退了林某。对旅行社这一做法，林某十分不满，提出此次带团是受旅行社委派，旅行社应按约定支付其带团报酬并对投诉承担责任。而旅行社则以与林某没有订立合同为由，拒绝这一要求。据查，林某在带团导游讲解过程中，确实存在着讲解服务质量问题。

根据上述材料回答下列问题。

① 旅游者在旅行途中遇到哪些情况时可以向有关部门投诉?

② 林某认为旅游者对其投诉，应由旅行社承担责任的说法是否成立？有何依据？

(2) 某年 1 月，姜某等 16 名旅游者参加了江南观光旅行社组织的海南四飞六日游。按合同约定的行程计划是 2 月 3 日乘飞机从三亚返回海口。但由于大雾和雷电天气，预定航班被迫取消。旅行社为确保 2 月 4 日乘海口至北京航班按时返京，拟改乘大巴赶回海口。但与旅游者协商未果，旅游者坚持按原约定乘飞机返回海口。由此导致在三亚滞留 4 天。直到 2 月 8 日，旅行社设法购得机票后才返程。返京后，姜某等旅游者以上述原因向旅游行政管理部门投诉，要求旅行社承担违约责任，并支付他们滞留三亚期间的住宿费用及误工费。

根据上述材料回答下列问题。

① 旅游者的投诉有无法律依据？请求能否得到支持？

② 根据《旅游投诉处理办法》旅游行政管理部门应如何处理这一投诉？

(3) 某年黄金周期间，魏某等 7 人与陕西某旅行社签订旅游合同，参加了该旅行社组织的张家界旅游团。游客王某等 4 人在毫不知情的情况下被转团至陕西另一旅行社。据魏某、王某等人称，他们飞抵张家界后，地接社张家界某旅行社将客人带到无任何星级的家庭旅游宾馆。游客们发现该酒店无相关证照，并且紧邻垃圾中转站。该酒店与相邻建筑物距离不到 0.5 米，卧室通气的唯一窗户正对着厨房排气扇。游客们强烈要求换房，但组团社导游全某对此置之不理。在这人地生疏的偏僻小巷，游客们担心生命、财产安全，担惊受怕地枯坐了一个通宵。魏某、王某等人还了解到地接社派来的导游熊某没有出示导游证，后经游客一再要求，他才出示旅游咨询接待证。整个旅游过程中，熊某都用地方话解说，游客半天不知所云，一到景点，他就吆喝大家各自游玩。整个游程，大家只能随其他旅游团的导游东听一下，西听一下，完全未享受到合同约定的服务。旅游结束后，魏某、王某等人向旅游局质监所投诉，要求陕西某旅行社承担赔偿损失责任。该旅行社称旅游者的损失是张家界旅行社造成的，应由其承担违约责任；而导游熊某是去年考上导游的，导游资格证和导游证还没有办下来。

请运用所学的法律法规分析本案例，旅游者投诉组团社要求承担责任是否正确？为什么？

2. 多项选择题

(1) 旅游者认为旅游经营者损害其合法权益，有权请求哪些机构对双方发生的民事争议进行处理？______

A. 旅游行政管理部门　　B. 旅游质量监督管理机构

C. 旅游执法机构　　D. 工商行政管理部门

(2) 旅游投诉由______管辖。

A. 旅游合同签订地

B. 被投诉人所在地县级以上地方旅游投诉处理机构

C. 旅游合同履行地

D. 被投诉人所在地工商行政管理部门

(3) 投诉人可以就______事项向旅游投诉处理机构投诉。

A. 认为旅游经营者违反合同约定的

B. 因旅游经营者的责任致使投诉人人身、财产受到损害的

C. 因不可抗力、意外事故致使旅游合同不能履行或者不能完全履行，投诉人与被投诉人发生争议的

D. 其他损害旅游者合法权益的

(4) 哪些情形下，旅游者的投诉不予受理？______

A. 人民法院、仲裁机构、其他行政管理部门或者社会调解机构已经受理或者处理的

B. 旅游投诉处理机构已经作出处理，且没有新情况、新理由的

C. 不属于旅游投诉处理机构职责范围或者管辖范围的

D. 超过旅游合同结束之日 90 天的

## 二　旅游诉讼

### 案前导读

在众多解决社会矛盾和冲突的法律手段中，诉诸法院、提起诉讼、请求司法救济备受人们的青睐和信任。长久以来，诉讼以其公正审判性、程序规范性、强制执行性等优势在各种救济手段中居于主要地位。

在旅游活动中，由于旅游者与旅行社签订的合同不规范、航班晚点、旅行社擅自减少游览项目或者增加自费项目，甚至自助游中网友间相互没有约定等各种原因产生了多样、复杂的旅游纠纷，造成了旅游诉讼案不断攀升。为正确审理旅游纠纷案件，依法保护当事人合法权益，根据《中华人民共和国民法通则》、《中华人民共和国合同法》、《中华人民共和国消费者权益保护法》、《中华人民共和国侵权责任法》和《中华人民共和国民事诉讼法》等有关法律的规定，结合民事审判实践，2010 年由最高人民法院制定了《最高人民法院关于审理旅游纠纷案件适用法律若干问题的规定》。该规定的出台对于依法维护旅游者和旅游经营者、旅游辅助服务者的合法权益，构建规范有序、和谐稳定的旅游环境具有非常重要的意义。

### 典型案例

## 案例 11-3　游客自助游不幸溺水身亡，酒店和旅行社被判赔偿案

**【案情介绍】**

2010 年年初，温州籍学生王兵为自己和姐姐王娟在其就学的杭州市某旅行社报名参加了海南三日自助游，签订了旅游合同，约定前两日旅行社安排四处景点由导游带队，第三日游客自由安排活动，自由活动期间责任自负。活动的第三天由于没有特别安排，王兵和姐姐决定在酒店的游泳场浮潜，但王娟不幸发生了意外。返回温州后王

娟的家人将酒店和旅行社一并起诉到当地法院，称由于意外发生在旅游期间，酒店没有尽到告知义务，应当对此事负责，当初负责组团出游的旅行社承担补充责任，要求双方支付死亡赔偿金、精神抚慰金共23万元。温州市人民法院接到起诉后发现不属于本院管辖范围，裁定不予受理，告知原告向有管辖权的人民法院起诉。遂王娟家人向杭州市人民法院提起诉讼，在开庭审理案件过程中，旅行社无正当理由拒不到庭。

(摘自中国旅游交易网，略有改动。)

**【请你思考】**

(1) 温州市人民法院对此案为什么没有管辖权？

(2) 旅行社拒不到庭，法院应当如何处理？

(3) 旅行社在游客自行安排活动期间履行什么义务？承担什么责任？

(4) 旅游合同中的免责条款是否有效？

**【涉及法条】**

(1)《民事诉讼法》第二十二条：对公民提起的民事诉讼，由被告住所地人民法院管辖；被告住所地与经常居住地不一致的，由经常居住地人民法院管辖。

对法人或者其他组织提起的民事诉讼，由被告住所地人民法院管辖。

同一诉讼的几个被告住所地、经常居住地在两个以上人民法院辖区的，各该人民法院都有管辖权。

(2)《民事诉讼法》第二十三条：下列民事诉讼，由原告住所地人民法院管辖；原告住所地与经常居住地不一致的，由原告经常居住地人民法院管辖。

① 对不在中华人民共和国领域内居住的人提起的有关身份关系的诉讼。

② 对下落不明或者宣告失踪的人提起的有关身份关系的诉讼。

③ 对被劳动教养的人提起的诉讼。

④ 对被监禁的人提起的诉讼。

(3)《民事诉讼法》第一百三十条：被告经传票传唤，无正当理由拒不到庭的，或者未经法庭许可中途退庭的，可以缺席判决。

(4)《民事诉讼法》第一百零八条：起诉必须符合下列条件。

① 原告是与本案有直接利害关系的公民、法人和其他组织。

② 有明确的被告。

③ 有具体的诉讼请求和事实、理由。

④ 属于人民法院受理民事诉讼的范围和受诉人民法院管辖。

(5)《最高人民法院关于审理旅游纠纷案件适用法律若干问题的规定》第十九条：

旅游者在自行安排活动期间遭受人身损害、财产损失，旅游经营者未尽到必要的提示义务、救助义务，旅游者请求旅游经营者承担相应责任的，人民法院应予以支持。

前款规定的自行安排活动期间，包括旅游经营者安排的在旅游行程中独立的自由活动期间、旅游者不参加旅游行程的活动期间以及旅游者经导游或者领队同意暂时离队的个人活动期间等。

**【法理分析】**

随着人们追求个性、时尚旅游需求的加大，以及互联网的广泛普及，自助游以自由、绿色、实惠等诸多优势成为学生、白领等年轻人的主打出游方式。为了适应这一趋势的发展，也为了从这块“蛋糕”中获利，不少旅行社也开发了一种形式的“自由行”，即由旅行社提供机票、酒店等环节的中介服务，游客自由选择游览、娱乐、购物等休闲项目。这种方式的旅游，不仅避免了旅行社与旅游者在活动安排上的矛盾，而且满足了旅游者轻松、自由出行的愿望，但自由的背后也面临着存在的风险和承担的责任，因此旅游者在选择时应作出充分考虑。本案中，王氏姐弟在参加旅行社组织的自助游活动中发生人身伤亡事故，其家人将酒店和旅行社一并起诉到法院，涉及以下法律问题。

首先，王娟家人向温州市人民法院起诉不被受理，涉及法院的管辖权问题。根据我国《民事诉讼法》第二十三条的规定，当对不在中华人民共和国领域内居住的人提起的有关身份关系的诉讼、对下落不明或者宣告失踪的人提起的有关身份关系的诉讼、对被劳动教养的人提起的诉讼，对被监禁的人提起的诉讼由原告住所地人民法院管辖。本案中，王娟在异地旅游发生人身伤亡事故并非上述情形之一，故温州市人民法院作为原告的住所地，法院对此案没有管辖权，应当告知其向有管辖权的人民法院起诉。根据我国《民事诉讼法》第二十二条的规定，对法人或者其他组织提起的民事诉讼，由被告住所地人民法院管辖。同一诉讼的几个被告住所地、经常居住地在两个以上人民法院辖区的，各人民法院都有管辖权。杭州市人民法院作为其中一被告住所地法院，对该案享有管辖权限。

其次，杭州市人民法院审理案件过程中，被告之一的旅行社无正当理由拒不到庭，涉及法院应当如何处理的问题。根据我国《民事诉讼法》第一百三十条的规定，被告经传票传唤，无正当理由拒不到庭的，或者未经法庭许可中途退庭的，可以缺席判决。本案中，原告起诉的被告包括酒店和旅行社，在开庭审理中，其中一个被告拒不到庭并不影响案件的处理，法院可以依法作出缺席判决。

**【处理结果】**

人民法院认为，此案中的旅游形式虽然是自助游，但被告方酒店和旅行社仍然负有说明、警告的法定附随义务。但由于说明、警告等自助游的附随义务相比旅游组织方全程服务旅游的义务要小，且旅游者是在旅游行程中的自由活动中，自身也负有注意安全的义务。因此，原告方也应当对意外事件承担相应责任。但由于审理过程中被告之一拒不到庭，法院依法缺席判决。最终判决由两被告(酒店和旅行社)赔偿原告共计19 万元。

典型案例

## 案例 11-4 不可抗力可减轻旅行社责任案

**【案情介绍】**

2009 年国庆长假期间，杭州某旅行社组织了包括 30 名旅游者的北京五日游旅游团，签订了旅游合同。当旅游团上午 8 时到达机场时，由于突遇暴风雨，机场被迫关闭，飞机无法按计划起飞，游客滞留机场。大部分旅游者愿意等候，龚先生等 5 名旅游者愿意解除旅游合同。其他旅游者在机场等候了 5 个小时后前往北京。返程后旅游者向法院起诉，分别提出了以下诉求。龚先生等 5 名旅游者要求旅行社退还全额团费并赔偿全部团费的 50%，理由是旅行社违约；其他 25 名旅游者要求赔偿 500 元，理由是旅游行程比原计划匆忙了许多，缩短了在景点逗留的时间，无形中损害了旅游者的权益，旅行社仍然存在违约的事实。

(摘自 2009 年导游考试资料，略有改动。)

**【请你思考】**

(1) 法院在处理民事纠纷时应当根据什么原则进行调解？

(2) 调解书送达之前一方反悔时，法院应当如何处理？

(3) 发生不可抗力导致合同不能按照约定履行时，旅行社承担什么责任？

(4) 公共客运交通工具的延误导致合同不能按照约定履行时，旅行社承担什么责任？

**【涉及法条】**

(1)《民事诉讼法》第八十五条：人民法院审理民事案件，根据当事人自愿的原则，在事实清楚的基础上，分清是非，进行调解。

(2)《民事诉讼法》第八十八条：调解达成协议，必须双方自愿，不得强迫。调解协议的内容不得违反法律规定。

(3)《民事诉讼法》第八十九条：调解达成协议，人民法院应当制作调解书。调解书应当写明诉讼请求、案件的事实和调解结果。

调解书由审判人员、书记员署名，加盖人民法院印章，送达双方当事人。

调解书经双方当事人签收后即具有法律效力。

(4)《民事诉讼法》第九十一条：调解未达成协议或者调解书送达前一方反悔的，人民法院应当及时判决。

(5)《最高人民法院关于审理旅游纠纷案件适用法律若干问题的规定》第十三条：因不可抗力等不可归责于旅游经营者、旅游辅助服务者的客观原因导致旅游合同无法履行，旅游经营者、旅游者请求解除旅游合同的，人民法院应予以支持。旅游经营者、旅游者请求对方承担违约责任的，人民法院不予以支持。旅游者请求旅游经营者退还尚未实际发生的费用的，人民法院应予以支持。

因不可抗力等不可归责于旅游经营者、旅游辅助服务者的客观原因变更旅游行程，在征得旅游者同意后，旅游经营者请求旅游者分担因此增加的旅游费用或旅游者请求旅游经营者退还因此减少的旅游费用的，人民法院应予以支持。

**【法理分析】**

从古至今，我国都比较注重人与人之间的和谐关系，在民事诉讼活动中就表现为调解制度的应用。所谓诉讼调解，是指诉讼各方当事人在法官的主持下，根据自愿的原则，就各种权益争议，通过互谅互让、平等协商，最终达成协议，用以解决民事纠纷的一种诉讼活动和结案方式。其最主要的特点就是避免当事人之间的激烈冲突和对抗，采取较为温和的方式解决纠纷。既符合中国人的“息讼”心理，当事人双方不伤和气，也可以避免当事人对法院产生不公正的猜疑。因此，诉讼调解被誉为“东方经验”、“中国特色”，受到各地人民法院的重视，发挥其独特的作用。本案中，由于天气的原因导致航班延误，致使游客滞留机场本不属旅行社恶意违约，法院采取调解的方式结案，就是本着当事人互谅互让的原则所做的裁判。依据我国《民事诉讼法》的相关规定，人民法院在采取调解的方式进行审理民事案件时，应当坚持自愿和合法的原则。一方面，根据当事人自愿的原则，在事实清楚的基础上，分清是非，进行调解。调解达成协议，必须双方自愿，不得强迫。另一方面，调解协议的内容不得违反法律规定。双方当事人达成协议后，人民法院制作调解书，调解书经双方当事人签收后即具有法律效力。但本案中，由于涉及 35 名游客的利益，在调解书送达前有部分游客反悔，法院应当依据我国《民事诉讼法》的规定，及时做出判决。

就本案而言，涉及的是不可抗力导致航班延误造成旅行社违反合同约定，这种情况下是否应由旅行社承担违约责任的问题。《最高人民法院关于审理旅游纠纷案件适用法律若干问题的规定》明确规定，不可抗力等不可归责于旅行社的客观原因导致旅游合同无法履行，而旅游者请求旅行社承担违约责任的，法院不予以支持。相应的还规定，因飞机等公共客运交通工具延误，导致合同不能按照约定履行，法院支持旅游者请求旅行社退还尚未实际发生的费用。同时也规定，因客观原因变更旅游行程，征得旅游者同意后，法院支持旅游者请求旅行社退还因此减少的旅游费用。本案中，遇到不可抗力导致合同不能如约履行时，游客分别作出了两种选择，龚先生等 5 名游客放弃旅游，解除合同，有权请求旅行社退还尚未实际发生的费用；而其他 25 名游客继续旅游，完成合同，有权请求旅行社退还就此变更旅游行程而减少的旅游费用。

因此，旅行社违约确实给旅游者造成了一些损失，应当相应的赔偿，但由于是天气的原因，属不可抗力的影响，旅行社并无过错，为了协调处理双方的矛盾，使得各方都不“委屈”，人民法院采取调解的方式解决纠纷十分必要。如果调解书送达前一方反悔，法院也应及时作出判决，真正解决双方争议。

**【处理结果】**

由于部分当事人在调解书送达前反悔，杭州市人民法院依据相关法律对本案进行了判决。判决如下杭州某旅行社组团出游时遭遇暴风雨导致航班延误，部分旅游者解除合同，但由于旅游合同不能按约履行系不可抗力的原因，可以部分或者全部免除责任，旅行社返还龚先生等 5 名旅游者全额团款，但驳回要求旅行社赔偿全部团费 50% 违约金的诉讼请求；其他游客虽继续完成了合同，但缩短了游览时间，旅行社应适当给予 25 名旅游者赔偿 300 元的损失。

## 知识拓展

目前，比较普遍的出游方式有两种，一种是组团游，另一种是自助游。前者旅游行程由旅行社安排，较合理，旅途中有导游讲解，有收获，出现质量问题，可获赔，但参团旅游需按旅行社的计划线路进行，在景点及旅游项目的选择上较被动。由于旅行社的利益驱动经常会安排一些购物、娱乐等项目，浪费时间且有可能导致旅游纠纷。后者旅游行程和消费项目自由选择，较实惠，同行游客自由选择，较熟悉。但自助游对旅游者的旅游经验、风险预测和处理能力要求较高，且自身承担责任更大。因此，应谨慎选择出游方式，发生旅游纠纷时，选择有效的法律途径寻求救济，诉讼就是其中最有权威、最有保障的一种方式。旅游者针对自身的损害情况，可以相应的提出赔偿损失、返还旅游费、支付违约金、返还押金或保证金、重新安排旅游景点、赔礼道歉等诉讼请求。充分保护旅游者合法权益的同时，法律法规中也有旅行社可以减轻或者免除责任的规定。因不可抗力等不可归责于旅游经营者、旅游辅助服务者的客观原因导致旅游合同无法履行的，或者因飞机、火车、班轮、城际客运班车等公共客运交通工具延误，导致合同不能按照约定履行的，旅游经营者退还的是只是尚未实际发生的费用。也就是说，旅游者将损失已实际发生的费用。

## 思考与实训

1. 案例分析题

2005 年春节，某旅行社组织了一个长白山观光旅游团行至长白山脚下，按照行程安排，导游员赵某应带团上山游览天池。但在此时，由于突降暴风雪，上山道路已经冰冻。为避免出现人身伤亡的意外事故，导游人员赵某遂与旅游者商量，说明情况后经多数旅游者同意，并经报告旅行社同意，放弃了登顶游览的安排。该旅游团部分游客向旅游行政管理部门投诉，称未经全体旅游者同意，导游人员就改变了游览计划，要求旅行社予以赔偿。但由于旅游行政管理部门作出不予赔偿的决定，旅游者将旅行社诉至法院。请运用所学法律知识，回答下列问题。

(1) 导游人员赵某能否决定改变游览计划？为什么？有无法律依据？

(2) 依据《旅行社服务质量赔偿标准》的规定，法院会作出怎样的判决？

2. 多项选择题

(1) 人民法院审理民事案件，应当根据______原则进行调解。

A. 合理　　B. 合法　　C. 自愿　　D. 及时

(2) 我国的审判制度包括哪些方面？______

A. 合议制　　B. 回避制

C. 公开审判制　　D. 两审终审制

(3) 因合同纠纷提起的诉讼，由______人民法院管辖。

A. 合同签订地　　B. 合同履行地

C. 原告住所地　　D. 被告住所地

## 三 旅 游 仲 裁

### 案前导读

生产、生活中因各种原因而产生纠纷是难免的，解决纠纷的途径和方法也有很多种，除了向法院提起诉讼之外，还有民间的解决方式，其中仲裁以其快捷、公正、专业、灵活以及充分尊重当事人意思的独特优势，成为人们解决经济与财产纠纷的更优选择。仲裁是指根据当事人之间的书面协议，由双方指定的仲裁机构以第三者的身份，对双方发生的争议，依法作出具有法律效力的裁决的一种纠纷解决方式。仲裁有如下几个特点。第一，仲裁方式的选择必须以双方当事人的自愿为前提。当事人应在纠纷发生之前或者之后达成仲裁协议，如果没有这种书面的仲裁协议，仲裁机构就不会受理此案件。第二，仲裁实行一裁终局制。仲裁委员会一经作出仲裁裁决，即发生法律效力，当事人不得就同一纠纷再申请仲裁或向人民法院提起诉讼。第三，目前中国的仲裁机构为仲裁委员会，属于民间团体，仲裁员在法学专家、经济专家和技术人员中选聘，当事人可以自行选择仲裁机构和仲裁员。第四，仲裁的种类很多，包括民商事仲裁、劳动仲裁等。民商事仲裁是指当事人为解决合同纠纷或其他民事纠纷的仲裁；劳动仲裁是指由劳动争议仲裁委员会对当事人申请仲裁的劳动争议的仲裁(见《中华人民共和国仲裁法》第四、五、六、九、十二条；《中华人民共和国劳动争议调解仲裁法》第五条)。

### 典型案例

### 案例 11-5　仲裁条款的效力案

**【案情介绍】**

2007 年 6 月，北京市密云县某乡情农家乐(甲方)与北京市某旅行社(乙方)合作开发旅游项目，签订了合同，内容约定如下：为促进双方产生互利、共赢的局面，甲乙双方决定通过以下方式合作，旅行社从每年的 6 月份至 10 月份向农家乐提供 2 万人以上

的客源，农家乐给予旅行社80%的价格优惠，违约方承担每年2万元的违约金。如果双方因合同发生争议，先行协商解决，协商不成时，任何一方均可向甲方或乙方所在地仲裁委员会申请仲裁。2010年11月，由于旅行社未能在合同约定的条件下向农家乐提供客源，农家乐向密云县人民法院提起诉讼，要求旅行社承担违约责任，旅行社应诉。

**【请你思考】**

(1) 农家乐与旅行社签订的合同中约定的仲裁条款有无法律效力？

(2) 当事人约定了仲裁作为解决争议的方式，能否直接提起诉讼？

**【涉及法条】**

(1)《中华人民共和国仲裁法》第二条：平等主体的公民、法人和其他组织之间发生的合同纠纷和其他财产权益纠纷，可以仲裁。

(2)《中华人民共和国仲裁法》第五条：当事人达成仲裁协议，一方向人民法院起诉的，人民法院不予受理，但仲裁协议无效的除外。

(3)《中华人民共和国仲裁法》第十六条：仲裁协议包括合同中订立的仲裁条款和以其他书面方式在纠纷发生前或者纠纷发生后达成的请求仲裁的协议。

仲裁协议应当具有下列内容。

① 请求仲裁的意思表示。

② 仲裁事项。

③ 选定的仲裁委员会。

(4)《中华人民共和国仲裁法》第二十六条：当事人达成仲裁协议，一方向人民法院起诉未声明有仲裁协议，人民法院受理后，另一方在首次开庭前提交仲裁协议的，人民法院应当驳回起诉，但仲裁协议无效的除外；另一方在首次开庭前未对人民法院受理该案提出异议的，视为放弃仲裁协议，人民法院应当继续审理。

(5)《最高人民法院关于适用〈中华人民共和国仲裁法〉若干问题的解释》第五条：仲裁协议约定两个以上仲裁机构的，当事人可以协议选择其中的一个仲裁机构申请仲裁；当事人不能就仲裁机构选择达成一致的，仲裁协议无效。

(6)《中华人民共和国合同法》第一百零七条：一方当事人不履行合同义务或者履行合同义务不符合约定的，应当承担继续履行、采取补救措施或者赔偿损失等违约责任。

**【法理分析】**

根据我国《仲裁法》第十六条的规定，合同中订立的仲裁条款应当具有下列内容：①请求仲裁的意思表示；②仲裁事项；③选定的仲裁委员会。本案中，农家乐与旅行社就合作开发旅游项目签订的合同中约定了仲裁条款，有如果发生争议通过仲裁途径解决的意思表示；也有明确的仲裁事项，即因合同发生争议；但当事人在合同中同时约定了两个仲裁机构，选定的仲裁委员会不确定，据《最高人民法院关于适用〈中华人民共和国仲裁法〉若干问题的解释》第五条的规定，当事人可以协议选择其中的一个仲裁机构申请仲裁，如果不能就仲裁机构选择达成一致的，仲裁协议无效。

一般情况下，当事人达成仲裁协议的，就不能再向人民法院起诉，当事人向人民法院起诉的，人民法院不予受理。但是在实践中，有的仲裁协议的一方当事人向人民法院起诉，并未声明有仲裁协议，人民法院受理后，就有可能出现以下两种情况：①另一方在首次开庭前提交仲裁协议的，人民法院应当驳回起诉，但仲裁协议无效的除外；②另一方当事人在首次开庭前未对人民法院受理该纠纷提出异议，视为其放弃仲裁协议，人民法院应当继续审理。本案中，农家乐没有申请仲裁，而是直接向人民法院提起诉讼，旅行社在法院首次开庭前未提交仲裁协议，而是应诉，则法院有权受理并审理此案。

**【处理结果】**

依据我国《仲裁法》第二十六条的规定和《合同法》第一百零七条的规定，北京市密云县人民法院依法对此案进行了审理，针对合同纠纷中乙方违约行为，判决北京市某旅行社向北京市密云县某乡情农家乐承担违约责任，支付 2 万元的违约金。

**典型案例**

## 案例 11-6　孕妇被解除劳动合同的仲裁案

**【案情介绍】**

2008 年 7 月，小敏与太原某旅行社签订了 2 年的劳动合同，从事导游工作。经 3 个月试用合格，转为正式工。11 月，小敏发现自己怀孕，由于身体时常感觉不适，在一个月内，连续请病假超过 10 日(该病假均得到部门领导同意)。12 月，小敏收到了公司人力资源部根据《员工手册》第二章第一条“孕妇不能正常从事工作的，公司有权解除合同”之规定下发的解除劳动合同的通知书。在与领导沟通未果的情况下，小敏向人民法院起诉，法院裁定不予受理。无奈小敏又申请了劳动争议仲裁，要求单位撤销通知书，恢复劳动合同关系，并按正常工作时的工资计发其休假工资。

(摘自燕赵律师网，略有改动。)

**【请你思考】**

(1) 旅行社能否在妇女员工孕期解除劳动合同？

(2) 发生劳动争议时，导游能否直接向人民法院提起诉讼？

【涉及法条】

(1)《中华人民共和国劳动合同法》第四十条：有下列情形之一的，用人单位提前 30 日以书面形式通知劳动者本人或者额外支付劳动者 1 个月工资后，可以解除劳动合同。

① 劳动者患病或者非因工负伤，在规定的医疗期满后不能从事原工作，也不能从事由用人单位另行安排的工作的。

② 劳动者不能胜任工作，经过培训或者调整工作岗位，仍不能胜任工作的。

③ 劳动合同订立时所依据的客观情况发生重大变化，致使劳动合同无法履行，经用人单位与劳动者协商，未能就变更劳动合同内容达成协议的。

(2)《中华人民共和国劳动合同法》第四十二条：劳动者有下列情形之一的，用人单位不得依照本法第四十条、第四十一条的规定解除劳动合同。

① 从事接触职业病危害作业的劳动者未进行离岗前职业健康检查，或者疑似职业病病人在诊断或者医学观察期间的。

② 在本单位患职业病或者因工负伤并被确认丧失或者部分丧失劳动能力的。

③ 患病或者非因工负伤，在规定的医疗期内的。

④ 女职工在孕期、产期、哺乳期的。

⑤ 在本单位连续工作满 15 年，且距法定退休年龄不足 5 年的。

⑥ 法律、行政法规规定的其他情形。

(3)《中华人民共和国劳动合同法》第四十七条：经济补偿按劳动者在本单位工作的年限，每满 1 年支付 1 个月工资的标准向劳动者支付。6 个月以上不满 1 年的，按 1 年计算；不满 6 个月的，向劳动者支付半个月工资的经济补偿。

劳动者月工资高于用人单位所在直辖市、设区的市级人民政府公布的本地区上年度职工月平均工资 3 倍的，向其支付经济补偿的标准按职工月平均工资 3 倍的数额支付，向其支付经济补偿的年限最高不超过 12 年。

本条所称月工资是指劳动者在劳动合同解除或者终止前 12 个月的平均工资。

(4)《中华人民共和国劳动合同法》第八十七条：用人单位违反本法规定解除或者终止劳动合同的，应当依照本法第四十七条规定的经济补偿标准的 2 倍向劳动者支付赔偿金。

(5)《中华人民共和国劳动争议调解仲裁法》第五条：发生劳动争议，当事人不愿协商、协商不成或者达成和解协议后不履行的，可以向调解组织申请调解；不愿调解、调解不成或者达成调解协议后不履行的，可以向劳动争议仲裁委员会申请仲裁；对仲裁裁决不服的，本法另有规定的除外，可以向人民法院提起诉讼。

【法理分析】

本案是一起用人单位在女职工怀孕期间解除劳动合同而引起的纠纷。公司在女员工孕期解除劳动合同，违反劳动合同法。纵观我国妇女立法体系，可以看出自始至终都贯彻着一个基本原则，那就是男女平等，保护妇女特殊权益，禁止歧视、虐待、残害妇女。我国《宪法》明确规定，国家保护妇女的权利和利益，实行男女同工同酬；婚姻、家庭、母亲和儿童受国家保护。而对怀孕妇女进行特殊保护就是这一宪法原则的具体体现。我国《劳动合同法》也规定了在妇女孕期、产期、哺乳期不得单方解除合同。

本案中，用人单位以《员工手册》的规定为由解除怀孕女职工的劳动合同，违反有关法律法规的强制性规定，是无效的，同时还应当依照相关规定给予劳动者一定的经济补偿。

在我国，发生劳动争议时，劳动仲裁是劳动争议当事人向人民法院提起诉讼的必经程序，即劳动仲裁是民事诉讼的前置程序。未提起劳动仲裁的，法院不予受理。对仲裁裁决不服的，法律另有规定的除外，可以向人民法院提起诉讼。本案中，小敏在与领导沟通未果的情况下，向人民法院起诉，法院裁定不予受理是符合相关法律规定的。小敏因怀孕被解除劳动合同向劳动争议仲裁委员会提出仲裁申请是正确的，但要求按正常工作时的工资计发其休假工资则没有法律依据。根据我国《劳动合同法》第四十七条的规定，小敏在单位工作不满 6 个月，只能得到半个月工资的经济补偿；又根据第八十七条的规定，由于旅行社违反规定解除合同，小敏还可获得相当于半个月工资 2 倍的赔偿金。

**【处理结果】**

仲裁庭认为，我国对女职工实行特殊保护制度，根据我国《劳动合同法》第四十二条的规定，用人单位不得在女职工孕期、产期、哺乳期解除劳动合同。根据该法第八十七条的规定，用人单位违反本法规定解除或者终止劳动合同的，应当依照本法第四十七条规定的经济补偿标准的 2 倍向劳动者支付赔偿金。因此，最终作出如下裁决。①撤销被申请人某旅行社解除与申请人小敏劳动合同的决定；②被申请人向申请人小敏支付半个月工资的补偿金，以及半个月工资 2 倍的赔偿金，共计 3000 元。

## 知识拓展

虽然仲裁是一个准司法的裁判活动，以其自愿灵活、公正高效、经济快捷等显著特点，成为人们解决经济与财产纠纷的选择，并已经在社会经济生活中，发挥着重要作用。

仲裁和诉讼作为解决争议的传统方式，在处理纠纷时，又存在着诸多的不同，主要表现在以下几个方面：

(1) 在机构方面，我国的仲裁机构包括中国仲裁协会和仲裁委员会，是民间团体；而诉讼机构是法院，是国家的司法机关。

(2) 在管辖方面，仲裁机构受理案件的管辖权来自于当事人的授权，即双方签订的仲裁协议，没有仲裁协议的，仲裁机构无权受理；而法院的管辖权来自于法律赋予的审判权，向法院起诉不需要当事人在诉前达成协议，只要符合起诉条件都可向法院提起诉讼请求。

(3) 在审理制度方面，仲裁实行的是一裁终局制，即裁决作出后，当事人就同一纠纷再申请仲裁或者向人民法院起诉的，仲裁委员会或者人民法院不予受理；而诉讼实行的是两审终审制，即某一案件经过两级人民法院审判后即告终结。

(4) 在公开审理方面，仲裁以不公开审理为原则，当事人自愿公开审理的除外；而法院审理是以公开审理为原则，法律另有规定的除外。

仲裁不仅和诉讼有着众多的区别，就劳动争议仲裁而言也有特别之处。发生劳动争议，当事人不愿协商、协商不成或者达成和解协议后不履行的，可以向调解组织申请调解；不愿调解、调解不成或者达成调解协议后不履行的，可以向劳动争议仲裁委员会申请仲裁；对仲裁裁决不服的，本法另有规定的除外，可以向人民法院提起诉讼。即劳动仲裁是劳动争议当事人向人民法院提起诉讼的必经程序，劳动仲裁是民事诉讼的前置程序。未提起劳动仲裁的，法院不予受理。对仲裁裁决不服的，法律另有规定的除外，方可向人民法院提起诉讼。

## 思考与实训

1. 单项选择题

(1) 甲公司与乙公司之间有买卖合同纠纷，双方在仲裁过程中达成和解协议，此种情况下甲公司不具有下列哪一种权利？______

A. 请求仲裁庭根据和解协议作出裁决书

B. 撤回仲裁申请

C. 对和解协议进行反悔，请求仲裁庭依法作出裁决

D. 请求法院执行仲裁过程中达成的和解协议

(2) 下列纠纷中，可以通过仲裁途径解决的是______。

A. 老张夫妇的离婚纠纷

B. 黄老汉的3个儿子继承遗产的纠纷

C. 天马公司同海淀区工商行政管理局就文具采购问题产生的纠纷

D. 王某与李某房屋租赁纠纷

(3) 根据仲裁法的规定，下列选项中关于仲裁机构组织性质的表述哪些是正确的？______

A. 属民间性组织，独立行政机关，仲裁委员会相互之间也无隶属关系

B. 属带有行政性的组织，隶属于各省、市、自治区的法制局

C. 属民间性质，行政上不隶属于任何行政机关，但仲裁委员会秘书处的日常工作人员隶属于有关的行政机关

D. 属民间性质组织，但各省、直辖市、自治区中设区的市所设立的仲裁机构，与省、直辖市、自治区所设立的仲裁机构有隶属关系

(4) 在一份被双方当事人终止了的合同中设有仲裁条款，现甲方据此向仲裁机关申请仲裁，以解决双方的争议：乙方向仲裁委员会提出异议，认为该仲裁条款随着合同的终止而失去效力；甲方则向法院提出申请，要求法院对该仲裁条款的效力予以裁定。现问：在此种情况下，该仲裁条款的法律效力如何？______

A. 自然终止　　B. 自然有效

C. 由仲裁委员会认定　　D. 由人民法院裁定

(5) 甲市 A 公司与乙市 B 公司在丙市签订了一份合同，该合同履行地在丁市。合同中的仲裁条款约定：如果本合同发生争议，提交丙市仲裁委员会仲裁。现 A 公司与 B 公司发生合同纠纷，A 公司欲申请仲裁，得知丙市未设仲裁委员会，但甲、乙、丁三个市均设立了仲裁委员会。请问 A 公司应当怎么办？______

A. 向甲市仲裁委员会申请仲裁　　B. 向乙市仲裁委员会申请仲裁

C. 向丁市仲裁委员会申请仲裁　　D. 向乙市或丁市的法院起诉

2. 多项选择题

(1) 仲裁和诉讼都是解决纠纷的方式，与诉讼相比，仲裁具有以下哪几项特点？

______

A. 当事人对仲裁庭的组成有权选定；诉讼中审判庭人员是由法院指定的

B. 仲裁是基于当事人的协议授权；而诉讼的基础是国家权力

C. 仲裁制度尊重当事人的选择权，可以自由选择仲裁委员会；诉讼制度实行法定管辖，当事人(一般)不能随意选择管辖法院

D. 仲裁只能处理当事人合同纠纷和财产权益纠纷；而诉讼可以解决一切权利纠纷

(2) 根据我国有关法律规定，在下列哪些情形下仲裁协议无效？______

A. 约定的仲裁事项属于平等主体之间有关人身关系的纠纷

B. 约定的仲裁事项是不动产纠纷，在民事诉讼法上属于法院专属管辖的案件

C. 载有仲裁条款的合同因违反法律的禁止性规定而无效

D. 仲裁条款约定，因本合同履行发生的一切争议，由地处北京市的仲裁委员会进行仲裁

(3) 根据我国仲裁法的规定，下列哪些关于仲裁程序的表述是正确的？______

A. 仲裁应当开庭进行，但当事人可以约定不开庭

B. 仲裁不公开进行，但如果不涉及国家秘密，当事人也可以约定公开进行

C. 对仲裁庭的组成，当事人可以约定由 3 名仲裁员组成仲裁庭

D. 当事人对仲裁的调解书不得申请撤销，对裁决书可以申请撤销

(4) 仲裁裁决被人民法院依法撤销以后，双方当事人可以以何种方式解决纠纷？

______

A. 根据原仲裁条款，再次申请仲裁　　B. 向有管辖权的人民法院起诉

C. 重新达成仲裁协议并申请仲裁　　D. 申请人民调解委员会进行调解

(5) 关于仲裁庭的组成，有下列说法，其中哪些选项正确？______

A. 仲裁庭可以由 3 名仲裁员或 1 名仲裁员组成

B. 当事人约定由 3 名仲裁员组成仲裁庭的，应当各自选定或各自委托仲裁委员会主任指定 1 名仲裁员，第三名仲裁员必须由仲裁委员会主任指定

C. 由 3 名仲裁员组成的仲裁庭，设首席仲裁员

D. 仲裁庭组成的情况应由仲裁委员会书面通知当事人

# 附录：旅游业相关法律、行政法规、部门规章选录

## 附录1 相 关 法 律

### 附录1.1 中华人民共和国合同法(节选)

(1999年3月15日第九届全国人民代表大会第二次会议通过，1999年3月15日中华人民共和国主席令第十五号公布，自1999年10月1日起施行)

#### 总则

##### 第一章 一般规定

**第一条** 为了保护合同当事人的合法权益，维护社会经济秩序，促进社会主义现代化建设，制定本法。

**第二条** 本法所称合同是平等主体的自然人、法人、其他组织之间设立、变更、终止民事权利义务关系的协议。

婚姻、收养、监护等有关身份关系的协议，适用其他法律的规定。

**第三条** 合同当事人的法律地位平等，一方不得将自己的意志强加给另一方。

**第四条** 当事人依法享有自愿订立合同的权利，任何单位和个人不得非法干预。

**第五条** 当事人应当遵循公平原则确定各方的权利和义务。

**第六条** 当事人行使权利、履行义务应当遵循诚实信用原则。

**第七条** 当事人订立、履行合同，应当遵守法律、行政法规，尊重社会公德，不得扰乱社会经济秩序，损害社会公共利益。

**第八条** 依法成立的合同，对当事人具有法律约束力。当事人应当按照约定履行自己的义务，不得擅自变更或者解除合同。

依法成立的合同，受法律保护。

##### 第二章 合同的订立

**第九条** 当事人订立合同，应当具有相应的民事权利能力和民事行为能力。

当事人依法可以委托代理人订立合同。

**第十条** 当事人订立合同，有书面形式、口头形式和其他形式。

法律、行政法规规定采用书面形式的，应当采用书面形式。当事人约定采用书面形式的，应当采用书面形式。

**第十一条** 书面形式是指合同书、信件和数据电文(包括电报、电传、传真、电子数据交换和电子邮件)等可以有形地表现所载内容的形式。

**第十三条** 当事人订立合同，采取要约、承诺方式。

**第十四条** 要约是希望和他人订立合同的意思表示，该意思表示应当符合下列规定：

(一) 内容具体确定；

(二) 表明经受要约人承诺，要约人即受该意思表示约束。

**第十五条** 要约邀请是希望他人向自己发出要约的意思表示。寄送的价目表、拍卖公告、招标公告、招股说明书、商业广告等为要约邀请。

商业广告的内容符合要约规定的，视为要约。

**第十六条** 要约到达受要约人时生效。

采用数据电文形式订立合同，收件人指定特定系统接收数据电文的，该数据电文进入该特定系统的时间，视为到达时间；未指定特定系统的，该数据电文进入收件人的任何系统的首次时间，视为到达时间。

**第十七条** 要约可以撤回。撤回要约的通知应当在要约到达受要约人之前或者与要约同时到达受要约人。

**第十八条** 要约可以撤销。撤销要约的通知应当在受要约人发出承诺通知之前到达受要约人。

**第十九条** 有下列情形之一的，要约不得撤销：

(一) 要约人确定了承诺期限或者以其他形式明示要约不可撤销；

(二) 受要约人有理由认为要约是不可撤销的，并已经为履行合同作了准备工作。

**第二十条** 有下列情形之一的，要约失效：

(一) 拒绝要约的通知到达要约人；

(二) 要约人依法撤销要约；

(三) 承诺期限届满，受要约人未作出承诺；

(四) 受要约人对要约的内容作出实质性变更。

**第二十一条** 承诺是受要约人同意要约的意思表示。

**第二十三条** 承诺应当在要约确定的期限内到达要约人。

要约没有确定承诺期限的，承诺应当依照下列规定到达：

(一) 要约以对话方式作出的，应当即时作出承诺，但当事人另有约定的除外；

(二) 要约以非对话方式作出的，承诺应当在合理期限内到达。

**第二十四条** 要约以信件或者电报作出的，承诺期限自信件载明的日期或者电报交发之日开始计算。信件未载明日期的，自投寄该信件的邮戳日期开始计算。要约以电话、传真等快速通讯方式作出的，承诺期限自要约到达受要约人时开始计算。

**第二十五条** 承诺生效时合同成立。

**第二十八条** 受要约人超过承诺期限发出承诺的，除要约人及时通知受要约人该承诺有效的以外，为新要约。

**第三十条** 承诺的内容应当与要约的内容一致。受要约人对要约的内容作出实质性变更的，为新要约。有关合同标的、数量、质量、价款或者报酬、履行期限、履行地点和方式、违约责任和解决争议方法等的变更，是对要约内容的实质性变更。

**第三十一条** 承诺对要约的内容作出非实质性变更的，除要约人及时表示反对或者要约表明承诺不得对要约的内容作出任何变更的以外，该承诺有效，合同的内容以承诺的内容为准。

**第三十二条** 当事人采用合同书形式订立合同的，自双方当事人签字或者盖章时合同成立。

**第三十三条** 当事人采用信件、数据电文等形式订立合同的，可以在合同成立之前要求签订确认书。签订确认书时合同成立。

**第三十四条** 承诺生效的地点为合同成立的地点。

采用数据电文形式订立合同的，收件人的主营业地为合同成立的地点；没有主营业地的，其经常居住地为合同成立的地点。当事人另有约定的，按照其约定。

**第三十五条** 当事人采用合同书形式订立合同的，双方当事人签字或者盖章的地点为合同成立的地点。

**第三十六条**　法律、行政法规规定或者当事人约定采用书面形式订立合同，当事人未采用书面形式但一方已经履行主要义务，对方接受的，该合同成立。

**第三十七条**　采用合同书形式订立合同，在签字或者盖章之前，当事人一方已经履行主要义务，对方接受的，该合同成立。

**第三十九条**　采用格式条款订立合同的，提供格式条款的一方应当遵循公平原则确定当事人之间的权利和义务，并采取合理的方式提请对方注意免除或者限制其责任的条款，按照对方的要求，对该条款予以说明。

格式条款是当事人为了重复使用而预先拟定，并在订立合同时未与对方协商的条款。

**第四十条**　格式条款具有本法第五十二条和第五十三条规定情形的，或者提供格式条款一方免除其责任、加重对方责任、排除对方主要权利的，该条款无效。

**第四十一条**　对格式条款的理解发生争议的，应当按照通常理解予以解释。对格式条款有两种以上解释的，应当作出不利于提供格式条款一方的解释。格式条款和非格式条款不一致的，应当采用非格式条款。

**第四十二条**　当事人在订立合同过程中有下列情形之一，给对方造成损失的，应当承担损害赔偿责任：

(一) 假借订立合同，恶意进行磋商；

(二) 故意隐瞒与订立合同有关的重要事实或者提供虚假情况；

(三) 有其他违背诚实信用原则的行为。

**第四十三条**　当事人在订立合同过程中知悉的商业秘密，无论合同是否成立，不得泄露或者不正当地使用。泄露或者不正当地使用该商业秘密给对方造成损失的，应当承担损害赔偿责任。

## 第三章　合同的效力

**第四十四条**　依法成立的合同，自成立时生效。

法律、行政法规规定应当办理批准、登记等手续生效的，依照其规定。

**第四十五条**　当事人对合同的效力可以约定附条件。附生效条件的合同，自条件成就时生效。附解除条件的合同，自条件成就时失效。

当事人为自己的利益不正当地阻止条件成就的，视为条件已成就；不正当地促成条件成就的，视为条件不成就。

**第四十六条**　当事人对合同的效力可以约定附期限。附生效期限的合同，自期限届至时生效。附终止期限的合同，自期限届满时失效。

**第四十七条**　限制民事行为能力人订立的合同，经法定代理人追认后，该合同有效，但纯获利益的合同或者与其年龄、智力、精神健康状况相适应而订立的合同，不必经法定代理人追认。

相对人可以催告法定代理人在一个月内予以追认。法定代理人未作表示的，视为拒绝追认。合同被追认之前，善意相对人有撤销的权利。撤销应当以通知的方式作出。

**第四十八条**　行为人没有代理权、超越代理权或者代理权终止后以被代理人名义订立的合同，未经被代理人追认，对被代理人不发生效力，由行为人承担责任。

相对人可以催告被代理人在一个月内予以追认。被代理人未作表示的，视为拒绝追认。合同被追认之前，善意相对人有撤销的权利。撤销应当以通知的方式作出。

**第四十九条**　行为人没有代理权、超越代理权或者代理权终止后以被代理人名义订立合同，相对人有理由相信行为人有代理权的，该代理行为有效。

**第五十条**　法人或者其他组织的法定代表人、负责人超越权限订立的合同，除相对人知道或者应当知道其超越权限的以外，该代表行为有效。

**第五十一条** 无处分权的人处分他人财产，经权利人追认或者无处分权的人订立合同后取得处分权的，该合同有效。

**第五十二条** 有下列情形之一的，合同无效：

(一) 一方以欺诈、胁迫的手段订立合同，损害国家利益；

(二) 恶意串通，损害国家、集体或者第三人利益；

(三) 以合法形式掩盖非法目的；

(四) 损害社会公共利益；

(五) 违反法律、行政法规的强制性规定。

**第五十三条** 合同中的下列免责条款无效：

(一) 造成对方人身伤害的；

(二) 因故意或者重大过失造成对方财产损失的。

**第五十四条** 下列合同，当事人一方有权请求人民法院或者仲裁机构变更或者撤销：

(一) 因重大误解订立的；

(二) 在订立合同时显失公平的。

一方以欺诈、胁迫的手段或者乘人之危，使对方在违背真实意思的情况下订立的合同，受损害方有权请求人民法院或者仲裁机构变更或者撤销。

当事人请求变更的，人民法院或者仲裁机构不得撤销。

**第五十五条** 有下列情形之一的，撤销权消灭：

(一) 具有撤销权的当事人自知道或者应当知道撤销事由之日起一年内没有行使撤销权；

(二) 具有撤销权的当事人知道撤销事由后明确表示或者以自己的行为放弃撤销权。

第五十六条 无效的合同或者被撤销的合同自始没有法律约束力。合同部分无效，不影响其他部分效力的，其他部分仍然有效。

**第五十七条** 合同无效、被撤销或者终止的，不影响合同中独立存在的有关解决争议方法的条款的效力。

**第五十八条** 合同无效或者被撤销后，因该合同取得的财产，应当予以返还；不能返还或者没有必要返还的，应当折价补偿。有过错的一方应当赔偿对方因此所受到的损失，双方都有过错的，应当各自承担相应的责任。

**第五十九条** 当事人恶意串通，损害国家、集体或者第三人利益的，因此取得的财产收归国家所有或者返还集体、第三人。

## 第四章 合同的履行

**第六十条** 当事人应当按照约定全面履行自己的义务。

**第六十一条** 合同生效后，当事人就质量、价款或者报酬、履行地点等内容没有约定或者约定不明确的，可以协议补充；不能达成补充协议的，按照合同有关条款或者交易习惯确定。

**第六十二条** 当事人就有关合同内容约定不明确，依照本法第六十一条的规定仍不能确定的，适用下列规定：

(一) 质量要求不明确的，按照国家标准、行业标准履行；没有国家标准、行业标准的，按照通常标准或者符合合同目的的特定标准履行。

(二) 价款或者报酬不明确的，按照订立合同时履行地的市场价格履行；依法应当执行政府定价或者政府指导价的，按照规定履行。

(三) 履行地点不明确，给付货币的，在接受货币一方所在地履行；交付不动产的，在不动产所在地履行；其他标的，在履行义务一方所在地履行。

(四) 履行期限不明确的，债务人可以随时履行，债权人也可以随时要求履行，但应当给对方必要的准备时间。

(五) 履行方式不明确的，按照有利于实现合同目的的方式履行。

(六) 履行费用的负担不明确的，由履行义务一方负担。

**第六十三条**　执行政府定价或者政府指导价的，在合同约定的交付期限内政府价格调整时，按照交付时的价格计价。逾期交付标的物的，遇价格上涨时，按照原价格执行；价格下降时，按照新价格执行。逾期提取标的物或者逾期付款的，遇价格上涨时，按照新价格执行；价格下降时，按照原价格执行。

**第六十四条**　当事人约定由债务人向第三人履行债务的，债务人未向第三人履行债务或者履行债务不符合约定，应当向债权人承担违约责任。

**第六十五条**　当事人约定由第三人向债权人履行债务的，第三人不履行债务或者履行债务不符合约定，债务人应当向债权人承担违约责任。

**第七十条**　债权人分立、合并或者变更住所没有通知债务人，致使履行债务发生困难的，债务人可以中止履行或者将标的物提存。

**第七十三条**　因债务人怠于行使其到期债权，对债权人造成损害的，债权人可以向人民法院请求以自己的名义代位行使债务人的债权，但该债权专属于债务人自身的除外。

代位权的行使范围以债权人的债权为限。债权人行使代位权的必要费用，由债务人负担。

**第七十四条**　因债务人放弃其到期债权或者无偿转让财产，对债权人造成损害的，债权人可以请求人民法院撤销债务人的行为。债务人以明显不合理的低价转让财产，对债权人造成损害，并且受让人知道该情形的，债权人也可以请求人民法院撤销债务人的行为。

撤销权的行使范围以债权人的债权为限。债权人行使撤销权的必要费用，由债务人负担。

**第七十五条**　撤销权自债权人知道或者应当知道撤销事由之日起一年内行使。自债务人的行为发生之日起五年内没有行使撤销权的，该撤销权消灭。

**第七十六条**　合同生效后，当事人不得因姓名、名称的变更或者法定代表人、负责人、承办人的变动而不履行合同义务。

## 第五章　合同的变更和转让

**第七十七条**　当事人协商一致，可以变更合同。

法律、行政法规规定变更合同应当办理批准、登记等手续的，依照其规定。

**第七十八条**　当事人对合同变更的内容约定不明确的，推定为未变更。

**第七十九条**　债权人可以将合同的权利全部或者部分转让给第三人，但有下列情形之一的除外：

(一) 根据合同性质不得转让；

(二) 按照当事人约定不得转让；

(三) 依照法律规定不得转让。

**第八十条**　债权人转让权利的，应当通知债务人。未经通知，该转让对债务人不发生效力。

债权人转让权利的通知不得撤销，但经受让人同意的除外。

**第八十一条**　债权人转让权利的，受让人取得与债权有关的从权利，但该从权利专属于债权人自身的除外。

**第八十四条**　债务人将合同的义务全部或者部分转移给第三人的，应当经债权人同意。

**第八十六条**　债务人转移义务的，新债务人应当承担与主债务有关的从债务，但该从债务专属于原债务人自身的除外。

**第八十七条**　法律、行政法规规定转让权利或者转移义务应当办理批准、登记等手续的，依照其规定。

**第八十八条**　当事人一方经对方同意，可以将自己在合同中的权利和义务一并转让给第三人。

**第九十条**　当事人订立合同后合并的，由合并后的法人或者其他组织行使合同权利，履行合同义务。当事人订立合同后分立的，除债权人和债务人另有约定的以外，由分立的法人或者其他组织对合同的权利和义务享有连带债权，承担连带债务。

## 第六章　合同的权利义务终止

**第九十一条**　有下列情形之一的，合同的权利义务终止：

(一) 债务已经按照约定履行；

(二) 合同解除；

(三) 债务相互抵销；

(四) 债务人依法将标的物提存；

(五) 债权人免除债务；

(六) 债权债务同归于一人；

(七) 法律规定或者当事人约定终止的其他情形。

**第九十二条**　合同的权利义务终止后，当事人应当遵循诚实信用原则，根据交易习惯履行通知、协助、保密等义务。

**第九十三条**　当事人协商一致，可以解除合同。

当事人可以约定一方解除合同的条件。解除合同的条件成就时，解除权人可以解除合同。

**第九十四条**　有下列情形之一的，当事人可以解除合同：

(一) 因不可抗力致使不能实现合同目的；

(二) 在履行期限届满之前，当事人一方明确表示或者以自己的行为表明不履行主要债务；

(三) 当事人一方迟延履行主要债务，经催告后在合理期限内仍未履行；

(四) 当事人一方迟延履行债务或者有其他违约行为致使不能实现合同目的；

(五) 法律规定的其他情形。

**第九十五条**　法律规定或者当事人约定解除权行使期限，期限届满当事人不行使的，该权利消灭。

法律没有规定或者当事人没有约定解除权行使期限，经对方催告后在合理期限内不行使的，该权利消灭。

**第九十六条**　当事人一方依照本法第九十三条第二款、第九十四条的规定主张解除合同的，应当通知对方。合同自通知到达对方时解除。对方有异议的，可以请求人民法院或者仲裁机构确认解除合同的效力。

法律、行政法规规定解除合同应当办理批准、登记等手续的，依照其规定。

**第九十七条**　合同解除后，尚未履行的，终止履行；已经履行的，根据履行情况和合同性质，当事人可以要求恢复原状、采取其他补救措施，并有权要求赔偿损失。

**第九十九条**　当事人互负到期债务，该债务的标的物种类、品质相同的，任何一方可以将自己的债务与对方的债务抵销，但依照法律规定或者按照合同性质不得抵销的除外。

当事人主张抵销的，应当通知对方。通知自到达对方时生效。抵销不得附条件或者附期限。

**第一百条**　当事人互负债务，标的物种类、品质不相同的，经双方协商一致，也可以抵销。

**第一百零一条**　有下列情形之一，难以履行债务的，债务人可以将标的物提存：

(一) 债权人无正当理由拒绝受领；

(二) 债权人下落不明；

(三) 债权人死亡未确定继承人或者丧失民事行为能力未确定监护人；

(四) 法律规定的其他情形。

标的物不适于提存或者提存费用过高的，债务人依法可以拍卖或者变卖标的物，提存所得的价款。

**第一百零二条**　标的物提存后，除债权人下落不明的以外，债务人应当及时通知债权人或者债权人的继承人、监护人。

**第一百零三条**　标的物提存后，毁损、灭失的风险由债权人承担。提存期间，标的物的孳息归债权人所有。提存费用由债权人负担。

**第一百零四条**　债权人可以随时领取提存物，但债权人对债务人负有到期债务的，在债权人未履行债务或者提供担保之前，提存部门根据债务人的要求应当拒绝其领取提存物。

债权人领取提存物的权利，自提存之日起五年内不行使而消灭，提存物扣除提存费用后归国家所有。

**第一百零五条**　债权人免除债务人部分或者全部债务的，合同的权利义务部分或者全部终止。

**第一百零六条**　债权和债务同归于一人的，合同的权利义务终止，但涉及第三人利益的除外。

## 第七章　违约责任

**第一百零七条**　当事人一方不履行合同义务或者履行合同义务不符合约定的，应当承担继续履行、采取补救措施或者赔偿损失等违约责任。

**第一百零八条**　当事人一方明确表示或者以自己的行为表明不履行合同义务的，对方可以在履行期限届满之前要求其承担违约责任。

**第一百零九条**　当事人一方未支付价款或者报酬的，对方可以要求其支付价款或者报酬。

**第一百一十条**　当事人一方不履行非金钱债务或者履行非金钱债务不符合约定的，对方可以要求履行，但有下列情形之一的除外：

(一) 法律上或者事实上不能履行；

(二) 债务的标的不适于强制履行或者履行费用过高；

(三) 债权人在合理期限内未要求履行。

**第一百一十一条**　质量不符合约定的，应当按照当事人的约定承担违约责任。对违约责任没有约定或者约定不明确，依照本法第六十一条的规定仍不能确定的，受损害方根据标的的性质以及损失的大小，可以合理选择要求对方承担修理、更换、重作、退货、减少价款或者报酬等违约责任。

**第一百一十二条**　当事人一方不履行合同义务或者履行合同义务不符合约定的，在履行义务或者采取补救措施后，对方还有其他损失的，应当赔偿损失。

**第一百一十三条**　当事人一方不履行合同义务或者履行合同义务不符合约定，给对方造成损失的，损失赔偿额应当相当于因违约所造成的损失，包括合同履行后可以获得的利益，但不得超过违反合同一方订立合同时预见到或者应当预见到的因违反合同可能造成的损失。

经营者对消费者提供商品或者服务有欺诈行为的，依照《中华人民共和国消费者权益保护法》的规定承担损害赔偿责任。

**第一百一十四条**　当事人可以约定一方违约时应当根据违约情况向对方支付一定数额的违约金，也可以约定因违约产生的损失赔偿额的计算方法。

约定的违约金低于造成的损失的，当事人可以请求人民法院或者仲裁机构予以增加；约定的违约金过分高于造成的损失的，当事人可以请求人民法院或者仲裁机构予以适当减少。

当事人就迟延履行约定违约金的，违约方支付违约金后，还应当履行债务。

**第一百一十五条**　当事人可以依照《中华人民共和国担保法》约定一方向对方给付定金作为债权的担保。债务人履行债务后，定金应当抵作价款或者收回。给付定金的一方不履行约定的债务的，无权要求返还定金；收受定金的一方不履行约定的债务的，应当双倍返还定金。

**第一百一十六条**　当事人既约定违约金，又约定定金的，一方违约时，对方可以选择适用违约金或者定金条款。

**第一百一十七条** 因不可抗力不能履行合同的，根据不可抗力的影响，部分或者全部免除责任，但法律另有规定的除外。当事人迟延履行后发生不可抗力的，不能免除责任。

本法所称不可抗力，是指不能预见、不能避免并不能克服的客观情况。

**第一百一十八条** 当事人一方因不可抗力不能履行合同的，应当及时通知对方，以减轻可能给对方造成的损失，并应当在合理期限内提供证明。

**第一百一十九条** 当事人一方违约后，对方应当采取适当措施防止损失的扩大；没有采取适当措施致使损失扩大的，不得就扩大的损失要求赔偿。

当事人因防止损失扩大而支出的合理费用，由违约方承担。

**第一百二十条** 当事人双方都违反合同的，应当各自承担相应的责任。

**第一百二十一条** 当事人一方因第三人的原因造成违约的，应当向对方承担违约责任。当事人一方和第三人之间的纠纷，依照法律规定或者按照约定解决。

**第一百二十二条** 因当事人一方的违约行为，侵害对方人身、财产权益的，受损害方有权选择依照本法要求其承担违约责任或者依照其他法律要求其承担侵权责任。

### 第八章 其他规定

**第一百二十三条** 其他法律对合同另有规定的，依照其规定。

**第一百二十四条** 本法分则或者其他法律没有明文规定的合同，适用本法总则的规定，并可以参照本法分则或者其他法律最相类似的规定。

**第一百二十五条** 当事人对合同条款的理解有争议的，应当按照合同所使用的词句、合同的有关条款、合同的目的、交易习惯以及诚实信用原则，确定该条款的真实意思。

合同文本采用两种以上文字订立并约定具有同等效力的，对各文本使用的词句推定具有相同含义。各文本使用的词句不一致的，应当根据合同的目的予以解释。

**第一百二十八条** 当事人可以通过和解或者调解解决合同争议。

当事人不愿和解、调解或者和解、调解不成的，可以根据仲裁协议向仲裁机构申请仲裁。涉外合同的当事人可以根据仲裁协议向中国仲裁机构或者其他仲裁机构申请仲裁。当事人没有订立仲裁协议或者仲裁协议无效的，可以向人民法院起诉。当事人应当履行发生法律效力的判决、仲裁裁决、调解书；拒不履行的，对方可以请求人民法院执行。

### 分 则(略)

## 附录 1.2 中华人民共和国消费者权益保护法(节选)

(1993 年 10 月 31 日第八届全国人民代表大会常务委员会第四次会议通过，1993 年 10 月 31 日中华人民共和国主席令第十一号公布，自 1994 年 1 月 1 日起施行)

### 第一章 总 则

**第一条** 为保护消费者的合法权益，维护社会经济秩序，促进社会主义市场经济健康发展，制定本法。

**第二条** 消费者为生活消费需要购买、使用商品或者接受服务，其权益受本法保护；本法未作规定的，受其他有关法律、法规保护。

**第三条** 经营者为消费者提供其生产、销售的商品或者提供服务，应当遵守本法；本法未作规定的，应当遵守其他有关法律、法规。

**第四条** 经营者与消费者进行交易，应当遵循自愿、平等、公平、诚实信用的原则。

**第五条** 国家保护消费者的合法权益不受侵害。

国家采取措施，保障消费者依法行使权利，维护消费者的合法权益。

**第六条**　保护消费者的合法权益是全社会的共同责任。

国家鼓励、支持一切组织和个人对损害消费者合法权益的行为进行社会监督。

大众传播媒介应当做好维护消费者合法权益的宣传，对损害消费者合法权益的行为进行舆论监督。

## 第二章　消费者的权利(略)

## 第三章　经营者的义务(略)

## 第四章　国家对消费者合法权益的保护

**第二十七条**　各级人民政府应当加强领导，组织、协调、督促有关行政部门做好保护消费者合法权益的工作。

各级人民政府应当加强监督，预防危害消费者人身、财产安全行为的发生，及时制止危害消费者人身、财产安全的行为。

**第二十八条**　各级人民政府工商行政管理部门和其他有关行政部门应当依照法律、法规的规定，在各自的职责范围内，采取措施，保护消费者的合法权益。

有关行政部门应当听取消费者及其社会团体对经营者交易行为、商品和服务质量问题的意见，及时调查处理。

**第二十九条**　有关国家机关应当依照法律、法规的规定，惩处经营者在提供商品和服务中侵害消费者合法权益的违法犯罪行为。

**第三十条**　人民法院应当采取措施，方便消费者提起诉讼。对符合《中华人民共和国民事诉讼法》起诉条件的消费者权益争议，必须受理，及时审理。

## 第五章　消费者组织

**第三十一条**　消费者协会和其他消费者组织是依法成立的对商品和服务进行社会监督的保护消费者合法权益的社会团体。

**第三十二条**　消费者协会履行下列职能：

(一) 向消费者提供消费信息和咨询服务；

(二) 参与有关行政部门对商品和服务的监督、检查；

(三) 就有关消费者合法权益的问题，向有关行政部门反映、查询，提出建议；

(四) 受理消费者的投诉，并对投诉事项进行调查、调解；

(五) 投诉事项涉及商品和服务质量问题的，可以提请鉴定部门鉴定，鉴定部门应当告知鉴定结论；

(六) 就损害消费者合法权益的行为，支持受损害的消费者提起诉讼；

(七) 对损害消费者合法权益的行为，通过大众传播媒介予以揭露、批评。

各级人民政府对消费者协会履行职能应当予以支持。

**第三十三条**　消费者组织不得从事商品经营和营利性服务，不得以牟利为目的向社会推荐商品和服务。

## 第六章　争议的解决

**第三十四条**　消费者和经营者发生消费者权益争议的，可以通过下列途径解决：

(一) 与经营者协商和解；

(二) 请求消费者协会调解；

(三) 向有关行政部门申诉；

(四) 根据与经营者达成的仲裁协议提请仲裁机构仲裁；

(五) 向人民法院提起诉讼。

**第三十五条**　消费者在购买、使用商品时，其合法权益受到损害的，可以向销售者要求赔偿。

销售者赔偿后，属于生产者的责任或者属于向销售者提供商品的其他销售者的责任的，销售者有权向生产者或者其他销售者追偿。

消费者或者其他受害人因商品缺陷造成人身、财产损害的，可以向销售者要求赔偿，也可以向生产者要求赔偿。属于生产者责任的，销售者赔偿后，有权向生产者追偿。属于销售者责任的，生产者赔偿后，有权向销售者追偿。

消费者在接受服务时，其合法权益受到损害的，可以向服务者要求赔偿。

**第三十六条** 消费者在购买、使用商品或者接受服务时，其合法权益受到损害，因原企业分立、合并的，可以向变更后承受其权利义务的企业要求赔偿。

**第三十七条** 使用他人营业执照的违法经营者提供商品或者服务，损害消费者合法权益的，消费者可以向其要求赔偿，也可以向营业执照的持有人要求赔偿。

**第三十八条** 消费者在展销会、租赁柜台购买商品或者接受服务，其合法权益受到损害的，可以向销售者或者服务者要求赔偿。展销会结束或者柜台租赁期满后，也可以向展销会的举办者、柜台的出租者要求赔偿。展销会的举办者、柜台的出租者赔偿后，有权向销售者或者服务者追偿。

**第三十九条** 消费者因经营者利用虚假广告提供商品或者服务，其合法权益受到损害的，可以向经营者要求赔偿。广告的经营者发布虚假广告的，消费者可以请求行政主管部门予以惩处。广告的经营者不能提供经营者的真实名称、地址的，应当承担赔偿责任。

## 第七章 法律责任

**第四十条** 经营者提供商品或者服务有下列情形之一的，除本法另有规定外，应当依照《中华人民共和国产品质量法》和其他有关法律、法规的规定，承担民事责任：

(一) 商品存在缺陷的；

(二) 不具备商品应当具备的使用性能而出售时未作说明的；

(三) 不符合在商品或者其包装上注明采用的商品标准的；

(四) 不符合商品说明、实物样品等方式表明的质量状况的；

(五) 生产国家明令淘汰的商品或者销售失效、变质的商品的；

(六) 销售的商品数量不足的；

(七) 服务的内容和费用违反约定的；

(八) 对消费者提出的修理、重作、更换、退货、补足商品数量、退还货款和服务费用或者赔偿损失的要求，故意拖延或者无理拒绝的；

(九) 法律、法规规定的其他损害消费者权益的情形。

**第四十一条** 经营者提供商品或者服务，造成消费者或者其他受害人人身伤害的，应当支付医疗费、治疗期间的护理费、因误工减少的收入等费用，造成残疾的，还应当支付残疾者生活自助具费、生活补助费、残疾赔偿金以及由其扶养的人所必需的生活费等费用；构成犯罪的，依法追究刑事责任。

**第四十二条** 经营者提供商品或者服务，造成消费者或者其他受害人死亡的，应当支付丧葬费、死亡赔偿金以及由死者生前扶养的人所必需的生活费等费用；构成犯罪的，依法追究刑事责任。

**第四十三条** 经营者违反本法第二十五条规定，侵害消费者的人格尊严或者侵犯消费者人身自由的，应当停止侵害、恢复名誉、消除影响、赔礼道歉，并赔偿损失。

**第四十四条** 经营者提供商品或者服务，造成消费者财产损害的，应当按照消费者的要求，以修理、重作、更换、退货、补足商品数量、退还货款和服务费用或者赔偿损失等方式承担民事责任。消费者与经营者另有约定的，按照约定履行。

**第四十五条** 对国家规定或者经营者与消费者约定包修、包换、包退的商品，经营者应当负责修理、更换或者退货。在保修期内两次修理仍不能正常使用的，经营者应当负责更换或者退货。

对包修、包换、包退的大件商品，消费者要求经营者修理、更换、退货的，经营者应当承担运输等合理费用。

**第四十六条**　经营者以邮购方式提供商品的，应当按照约定提供。未按照约定提供的，应当按照消费者的要求履行约定或者退回货款；并应当承担消费者必须支付的合理费用。

**第四十七条**　经营者以预收款方式提供商品或者服务的，应当按照约定提供。未按照约定提供的，应当按照消费者的要求履行约定或者退回预付款；并应当承担预付款的利息、消费者必须支付的合理费用。

**第四十八条**　依法经有关行政部门认定为不合格的商品，消费者要求退货的，经营者应当负责退货。

**第四十九条**　经营者提供商品或者服务有欺诈行为的，应当按照消费者的要求增加赔偿其受到的损失，增加赔偿的金额为消费者购买商品的价款或者接受服务的费用的一倍。

**第五十条**　经营者有下列情形之一，《中华人民共和国产品质量法》和其他有关法律、法规对处罚机关和处罚方式有规定的，依照法律、法规的规定执行；法律、法规未作规定的，由工商行政管理部门责令改正，可以根据情节单处或者并处警告、没收违法所得、处以违法所得一倍以上五倍以下的罚款，没有违法所得的，处以一万元以下的罚款；情节严重的，责令停业整顿、吊销营业执照：

(一) 生产、销售的商品不符合保障人身、财产安全要求的；

(二) 在商品中掺杂、掺假，以假充真，以次充好，或者以不合格商品冒充合格商品的；

(三) 生产国家明令淘汰的商品或者销售失效、变质的商品的；

(四) 伪造商品的产地，伪造或者冒用他人的厂名、厂址，伪造或者冒用认证标志、名优标志等质量标志的；

(五) 销售的商品应当检验、检疫而未检验、检疫或者伪造检验、检疫结果的；

(六) 对商品或者服务作引人误解的虚假宣传的；

(七) 对消费者提出的修理、重作、更换、退货、补足商品数量、退还货款和服务费用或者赔偿损失的要求，故意拖延或者无理拒绝的；

(八) 侵害消费者人格尊严或者侵犯消费者人身自由的；

(九) 法律、法规规定的对损害消费者权益应当予以处罚的其他情形。

**第五十一条**　经营者对行政处罚决定不服的，可以自收到处罚决定之日起十五日内向上一级机关申请复议，对复议决定不服的，可以自收到复议决定书之日起十五日内向人民法院提起诉讼；也可以直接向人民法院提起诉讼。

**第五十二条**　以暴力、威胁等方法阻碍有关行政部门工作人员依法执行职务的，依法追究刑事责任；拒绝、阻碍有关行政部门工作人员依法执行职务，未使用暴力、威胁方法的，由公安机关依照《中华人民共和国治安管理处罚条例》的规定处罚。

**第五十三条**　国家机关工作人员玩忽职守或者包庇经营者侵害消费者合法权益的行为的，由其所在单位或者上级机关给予行政处分；情节严重，构成犯罪的，依法追究刑事责任。

### 第八章　附　　则

**第五十四条**　农民购买、使用直接用于农业生产的生产资料，参照本法执行。

## 附录 1.3　中华人民共和国护照法(节选)

(2006 年 4 月 29 日第十届全国人民代表大会常务委员会第二十一次会议通过，自 2007 年 1 月 1 日起施行)

**第一条**　为了规范中华人民共和国护照的申请、签发和管理，保障中华人民共和国公民出入中华人民共和国国境的权益，促进对外交往，制定本法。

**第二条** 中华人民共和国护照是中华人民共和国公民出入国境和在国外证明国籍和身份的证件。

任何组织或者个人不得伪造、变造、转让、故意损毁或者非法扣押护照。

**第四条** 普通护照由公安部出入境管理机构或者公安部委托的县级以上地方人民政府公安机关出入境管理机构以及中华人民共和国驻外使馆、领馆和外交部委托的其他驻外机构签发。

**第五条** 公民因前往外国定居、探亲、学习、就业、旅行、从事商务活动等非公务原因出国的，由本人向户籍所在地的县级以上地方人民政府公安机关出入境管理机构申请普通护照。

**第六条** 公民申请普通护照，应当提交本人的居民身份证、户口簿、近期免冠照片以及申请事由的相关材料。国家工作人员因本法第五条规定的原因出境申请普通护照的，还应当按照国家有关规定提交相关证明文件。

公安机关出入境管理机构应当自收到申请材料之日起十五日内签发普通护照；对不符合规定不予签发的，应当书面说明理由，并告知申请人享有依法申请行政复议或者提起行政诉讼的权利。

在偏远地区或者交通不便的地区或者因特殊情况，不能按期签发护照的，经护照签发机关负责人批准，签发时间可以延长至三十日。

公民因合理紧急事由请求加急办理的，公安机关出入境管理机构应当及时办理。

**第七条** 普通护照的登记项目包括：护照持有人的姓名、性别、出生日期、出生地，护照的签发日期、有效期、签发地点和签发机关。

普通护照的有效期为：护照持有人未满十六周岁的五年，十六周岁以上的十年。

普通护照的具体签发办法，由公安部规定。

**第八条** 外交官员、领事官员及其随行配偶、未成年子女和外交信使持用外交护照。

在中华人民共和国驻外使馆、领馆或者联合国、联合国专门机构以及其他政府间国际组织中工作的中国政府派出的职员及其随行配偶、未成年子女持用公务护照。

前两款规定之外的公民出国执行公务的，由其工作单位依照本法第四条第二款、第三款的规定向外交部门提出申请，由外交部门根据需要签发外交护照或者公务护照。

第九条 外交护照、公务护照的登记项目包括：护照持有人的姓名、性别、出生日期、出生地，护照的签发日期、有效期和签发机关。

外交护照、公务护照的签发范围、签发办法、有效期以及公务护照的具体类别，由外交部规定。

**第十条** 护照持有人所持护照的登记事项发生变更时，应当持相关证明材料，向护照签发机关申请护照变更加注。

**第十一条** 有下列情形之一的，护照持有人可以按照规定申请换发或者补发护照：

(一) 护照有效期即将届满的；

(二) 护照签证页即将使用完毕的；

(三) 护照损毁不能使用的；

(四) 护照遗失或者被盗的；

(五) 有正当理由需要换发或者补发护照的其他情形。

护照持有人申请换发或者补发普通护照，在国内，由本人向户籍所在地的县级以上地方人民政府公安机关出入境管理机构提出；在国外，由本人向中华人民共和国驻外使馆、领馆或者外交部委托的其他驻外机构提出。定居国外的中国公民回国后申请换发或者补发普通护照的，由本人向暂住地的县级以上地方人民政府公安机关出入境管理机构提出。

外交护照、公务护照的换发或者补发，按照外交部的有关规定办理。

**第十二条** 护照具备视读与机读两种功能。

护照的防伪性能参照国际技术标准制定。

护照签发机关及其工作人员对因制作、签发护照而知悉的公民个人信息，应当予以保密。

**第十三条**　申请人有下列情形之一的，护照签发机关不予签发护照：

(一) 不具有中华人民共和国国籍的；

(二) 无法证明身份的；

(三) 在申请过程中弄虚作假的；

(四) 被判处刑罚正在服刑的；

(五) 人民法院通知有未了结的民事案件不能出境的；

(六) 属于刑事案件被告人或者犯罪嫌疑人的；

(七) 国务院有关主管部门认为出境后将对国家安全造成危害或者对国家利益造成重大损失的。

**第十四条**　申请人有下列情形之一的，护照签发机关自其刑罚执行完毕或者被遣返回国之日起六个月至三年以内不予签发护照：

(一) 因妨害国(边)境管理受到刑事处罚的；

(二) 因非法出境、非法居留、非法就业被遣返回国的。

**第十五条**　人民法院、人民检察院、公安机关、国家安全机关、行政监察机关因办理案件需要，可以依法扣押案件当事人的护照。

案件当事人拒不交出护照的，前款规定的国家机关可以提请护照签发机关宣布案件当事人的护照作废。

**第十六条**　护照持有人丧失中华人民共和国国籍，或者护照遗失、被盗等情形，由护照签发机关宣布该护照作废。

伪造、变造、骗取或者被签发机关宣布作废的护照无效。

**第十七条**　弄虚作假骗取护照的，由护照签发机关收缴护照或者宣布护照作废；由公安机关处二千元以上五千元以下罚款；构成犯罪的，依法追究刑事责任。

**第十八条**　为他人提供伪造、变造的护照，或者出售护照的，依法追究刑事责任；尚不够刑事处罚的，由公安机关没收违法所得，处十日以上十五日以下拘留，并处二千元以上五千元以下罚款；非法护照及其印制设备由公安机关收缴。

**第十九条**　持用伪造或者变造的护照或者冒用他人护照出入国(边)境的，由公安机关依照出境入境管理的法律规定予以处罚；非法护照由公安机关收缴。

**第二十条**　护照签发机关工作人员在办理护照过程中有下列行为之一的，依法给予行政处分；构成犯罪的，依法追究刑事责任：

(一) 应当受理而不予受理的；

(二) 无正当理由不在法定期限内签发的；

(三) 超出国家规定标准收取费用的；

(四) 向申请人索取或者收受贿赂的；

(五) 泄露因制作、签发护照而知悉的公民个人信息，侵害公民合法权益的；

(六) 滥用职权、玩忽职守、徇私舞弊的其他行为。

**第二十一条**　普通护照由公安部规定式样并监制；外交护照、公务护照由外交部规定式样并监制。

**第二十三条**　短期出国的公民在国外发生护照遗失、被盗或者损毁不能使用等情形，应当向中华人民共和国驻外使馆、领馆或者外交部委托的其他驻外机构申请中华人民共和国旅行证。

**第二十四条**　公民从事边境贸易、边境旅游服务或者参加边境旅游等情形，可以向公安部委托的县级以上地方人民政府公安机关出入境管理机构申请中华人民共和国出入境通行证。

**第二十五条**　公民以海员身份出入国境和在国外船舶上从事工作的，应当向交通部委托的海事管理机构申请中华人民共和国海员证。

**第二十六条**　本法自 2007 年 1 月 1 日起施行。本法施行前签发的护照在有效期内继续有效。

# 附录2 行 政 法 规

## 附录2.1 旅行社条例

(2009年1月21日国务院第47次常务会议通过，自2009年5月1日起施行)

### 第一章 总 则

**第一条** 为了加强对旅行社的管理，保障旅游者和旅行社的合法权益，维护旅游市场秩序，促进旅游业的健康发展，制定本条例。

**第二条** 本条例适用于中华人民共和国境内旅行社的设立及经营活动。

本条例所称旅行社，是指从事招徕、组织、接待旅游者等活动，为旅游者提供相关旅游服务，开展国内旅游业务、入境旅游业务或者出境旅游业务的企业法人。

**第三条** 国务院旅游行政主管部门负责全国旅行社的监督管理工作。

县级以上地方人民政府管理旅游工作的部门按照职责负责本行政区域内旅行社的监督管理工作。

县级以上各级人民政府工商、价格、商务、外汇等有关部门，应当按照职责分工，依法对旅行社进行监督管理。

**第四条** 旅行社在经营活动中应当遵循自愿、平等、公平、诚信的原则，提高服务质量，维护旅游者的合法权益。

**第五条** 旅行在行业组织应当按照章程为旅行社提供服务，发挥协调和自律作用，引导旅行社合法、公平竞争和诚信经营。

### 第二章 旅行社的设立

**第六条** 申请设立旅行社，经营国内旅游业务和入境旅游业务的，应当具备下列条件：

(一) 有固定的经营场所；

(二) 有必要的营业设施；

(三) 有不少于30万元的注册资本。

**第七条** 申请设立旅行社，经营国内旅游业务和入境旅游业务的，应当向所在地省、自治区、直辖市旅游行政管理部门或者其委托的设区的市级旅游行政管理部门提出申请，并提交符合本条例第六条规定的相关证明文件。受理申请的旅游行政管理部门应当自受理申请之日起20个工作日内作出许可或者不予许可的决定。予以许可的，向申请人颁发旅行社业务经营许可证，申请人持旅行社业务经营许可证向工商行政管理部门办理设立登记；不予许可的，书面通知申请人并说明理由。

**第八条** 旅行社取得经营许可满两年，且未因侵害旅游者合法权益受到行政机关罚款以上处罚的，可以申请经营出境旅游业务。

**第九条** 申请经营出境旅游业务的，应当向国务院旅游行政主管部门或者其委托的省、自治区、直辖市旅游行政管理部门提出申请，受理申请的旅游行政管理部门应当自受理申请之日起20个工作日内作出许可或者不予许可的决定。予以许可的，向申请人换发旅行社业务经营许可证，旅行社应当持换发的旅行社业务经营许可证到工商行政管理部门办理变更登记；不予许可的，书面通知申请人并说明理由。

**第十条** 旅行社设立分社的，应当持旅行社业务经营许可证副本向分社所在地的工商行政管理部门办理设立登记，并自设立登记之日起3个工作日内向分社所在地的旅游行政管理部门备案。

旅行社分社的设立不受地域限制。分社的经营范围不得超出设立分社的旅行社的经营范围。

**第十一条**　旅行社设立专门招徕旅游者、提供旅游咨询的服务网点(以下简称旅行社服务网点)应当依法向工商行政管理部门办理设立登记手续，并向所在地的旅游行政管理部门备案。

旅行社服务网点应当接受旅行社的统一管理，不得从事招徕、咨询以外的活动。

**第十二条**　旅行社变更名称、经营场所、法定代表人等登记事项或者终止经营的，应当到工商行政管理部门办理相应的变更登记或者注销登记，并在登记办理完毕之日起10个工作日内，向原许可的旅游行政管理部门备案，换领或者交回旅行社业务经营许可证。

**第十三条**　旅行社应当自取得旅行社业务经营许可证之日起 3 个工作日内，在国务院旅游行政主管部门指定的银行开设专门的质量保证金账户，存入质量保证金，或者向作出许可的旅游行政管理部门提交依法取得的担保额度不低于相应质量保证金数额的银行担保。

经营国内旅游业务和入境旅游业务的旅行社,应当存入质量保证金 20 万元；经营出境旅游业务的旅行社，应当增存质量保证金 120 万元。

质量保证金的利息属于旅行社所有。

**第十四条**　旅行社每设立一个经营国内旅游业务和入境旅游业务的分社，应当向其质量保证金账户增存 5 万元；每设立一个经营出境旅游业务的分社，应当向其质量保证金账户增存 30 万元。

**第十五条**　有下列情形之一的，旅游行政管理部门可以使用旅行社的质量保证金：

(一) 旅行社违反旅游合同约定，侵害旅游者合法权益，经旅游行政管理部门查证属实的；

(二) 旅行社因解散、破产或者其他原因造成旅游者预交旅游费用损失的。

**第十六条**　人民法院判决、裁定及其他生效法律文书认定旅行社损害旅游者合法权益，旅行社拒绝或者无力赔偿的，人民法院可以从旅行社的质量保证金账户上划拨赔偿款。

**第十七条**　旅行社自交纳或者补足质量保证金之日起三年内未因侵害旅游者合法权益受到行政机关罚款以上处罚的，旅游行政管理部门应当将旅行社质量保证金的交存数额降低 50%，并向社会公告。旅行社可凭省、自治区、直辖市旅游行政管理部门出具的凭证减少其质量保证金。

**第十八条**　旅行社在旅游行政管理部门使用质量保证金赔偿旅游者的损失，或者依法减少质量保证金后，因侵害旅游者合法权益受到行政机关罚款以上处罚的，应当在收到旅游行政管理部门补交质量保证金的通知之日起 5 个工作日内补足质量保证金。

**第十九条**　旅行社不再从事旅游业务的，凭旅游行政管理部门出具的凭证，向银行取回质量保证金。

**第二十条**　质量保证金存缴、使用的具体管理办法由国务院旅游行政主管部门和国务院财政部门会同有关部门另行制定。

## 第三章　外商投资旅行社

**第二十一条**　外商投资旅行社适用本章规定；本章没有规定的，适用本条例其他有关规定。

前款所称外商投资旅行社，包括中外合资经营旅行社、中外合作经营旅行社和外资旅行社。

**第二十二条**　设立外商投资旅行社，由投资者向国务院旅游行政主管部门提出申请，并提交符合本条例第六条规定条件的相关证明文件。国务院旅游行政主管部门应当自受理申请之日起 30 个工作日内审查完毕。同意设立的，出具外商投资旅行社业务许可审定意见书；不同意设立的，书面通知申请人并说明理由。

申请人持外商投资旅行社业务许可审定意见书、章程，合资、合作双方签订的合同向国务院商务主管部门提出设立外商投资企业的申请。国务院商务主管部门应当依照有关法律、法规的规定，作出批准或者不予批准的决定。予以批准的，颁发外商投资企业批准证书，并通知申请人向国务院旅游行政主管部门领取旅行社业务经营许可证，申请人持旅行社业务经营许可证和外商投资企业批准证书向工商行政管理部门办理设立登记；不予批准的，书面通知申请人并说明理由。

**第二十三条** 外商投资旅行社不得经营中国内地居民出国旅游业务以及赴香港特别行政区、澳门特别行政区和台湾地区旅游的业务，但是国务院决定或者我国签署的自由贸易协定和内地与香港、澳门关于建立更紧密经贸关系的安排另有规定的除外。

(注：第二十三条规定目前已被有关法令修改。如，根据2010年8月29日起实施的《中外合资经营旅行社试点经营出境旅游业务监管暂行办法》的规定，中外合资旅行社可以试点经营中国境内居民出境旅游业务，待条件成熟后还可逐步放开出境旅游业务。再如，根据2011年1月1日起实施的"关于在内地与香港、澳门《〈关于建立更紧密经贸关系安排〉补充协议七》框架下港澳资旅行社申请试点经营有关事项的通知"的规定，港、澳资旅行社可以试点经营内地居民赴港、澳地区的旅游项目。)

## 第四章 旅行社经营

**第二十四条** 旅行社向旅游者提供的旅游服务信息必须真实可靠，不得作虚假宣传。

**第二十五条** 经营出境旅游业务的旅行社不得组织旅游者到国务院旅游行政主管部门公布的中国公民出境旅游目的地之外的国家和地区旅游。

**第二十六条** 旅行社为旅游者安排或者介绍的旅游活动不得含有违反有关法律、法规规定的内容。

**第二十七条** 旅行社不得以低于旅游成本的报价招徕旅游者。

未经旅游者同意，旅行社不得在旅游合同约定之外提供其他有偿服务。

**第二十八条** 旅行社为旅游者提供服务，应当与旅游者签订旅游合同载明下列事项：

(一) 旅行社的名称及其经营范围、地址、联系电话和旅行社业务经营许可证编号；

(二) 旅行社经办人的姓名、联系电话；

(三) 签约地点和日期；

(四) 旅游行程的出发地、途经地和目的地；

(五) 旅游行程中交通、住宿、餐饮服务安排及其标准；

(六) 旅行社统一安排的游览项目的具体内容及时间；

(七) 旅游者自由活动的时间和次数；

(八) 旅游者应当交纳的旅游费用及交纳方式；

(九) 旅行社安排的购物次数、停留时间及购物场所的名称；

(十) 需要旅游者另行付费的游览项目及价格；

(十一) 解除或者变更合同的条件和提前通知的期限；

(十二) 违反合同的纠纷解决机制及应当承担的责任；

(十三) 旅游服务监督、投诉电话；

(十四) 双方协商一致的其他内容。

**第二十九条** 旅行社在与旅游者签订旅游合同时，应当对旅游合同的具体内容作出真实、准确、完整的说明。

旅行社和旅游者签订的旅游合同约定不明确或者对格式条款的理解发生争议的，应当按照通常理解予以解释；对格式条款有两种以上解释的，应当作出有利于旅游者的解释；格式条款和非格式条款不一致的，应当采用非格式条款。

**第三十条** 旅行社组织中国内地居民出境旅游的，应当为旅游团队安排领队全程陪同。

**第三十一条** 旅行社为接待旅游者委派的导游人员或者为组织旅游者出境旅游委派的领队人员，应当持有国家规定的导游证、领队证。

**第三十二条** 旅行社聘用导游人员、领队人员应当依法签订劳动合同，并向其支付不低于当地最低工资标准的报酬。

**第三十三条**　旅行社及其委派的导游人员和领队人员不得有下列行为：

(一)拒绝履行旅游合同约定的义务；

(二)非因不可抗力改变旅游合同安排的行程；

(三)欺骗、胁迫旅游者购物或者参加需要另行付费的游览项目。

**第三十四条**　旅行社不得要求导游人员和领队人员接待不支付接待和服务费用或者支付的费用低于接待和服务成本的旅游团队，不得要求导游人员和领队人员承担接待旅游团队的相关费用。

**第三十五条**　旅行社违反旅游合同约定，造成旅游者合法权益受到损害的，应当采取必要的补救措施，并及时报告旅游行政管理部门。

**第三十六条**　旅行社需要对旅游业务作出委托的，应当委托给具有相应资质的旅行社，征得旅游者的同意，并与接受委托的旅行社就接待旅游者的事宜签订委托合同，确定接待旅游者的各项服务安排及其标准，约定双方的权利、义务。

**第三十七条**　旅行社将旅游业务委托给其他旅行社的，应当向接受委托的旅行社支付不低于接待和服务成本的费用；接受委托的旅行社不得接待不支付或者不足额支付接待和服务费用的旅游团队。

接受委托的旅行社违约，造成旅游者合法权益受到损害的，作出委托的旅行社应当承担相应的赔偿责任。作出委托的旅行社赔偿后，可以向接受委托的旅行社追偿。

接受委托的旅行社故意或者重大过失造成旅游者合法权益损害的，应当承担连带责任。

**第三十八条**　旅行社应当投保旅行社责任险。旅行社责任险的具体方案由国务院旅游行政主管部门会同国务院保险监督管理机构另行制定。

**第三十九条**　旅行社对可能危及旅游者人身、财产安全的事项，应当向旅游者作出真实的说明和明确的警示，并采取防止危害发生的必要措施。

发生危及旅游者人身安全的情形的，旅行社及其委派的导游人员、领队人员应当采取必要的处置措施并及时报告旅游行政管理部门；在境外发生的，还应当及时报告中华人民共和国驻该国使领馆、相关驻外机构、当地警方。

**第四十条**　旅游者在境外滞留不归的，旅行社委派的领队人员应当及时向旅行社和中华人民共和国驻该国使领馆、相关驻外机构报告。旅行社接到报告后应当及时向旅游行政管理部门和公安机关报告，并协助提供非法滞留者的信息。

旅行社接待入境旅游发生旅游者非法滞留我国境内的，应当及时向旅游行政管理部门、公安机关和外事部门报告，并协助提供非法滞留者的信息。

## 第五章　监督检查

**第四十一条**　旅游、工商、价格、商务、外汇等有关部门应当依法加强对旅行社的监督管理，发现违法行为，应当及时予以处理。

**第四十二条**　旅游、工商、价格等行政管理部门应当及时向社会公告监督检查的情况。公告的内容包括旅行社业务经营许可证的颁发、变更、吊销、注销情况，旅行社的违法经营行为以及旅行社的诚信记录、旅游者投诉信息等。

**第四十三条**　旅行社损害旅游者合法权益的，旅游者可以向旅游行政管理部门、工商行政管理部门、价格主管部门、商务主管部门或者外汇管理部门投诉，接到投诉的部门应当按照其职责权限及时调查处理，并将调查处理的有关情况告知旅游者。

**第四十四条**　旅行社及其分社应当接受旅游行政管理部门对其旅游合同、服务质量、旅游安全、财务账簿等情况的监督检查，并按照国家有关规定向旅游行政管理部门报送经营和财务信息等统计资料。

**第四十五条**　旅游、工商、价格、商务、外汇等有关部门工作人员不得接受旅行社的任何馈赠，不得参加由旅行社支付费用的购物活动或者游览项目，不得通过旅行社为自己、亲友或者其他个人、组织牟取私利。

## 第六章　法律责任

**第四十六条**　违反本条例的规定，有下列情形之一的，由旅游行政管理部门或者工商行政管理部门责令改正，没收违法所得，违法所得10万元以上的，并处违法所得1倍以上5倍以下的罚款；违法所得不足10万元或者没有违法所得的，并处10万元以上50万元以下的罚款：

(一) 未取得相应的旅行社业务经营许可，经营国内旅游业务、入境旅游业务、出境旅游业务的；

(二) 分社的经营范围超出设立分社的旅行社的经营范围的；

(三) 旅行社服务网点从事招徕、咨询以外的活动的。

**第四十七条**　旅行社转让、出租、出借旅行社业务经营许可证的，由旅游行政管理部门责令停业整顿1个月至3个月，并没收违法所得；情节严重的，吊销旅行社业务经营许可证。受让或者租借旅行社业务经营许可证的，由旅游行政管理部门或者工商行政管理部门责令停止非法经营，没收违法所得，并处10万元以上50万元以下的罚款。

**第四十八条**　违反本条例的规定，旅行社未在规定期限内向其质量保证金账户存入、增存、补足质量保证金或者提交相应的银行担保的，由旅游行政管理部门责令改正；拒不改正的，吊销旅行社业务经营许可证。

**第四十九条**　违反本条例的规定，旅行社不投保旅行社责任险的，由旅游行政管理部门责令改正；拒不改正的，吊销旅行社业务经营许可证。

**第五十条**　违反本条例的规定，旅行社有下列情形之一的，由旅游行政管理部门责令改正；拒不改正的，处1万元以下的罚款：

(一) 变更名称、经营场所、法定代表人等登记事项或者终止经营，未在规定期限内向原许可的旅游行政管理部门备案，换领或者交回旅行社业务经营许可证的；

(二) 设立分社未在规定期限内向分社所在地旅游行政管理部门备案的；

(三) 不按照国家有关规定向旅游行政管理部门报送经营和财务信息等统计资料的。

**第五十一条**　违反本条例的规定，外商投资旅行社经营中国内地居民出国旅游业务以及赴香港特别行政区、澳门特别行政区和台湾地区旅游业务，或者经营出境旅游业务的旅行社组织旅游者到国务院旅游行政主管部门公布的中国公民出境旅游目的地之外的国家和地区旅游的，由旅游行政管理部门责令改正，没收违法所得，违法所得10万元以上的，并处违法所得1倍以上5倍以下的罚款；违法所得不足10万元或者没有违法所得的，并处10万元以上50万元以下的罚款；情节严重的，吊销旅行社业务经营许可证。

**第五十二条**　违反本条例的规定，旅行社为旅游者安排或者介绍的旅游活动含有违反有关法律、法规规定的内容的，由旅游行政管理部门责令改正，没收违法所得，并处2万元以上10万元以下的罚款；情节严重的，吊销旅行社业务经营许可证。

**第五十三条**　违反本条例的规定，旅行社向旅游者提供的旅游服务信息含有虚假内容或者作虚假宣传的，由工商行政管理部门依法给予处罚。

违反本条例的规定，旅行社以低于旅游成本的报价招徕旅游者的，由价格主管部门依法给予处罚。

**第五十四条**　违反本条例的规定，旅行社未经旅游者同意在旅游合同约定之外提供其他有偿服务的，由旅游行政管理部门责令改正，处1万元以上5万元以下的罚款。

**第五十五条**　违反本条例的规定，旅行社有下列情形之一的，由旅游行政管理部门责令改正，处2万元以上10万元以下的罚款；情节严重的，责令停业整顿1个月至3个月：

(一) 未与旅游者签订旅游合同；

(二) 与旅游者签订的旅游合同未载明本条例第二十八条规定的事项；

(三) 未取得旅游者同意，将旅游业务委托给其他旅行社；

(四) 将旅游业务委托给不具有相应资质的旅行社；

(五) 未与接受委托的旅行社就接待旅游者的事宜签订委托合同。

**第五十六条**　违反本条例的规定，旅行社组织中国内地居民出境旅游，不为旅游团队安排领队全程陪同的，由旅游行政管理部门责令改正，处 1 万元以上 5 万元以下的罚款；拒不改正的，责令停业整顿 1 个月至 3 个月。

**第五十七条**　违反本条例的规定，旅行社委派的导游人员和领队人员未持有国家规定的导游证或者领队证的，由旅游行政管理部门责令改正，对旅行社处 2 万元以上 10 万元以下的罚款。

**第五十八条**　违反本条例的规定，旅行社不向其聘用的导游人员、领队人员支付报酬，或者所支付的报酬低于当地最低工资标准的，按照《中华人民共和国劳动合同法》的有关规定处理

**第五十九条**　违反本条例规定，有下列情形之一的，对旅行社，由旅游行政管理部门或者工商行政管理部门责令改正，处 10 万元以上 50 万元以下的罚款；对导游人员、领队人员，由旅游行政管理部门责令改正，处 1 万元以上 5 万元以下的罚款；情节严重的，吊销旅行社业务经营许可证、导游证或者领队证：

(一) 拒不履行旅游合同约定的义务的；

(二) 非因不可抗力改变旅游合同安排的行程的；

(三) 欺骗、胁迫旅游者购物或者参加需要另行付费的游览项目的。

**第六十条**　违反本条例的规定，旅行社要求导游人员和领队人员接待不支付接待和服务费用、支付的费用低于接待和服务成本的旅游团队，或者要求导游人员和领队人员承担接待旅游团队的相关费用的，由旅游行政管理部门责令改正，处 2 万元以上 10 万元以下的罚款。

**第六十一条**　旅行社违反旅游合同约定，造成旅游者合法权益受到损害，不采取必要的补救措施的，由旅游行政管理部门或者工商行政管理部门责令改正，处 1 万元以上 5 万元以下的罚款；情节严重的，由旅游行政管理部门吊销旅行社业务经营许可证。

**第六十二条**　违反本条例的规定，有下列情形之一的，由旅游行政管理部门责令改正，停业整顿 1 个月至 3 个月；情节严重的，吊销旅行社业务经营许可证：

(一) 旅行社不向接受委托的旅行社支付接待和服务费用的；

(二) 旅行社向接受委托的旅行社支付的费用低于接待和服务成本的；

(三) 接受委托的旅行社接待不支付或者不足额支付接待和服务费用的旅游团队的。

**第六十三条**　违反本条例的规定，旅行社及其委派的导游人员、领队人员有下列情形之一的，由旅游行政管理部门责令改正，对旅行社处 2 万元以上 10 万元以下的罚款；对导游人员、领队人员处 4000 元以上 2 万元以下的罚款；情节严重的，责令旅行社停业整顿 1 个月至 3 个月，或者吊销旅行社业务经营许可证、导游证、领队证：

(一) 发生危及旅游者人身安全的情形，未采取必要的处置措施并及时报告的；

(二) 旅行社组织出境旅游的旅游者非法滞留境外，旅行社未及时报告并协助提供非法滞留者信息的；

(三) 旅行社接待入境旅游的旅游者非法滞留境内，旅行社未及时报告并协助提供非法滞留者信息的。

**第六十四条**　因妨害国(边)境管理受到刑事处罚的，在刑罚执行完毕之日起五年内不得从事旅行社业务经营活动；旅行社被吊销旅行社业务经营许可的，其主要负责人在旅行社业务经营许可被吊销之日起五年内不得担任任何旅行社的主要负责人。

**第六十五条**　旅行社违反本条例的规定，损害旅游者合法权益的，应当承担相应的民事责任；构成犯罪的，依法追究刑事责任。

**第六十六条** 违反本条例的规定，旅游行政管理部门或者其他有关部门及其工作人员有下列情形之一的，对直接负责的主管人员和其他直接责任人员依法给予处分：

(一) 发现违法行为不及时予以处理的；

(二) 未及时公告对旅行社的监督检查情况的；

(三) 未及时处理旅游者投诉并将调查处理的有关情况告知旅游者的；

(四) 接受旅行社的馈赠的；

(五) 参加由旅行社支付费用的购物活动或者游览项目的；

(六) 通过旅行社为自己、亲友或者其他个人、组织牟取私利的。

### 第七章 附 则

**第六十七条** 香港特别行政区、澳门特别行政区和台湾地区的投资者在内地投资设立的旅行社，参照适用本条例。

**第六十八条** 本条例自2009年5月1日起施行。1996年10月15日国务院发布的《旅行社管理条例》同时废止。

## 附录2.2 导游人员管理条例

(1999年5月14日国务院第263号令发布，自1999年10月1日起施行)

**第一条** 为了规范导游活动，保障旅游者和导游人员的合法权益，促进旅游业的健康发展，制定本条例。

**第二条** 本条例所称导游人员，是指依照本条例的规定取得导游证，接受旅行社委派，为旅游者提供向导、讲解及相关旅游服务的人员。

**第三条** 国家实行全国统一的导游人员资格考试制度。

具有高级中学、中等专业学校或者以上学历，身体健康，具有适应导游需要的基本知识和语言表达能力的中华人民共和国公民，可以参加导游人员资格考试；经考试合格的，由国务院旅游行政部门或者国务院旅游行政部门委托省、自治区、直辖市人民政府旅游行政部门颁发导游人员资格证书。

**第四条** 在中华人民共和国境内从事导游活动，必须取得导游证。

取得导游人员资格证书的，经与旅行社订立劳动合同或者在导游服务公司登记，方可持所订立的劳动合同或者登记证明材料，向省、自治区、直辖市人民政府旅游行政部门申请领取导游证。

具有特定语种语言能力的人员，虽未取得导游人员资格证书，旅行社需要聘请临时从事导游活动的，由旅行社向省、自治区、直辖市人民政府旅游行政部门申请领取临时导游证。

导游证和临时导游证的样式规格，由国务院旅游行政部门规定。

**第五条** 有下列情形之一的，不得颁发导游证：

(一) 无民事行为能力或者限制民事行为能力的；

(二) 患有传染性疾病的；

(三) 受过刑事处罚的，过失犯罪的除外；

(四) 被吊销导游证的。

**第六条** 省、自治区、直辖市人民政府旅游行政部门应当自收到申请领取导游证之日起15日内，颁发导游证；发现有本条例第五条规定情形，不予颁发导游证的，应当书面通知申请人。

**第七条** 导游人员应当不断提高自身业务素质和职业技能。

国家对导游人员实行等级考核制度。导游人员等级考核标准和考核办法，由国务院旅游行政部门制定。

**第八条**　导游人员进行导游活动时，应当佩戴导游证。

导游证的有效期限为 3 年。导游证持有人需要在有效期满后继续从事导游活动的，应当在有效期限届满3个月前，向省、自治区、直辖市人民政府旅游行政部门申请办理换发导游证手续。

临时导游证的有效期限最长不超过3个月，并不得展期。

**第九条**　导游人员进行导游活动，必须经旅行社委派。

导游人员不得私自承揽或者以其他任何方式直接承揽导游业务，进行导游活动。

**第十条**　导游人员进行导游活动时，其人格尊严应当受到尊重，其人身安全不受侵犯。

导游人员有权拒绝旅游者提出的侮辱其人格尊严或者违反其职业道德的不合理要求。

**第十一条**　导游人员进行导游活动时，应当自觉维护国家利益和民族尊严，不得有损害国家利益和民族尊严的言行。

**第十二条**　导游人员进行导游活动时，应当遵守职业道德，着装整洁，礼貌待人，尊重旅游者的宗教信仰、民族风俗和生活习惯。

导游人员进行导游活动时，应当向旅游者讲解旅游地点的人文和自然情况，介绍风土人情和习俗；但是，不得迎合个别 旅游者的低级趣味，在讲解、介绍中掺杂庸俗下流的内容。

**第十三条**　导游人员应当严格按照旅行社确定的接待计划，安排旅游者的旅行、游览活动，不得擅自增加、减少旅游项目或者中止导游活动。

导游人员在引导旅游者旅行、游览过程中，遇有可能危及旅游者人身安全的紧急情形时，经征得多数旅游者的同意，可以调整或者变更接待计划，但是应当立即报告旅行社。

**第十四条**　导游人员在引导旅游者旅行、游览过程中，应当就可能发生危及旅游者人身、财物安全的情况，向旅游者作出真实说明和明确警示，并按照旅行社的要求采取防止危害发生的措施。

**第十五条**　导游人员进行导游活动，不得向旅游者兜售物品或者购买旅游者的物品，不得以明示或者暗示的方式向旅游者索要小费。

**第十六条**　导游人员进行导游活动，不得欺骗、胁迫旅游者消费或者与经营者串通欺骗、胁迫旅游者消费。

**第十七条**　旅游者对导游人员违反本条例规定的行为，有权向旅游行政部门投诉。

**第十八条**　无导游证进行导游活动的，由旅游行政部门责令改正并予以公告，处 1000 元以上 3 万元以下的罚款；有违法所得的，并处没收违法所得。

**第十九条**　导游人员未经旅行社委派，私自承揽或者以其他任何方式直接承揽导游业务，进行导游活动的，由旅游行政部门责令改正，处 1000 元以上 3 万元以下的罚款；有违法所得的，并处没收违法所得；情节严重的，由省、自治区、直辖市人民政府旅游行政部门吊销导游证并予以公告。

**第二十条**　导游人员进行导游活动时，有损害国家利益和民族尊严的言行的，由旅游行政部门责令改正；情节严重的，由省、自治区、直辖市人民政府旅游行政部门吊销导游证并予以公告；对该导游人员所在的旅行社给予警告直至责令停业整顿。

**第二十一条**　导游人员进行导游活动时未佩戴导游证的，由旅游行政部门责令改正；拒不改正的，处 500 元以下的罚款。

**第二十二条**　导游人员有下列情形之一的，由旅游行政部门责令改正，暂扣导游证 3 至 6 个月；情节严重的，由省、自治区、直辖市人民政府旅游行政部门吊销导游证并予以公告：

(一) 擅自增加或者减少旅游项目的；

(二) 擅自变更接待计划的；

(三) 擅自中止导游活动的。

**(此条与 2009 年 5 月 1 日起实施的《旅行社条例》第五十九条第二项冲突，因此废止。)**

**第二十三条** 导游人员进行导游活动，向旅游者兜售物品或者购买旅游者的物品的，或者以明示或者暗示的方式向旅游者索要小费的，由旅游行政部门责令改正，处1000元以上3万元以下的罚款；有违法所得的，并处没收违法所得；情节严重的，由省、自治区、直辖市人民政府旅游行政部门吊销导游证并予以公告；对委派该导游人员的旅行社给予警告直至责令停业整顿。

**第二十四条** 导游人员进行导游活动，欺骗、胁迫旅游者消费或者与经营者串通欺骗、胁迫旅游者消费的，由旅游行政部门责令改正，处1000元以上3万元以下的罚款；有违法所得的，并处没收违法所得；情节严重的，由省、自治区、直辖市人民政府旅游行政部门吊销导游证并予以公告；对委派该导游人员的旅行社给予警告直至责令停业整顿；构成犯罪的，依法追究刑事责任。

(此条与2009年5月1日起实施的《旅行社条例》第五十九条第三项冲突，因此废止。)

**第二十五条** 旅游行政部门工作人员玩忽职守、滥用职权、徇私舞弊，构成犯罪的，依法追究刑事责任；尚不构成犯罪的，依法给予行政处分。

**第二十六条** 景点景区的导游人员管理办法，由省、自治区、直辖市人民政府参照本条例制定。

**第二十七条** 本条例自1999年10月1日起施行。1987年11月14日国务院批准、1987年12月1日国家旅游局发布的《导游人员管理暂行规定》同时废止。

## 附录2.3 中国公民出国旅游管理办法(节选)

(2001年12月12日国务院第50次常务会议通过，2002年5月27日国务院第354号令公布，自2002年7月1日起施行)

**第一条** 为了规范旅行社组织中国公民出国旅游活动，保障出国旅游者和出国旅游经营者的合法权益，制定本办法。

**第二条** 出国旅游的目的地国家，由国务院旅游行政部门会同国务院有关部门提出，报国务院批准后，由国务院旅游行政部门公布。

任何单位和个人不得组织中国公民到国务院旅游行政部门公布的出国旅游的目的地国家以外的国家旅游；组织中国公民到国务院旅游行政部门公布的出国旅游的目的地国家以外的国家进行涉及体育活动、文化活动等临时性专项旅游的，须经国务院旅游行政部门批准。

**第四条** 未经国务院旅游行政部门批准取得出国旅游业务经营资格的，任何单位和个人不得擅自经营或者以商务、考察、培训等方式变相经营出国旅游业务。

**第五条** 国务院旅游行政部门应当将取得出国旅游业务经营资格的旅行社(以下简称组团社)名单予以公布，并通报国务院有关部门。

**第九条** 旅游者持有有效普通护照的，可以直接到组团社办理出国旅游手续；没有有效普通护照的，应当依照《中华人民共和国公民出境入境管理法》的有关规定办理护照后再办理出国旅游手续。

组团社应当为旅游者办理前往国签证等出境手续。

**第十条** 组团社应当为旅游团队安排专职领队。

领队应当经省、自治区、直辖市旅游行政部门考核合格，取得领队证。

领队在带团时，应当佩戴领队证，并遵守本办法及国务院旅游行政部门的有关规定。

**第十一条** 旅游团队应当从国家开放口岸整团出入境。

旅游团队出入境时，应当接受边防检查站对护照、签证、《名单表》的查验。经国务院有关部门批准，旅游团队可以到旅游目的地国家按照该国有关规定办理签证或者免签证。

旅游团队出境前已确定分团入境的，组团社应当事先向出入境边防检查总站或者省级公安边防部门备案。

旅游团队出境后因不可抗力或者其他特殊原因确需分团入境的，领队应当及时通知组团社，组团社应当立即向有关出入境边防检查总站或者省级公安边防部门备案。

**第十二条** 组团社应当维护旅游者的合法权益。

组团社向旅游者提供的出国旅游服务信息必须真实可靠，不得作虚假宣传，报价不得低于成本。

**第十三条** 组团社经营出国旅游业务，应当与旅游者订立书面旅游合同。

旅游合同应当包括旅游起止时间、行程路线、价格、食宿、交通以及违约责任等内容。旅游合同由组团社和旅游者各持一份。

**第十四条** 组团社应当按照旅游合同约定的条件，为旅游者提供服务。

组团社应当保证所提供的服务符合保障旅游者人身、财产安全的要求；对可能危及旅游者人身安全的情况，应当向旅游者作出真实说明和明确警示，并采取有效措施，防止危害的发生。

**第十五条** 组团社组织旅游者出国旅游，应当选择在目的地国家依法设立并具有良好信誉的旅行社(以下简称境外接待社)，并与之订立书面合同后，方可委托其承担接待工作。

**第十六条** 组团社及其旅游团队领队应当要求境外接待社按照约定的团队活动计划安排旅游活动，并要求其不得组织旅游者参与涉及色情、赌博、毒品内容的活动或者危险性活动，不得擅自改变行程、减少旅游项目，不得强迫或者变相强迫旅游者参加额外付费项目。

境外接待社违反组团社及其旅游团队领队根据前款规定提出的要求时，组团社及其旅游团队领队应当予以制止。

**第十七条** 旅游团队领队应当向旅游者介绍旅游目的地国家的相关法律、风俗习惯以及其他有关注意事项，并尊重旅游者的人格尊严、宗教信仰、民族风俗和生活习惯。

**第十八条** 旅游团队领队在带领旅游者旅行、游览过程中，应当就可能危及旅游者人身安全的情况，向旅游者作出真实说明和明确警示，并按照组团社的要求采取有效措施，防止危害的发生。

**第十九条** 旅游团队在境外遇到特殊困难和安全问题时，领队应当及时向组团社和中国驻所在国家使领馆报告；组团社应当及时向旅游行政部门和公安机关报告。

**第二十条** 旅游团队领队不得与境外接待社、导游及为旅游者提供商品或者服务的其他经营者串通欺骗、胁迫旅游者消费，不得向境外接待社、导游及其他为旅游者提供商品或者服务的经营者索要回扣、提成或者收受其财物。

**第二十一条** 旅游者应当遵守旅游目的地国家的法律，尊重当地的风俗习惯，并服从旅游团队领队的统一管理。

**第二十二条** 严禁旅游者在境外滞留不归。

旅游者在境外滞留不归的，旅游团队领队应当及时向组团社和中国驻所在国家使领馆报告，组团社应当及时向公安机关和旅游行政部门报告。有关部门处理有关事项时，组团社有义务予以协助。

**第二十三条** 旅游者对组团社或者旅游团队领队违反本办法规定的行为，有权向旅游行政部门投诉。

**第二十四条** 因组团社或者其委托的境外接待社违约，使旅游者合法权益受到损害的，组团社应当依法对旅游者承担赔偿责任。

**第二十五条** 组团社有下列情形之一的，旅游行政部门可以暂停其经营出国旅游业务；情节严重的，取消其出国旅游业务经营资格：

(一) 入境旅游业绩下降的；

(二) 因自身原因，在1年内未能正常开展出国旅游业务的；

(三) 因出国旅游服务质量问题被投诉并经查实的；

(四) 有逃汇、非法套汇行为的；

(五) 以旅游名义弄虚作假，骗取护照、签证等出入境证件或者送他人出境的；

(六) 国务院旅游行政部门认定的影响中国公民出国旅游秩序的其他行为。

**第二十六条** 任何单位和个人违反本办法第四条的规定，未经批准擅自经营或者以商务、考察、培训等方式变相经营出国旅游业务的，由旅游行政部门责令停止非法经营，没收违法所得，并处违法所得2倍以上5倍以下的罚款。

(本条被《旅行社条例》第46条废止。)

**第二十七条** 组团社违反本办法第十条的规定，不为旅游团队安排专职领队的，由旅游行政部门责令改正，并处5000元以上2万元以下的罚款，可以暂停其出国旅游业务经营资格；多次不安排专职领队的，并取消其出国旅游业务经营资格。

(本条被《旅行社条例》第56条废止。)

**第二十八条** 组团社违反本办法第十二条的规定，向旅游者提供虚假服务信息或者低于成本报价的，由工商行政管理部门依照《中华人民共和国消费者权益保护法》、《中华人民共和国反不正当竞争法》的有关规定给予处罚。

**第二十九条** 组团社或者旅游团队领队违反本办法第十四条第二款、第十八条的规定，对可能危及人身安全的情况未向旅游者作出真实说明和明确警示，或者未采取防止危害发生的措施的，由旅游行政部门责令改正，给予警告；情节严重的，对组团社暂停其出国旅游业务经营资格，并处5000元以上 2 万元以下的罚款，对旅游团队领队可以暂扣直至吊销其领队证；造成人身伤亡事故的，依法追究刑事责任，并承担赔偿责任。

(本条被《旅行社条例》第63条废止。)

**第三十条** 组团社或者旅游团队领队违反本办法第十六条的规定，未要求境外接待社不得组织旅游者参与涉及色情、赌博、毒品内容的活动或者危险性活动，未要求其不得擅自改变行程、减少旅游项目、强迫或者变相强迫旅游者参加额外付费项目，或者在境外接待社违反前述要求时未制止的，由旅游行政部门对组团社处组织该旅游团队所收取费用 2 倍以上 5 倍以下的罚款，并暂停其出国旅游业务经营资格，对旅游团队领队暂扣其领队证；造成恶劣影响的，对组团社取消其出国旅游业务经营资格，对旅游团队领队吊销其领队证。

**第三十一条** 旅游团队领队违反本办法第二十条的规定，与境外接待社、导游及为旅游者提供商品或者服务的其他经营者串通欺骗、胁迫旅游者消费或者向境外接待社、导游和其他为旅游者提供商品或者服务的经营者索要回扣、提成或者收受其财物的，由旅游行政部门责令改正，没收索要的回扣、提成或者收受的财物，并处索要的回扣、提成或者收受的财物价值 2 倍以上 5 倍以下的罚款；情节严重的，并吊销其领队证。

**第三十二条** 违反本办法第二十二条的规定，旅游者在境外滞留不归，旅游团队领队不及时向组团社和中国驻所在国家使领馆报告，或者组团社不及时向有关部门报告的，由旅游行政部门给予警告，对旅游团队领队可以暂扣其领队证，对组团社可以暂停其出国旅游业务经营资格。

(本条被《旅行社条例》第63条废止。)

旅游者因滞留不归被遣返回国的，由公安机关吊销其护照。

**第三十三条** 本办法自2002年7月1日起施行。国务院1997年3月17日批准，国家旅游局、公安部1997年7月1日发布的《中国公民自费出国旅游管理暂行办法》同时废止。

## 附录2.4 风景名胜区条例(节选)

(2006年9月6日国务院第149次常务会议通过，2006年9月19日国务院第474号令公布，自2006年12月1日起施行)

### 第一章 总 则

**第一条** 为了加强对风景名胜区的管理，有效保护和合理利用风景名胜资源，制定本条例。

**第二条**　风景名胜区的设立、规划、保护、利用和管理，适用本条例。

本条例所称风景名胜区，是指具有观赏、文化或者科学价值，自然景观、人文景观比较集中，环境优美，可供人们游览或者进行科学、文化活动的区域。

**第四条**　风景名胜区所在地县级以上地方人民政府设置的风景名胜区管理机构，负责风景名胜区的保护、利用和统一管理工作。

**第五条**　国务院建设主管部门负责全国风景名胜区的监督管理工作。国务院其他有关部门按照国务院规定的职责分工，负责风景名胜区的有关监督管理工作。

省、自治区人民政府建设主管部门和直辖市人民政府风景名胜区主管部门，负责本行政区域内风景名胜区的监督管理工作。省、自治区、直辖市人民政府其他有关部门按照规定的职责分工，负责风景名胜区的有关监督管理工作。

## 第二章　设　　立

**第七条**　设立风景名胜区，应当有利于保护和合理利用风景名胜资源。

新设立的风景名胜区与自然保护区不得重合或者交叉；已设立的风景名胜区与自然保护区重合或者交叉的，风景名胜区规划与自然保护区规划应当相协调。

**第八条**　风景名胜区划分为国家级风景名胜区和省级风景名胜区。

自然景观和人文景观能够反映重要自然变化过程和重大历史文化发展过程，基本处于自然状态或者保持历史原貌，具有国家代表性的，可以申请设立国家级风景名胜区；具有区域代表性的，可以申请设立省级风景名胜区。

**第十一条**　风景名胜区内的土地、森林等自然资源和房屋等财产的所有权人、使用权人的合法权益受法律保护。

申请设立风景名胜区的人民政府应当在报请审批前，与风景名胜区内的土地、森林等自然资源和房屋等财产的所有权人、使用权人充分协商。

因设立风景名胜区对风景名胜区内的土地、森林等自然资源和房屋等财产的所有权人、使用权人造成损失的，应当依法给予补偿。

## 第三章　规　　划

**第十二条**　风景名胜区规划分为总体规划和详细规划。

**第十六条**　国家级风景名胜区规划由省、自治区人民政府建设主管部门或者直辖市人民政府风景名胜区主管部门组织编制。

省级风景名胜区规划由县级人民政府组织编制。

**第二十一条**　风景名胜区规划经批准后，应当向社会公布，任何组织和个人有权查阅。

风景名胜区内的单位和个人应当遵守经批准的风景名胜区规划，服从规划管理。

风景名胜区规划未经批准的，不得在风景名胜区内进行各类建设活动。

**第二十二条**　经批准的风景名胜区规划不得擅自修改。确需对风景名胜区总体规划中的风景名胜区范围、性质、保护目标、生态资源保护措施、重大建设项目布局、开发利用强度以及风景名胜区的功能结构、空间布局、游客容量进行修改的，应当报原审批机关批准；对其他内容进行修改的，应当报原审批机关备案。

风景名胜区详细规划确需修改的，应当报原审批机关批准。

政府或者政府部门修改风景名胜区规划对公民、法人或者其他组织造成财产损失的，应当依法给予补偿。

## 第四章　保　　护

**第二十四条**　风景名胜区内的景观和自然环境，应当根据可持续发展的原则，严格保护，不得破坏或者随意改变。

风景名胜区管理机构应当建立健全风景名胜资源保护的各项管理制度。

风景名胜区内的居民和游览者应当保护风景名胜区的景物、水体、林草植被、野生动物和各项设施。

**第二十五条** 风景名胜区管理机构应当对风景名胜区内的重要景观进行调查、鉴定，并制定相应的保护措施。

**第二十六条** 在风景名胜区内禁止进行下列活动：

(一) 开山、采石、开矿、开荒、修坟立碑等破坏景观、植被和地形地貌的活动；

(二) 修建储存爆炸性、易燃性、放射性、毒害性、腐蚀性物品的设施；

(三) 在景物或者设施上刻划、涂污；

(四) 乱扔垃圾。

**第二十七条** 禁止违反风景名胜区规划，在风景名胜区内设立各类开发区和在核心景区内建设宾馆、招待所、培训中心、疗养院以及与风景名胜资源保护无关的其他建筑物；已经建设的，应当按照风景名胜区规划，逐步迁出。

**第二十八条** 在风景名胜区内从事本条例第二十六条、第二十七条禁止范围以外的建设活动，应当经风景名胜区管理机构审核后，依照有关法律、法规的规定办理审批手续。

在国家级风景名胜区内修建缆车、索道等重大建设工程，项目的选址方案应当报国务院建设主管部门核准。

**第二十九条** 在风景名胜区内进行下列活动，应当经风景名胜区管理机构审核后，依照有关法律、法规的规定报有关主管部门批准：

(一) 设置、张贴商业广告；

(二) 举办大型游乐等活动；

(三) 改变水资源、水环境自然状态的活动；

(四) 其他影响生态和景观的活动。

**第三十条** 风景名胜区内的建设项目应当符合风景名胜区规划，并与景观相协调，不得破坏景观、污染环境、妨碍游览。

在风景名胜区内进行建设活动的，建设单位、施工单位应当制定污染防治和水土保持方案，并采取有效措施，保护好周围景物、水体、林草植被、野生动物资源和地形地貌。

## 第五章 利用和管理

**第三十二条** 风景名胜区管理机构应当根据风景名胜区的特点，保护民族民间传统文化，开展健康有益的游览观光和文化娱乐活动，普及历史文化和科学知识。

**第三十三条** 风景名胜区管理机构应当根据风景名胜区规划，合理利用风景名胜资源，改善交通、服务设施和游览条件。

风景名胜区管理机构应当在风景名胜区内设置风景名胜区标志和路标、安全警示等标牌。

**第三十六条** 风景名胜区管理机构应当建立健全安全保障制度，加强安全管理，保障游览安全，并督促风景名胜区内的经营单位接受有关部门依据法律、法规进行的监督检查。

禁止超过允许容量接纳游客和在没有安全保障的区域开展游览活动。

**第三十八条** 风景名胜区的门票收入和风景名胜资源有偿使用费，实行收支两条线管理。

风景名胜区的门票收入和风景名胜资源有偿使用费应当专门用于风景名胜资源的保护和管理以及风景名胜区内财产的所有权人、使用权人损失的补偿。具体管理办法，由国务院财政部门、价格主管部门会同国务院建设主管部门等有关部门制定。

**第三十九条** 风景名胜区管理机构不得从事以营利为目的的经营活动，不得将规划、管理和监督等行政管理职能委托给企业或者个人行使。

风景名胜区管理机构的工作人员，不得在风景名胜区内的企业兼职。

## 第六章　法律责任

**第四十条**　违反本条例的规定，有下列行为之一的，由风景名胜区管理机构责令停止违法行为、恢复原状或者限期拆除，没收违法所得，并处50万元以上100万元以下的罚款：

(一) 在风景名胜区内进行开山、采石、开矿等破坏景观、植被、地形地貌的活动的；

(二) 在风景名胜区内修建储存爆炸性、易燃性、放射性、毒害性、腐蚀性物品的设施的；

(三) 在核心景区内建设宾馆、招待所、培训中心、疗养院以及与风景名胜资源保护无关的其他建筑物的。

县级以上地方人民政府及其有关主管部门批准实施本条第一款规定的行为的，对直接负责的主管人员和其他直接责任人员依法给予降级或者撤职的处分；构成犯罪的，依法追究刑事责任。

**第四十一条**　违反本条例的规定，在风景名胜区内从事禁止范围以外的建设活动，未经风景名胜区管理机构审核的，由风景名胜区管理机构责令停止建设、限期拆除，对个人处2万元以上5万元以下的罚款，对单位处20万元以上50万元以下的罚款。

**第四十二条**　违反本条例的规定，在国家级风景名胜区内修建缆车、索道等重大建设工程，项目的选址方案未经国务院建设主管部门核准，县级以上地方人民政府有关部门核发选址意见书的，对直接负责的主管人员和其他直接责任人员依法给予处分；构成犯罪的，依法追究刑事责任。

**第四十三条**　违反本条例的规定，个人在风景名胜区内进行开荒、修坟立碑等破坏景观、植被、地形地貌的活动的，由风景名胜区管理机构责令停止违法行为、限期恢复原状或者采取其他补救措施，没收违法所得，并处1000元以上1万元以下的罚款。

**第四十四条**　违反本条例的规定，在景物、设施上刻画、涂污或者在风景名胜区内乱扔垃圾的，由风景名胜区管理机构责令恢复原状或者采取其他补救措施，处50元的罚款；刻画、涂污或者以其他方式故意损坏国家保护的文物、名胜古迹的，按照治安管理处罚法的有关规定予以处罚；构成犯罪的，依法追究刑事责任。

**第四十五条**　违反本条例的规定，未经风景名胜区管理机构审核，在风景名胜区内进行下列活动的，由风景名胜区管理机构责令停止违法行为、限期恢复原状或者采取其他补救措施，没收违法所得，并处5万元以上10万元以下的罚款；情节严重的，并处10万元以上20万元以下的罚款：

(一) 设置、张贴商业广告的；

(二) 举办大型游乐等活动的；

(三) 改变水资源、水环境自然状态的活动的；

(四) 其他影响生态和景观的活动。

**第四十六条**　违反本条例的规定，施工单位在施工过程中，对周围景物、水体、林草植被、野生动物资源和地形地貌造成破坏的，由风景名胜区管理机构责令停止违法行为、限期恢复原状或者采取其他补救措施，并处2万元以上10万元以下的罚款；逾期未恢复原状或者采取有效措施的，由风景名胜区管理机构责令停止施工。

**第四十七条**　违反本条例的规定，国务院建设主管部门、县级以上地方人民政府及其有关主管部门有下列行为之一的，对直接负责的主管人员和其他直接责任人员依法给予处分；构成犯罪的，依法追究刑事责任：

(一) 违反风景名胜区规划在风景名胜区内设立各类开发区的；

(二) 风景名胜区自设立之日起未在2年内编制完成风景名胜区总体规划的；

(三) 选择不具有相应资质等级的单位编制风景名胜区规划的；

(四) 风景名胜区规划批准前批准在风景名胜区内进行建设活动的；

(五) 擅自修改风景名胜区规划的；

(六) 不依法履行监督管理职责的其他行为。

**第四十八条** 违反本条例的规定，风景名胜区管理机构有下列行为之一的，由设立该风景名胜区管理机构的县级以上地方人民政府责令改正；情节严重的，对直接负责的主管人员和其他直接责任人员给予降级或者撤职的处分；构成犯罪的，依法追究刑事责任：

(一) 超过允许容量接纳游客或者在没有安全保障的区域开展游览活动的；

(二) 未设置风景名胜区标志和路标、安全警示等标牌的；

(三) 从事以营利为目的的经营活动的；

(四) 将规划、管理和监督等行政管理职能委托给企业或者个人行使的；

(五) 允许风景名胜区管理机构的工作人员在风景名胜区内的企业兼职的；

(六) 审核同意在风景名胜区内进行不符合风景名胜区规划的建设活动的；

(七) 发现违法行为不予查处的。

**第五十条** 本条例第四十条第一款、第四十一条、第四十三条、第四十四条、第四十五条、第四十六条规定的违法行为，侵害国家、集体或者个人的财产的，有关单位或者个人应当依法承担民事责任。

**第五十一条** 依照本条例的规定，责令限期拆除在风景名胜区内违法建设的建筑物、构筑物或者其他设施的，有关单位或者个人必须立即停止建设活动，自行拆除；对继续进行建设的，作出责令限期拆除决定的机关有权制止。有关单位或者个人对责令限期拆除决定不服的，可以在接到责令限期拆除决定之日起 15 日内，向人民法院起诉；期满不起诉又不自行拆除的，由作出责令限期拆除决定的机关依法申请人民法院强制执行，费用由违法者承担。

# 附录3　部 门 规 章

## 附录3.1　旅行社条例实施细则

(2009年4月2日国家旅游局第4次局长办公会议审议通过，2009年4月3日国家旅游局第30号令公布，自2009年5月3日起施行)

### 第一章　总　　则

**第一条**　根据《旅行社条例》(以下简称《条例》)，制定本实施细则。

**第二条**　《条例》第二条所称招徕、组织、接待旅游者提供的相关旅游服务，主要包括：

(一) 安排交通服务；

(二) 安排住宿服务；

(三) 安排餐饮服务；

(四) 安排观光游览、休闲度假等服务；

(五) 导游、领队服务；

(六) 旅游咨询、旅游活动设计服务。

旅行社还可以接受委托，提供下列旅游服务：

(一) 接受旅游者的委托，代订交通客票、代订住宿和代办出境、入境、签证手续等；

(二) 接受机关、事业单位和社会团体的委托，为其差旅、考察、会议、展览等公务活动，代办交通、住宿、餐饮、会务等事务；

(三) 接受企业委托，为其各类商务活动、奖励旅游等，代办交通、住宿、餐饮、会务、观光游览、休闲度假等事务；

(四) 其他旅游服务。

前款所列出境、签证手续等服务，应当由具备出境旅游业务经营权的旅行社代办。

**第三条**　《条例》第二条所称国内旅游业务，是指旅行社招徕、组织和接待中国内地居民在境内旅游的业务。

《条例》第二条所称入境旅游业务，是指旅行社招徕、组织、接待外国旅游者来我国旅游，香港特别行政区、澳门特别行政区旅游者来内地旅游，台湾地区居民来大陆旅游，以及招徕、组织、接待在中国内地的外国人，在内地的香港特别行政区、澳门特别行政区居民和在大陆的台湾地区居民在境内旅游的业务。

《条例》第二条所称出境旅游业务，是指旅行社招徕、组织、接待中国内地居民出国旅游，赴香港特别行政区、澳门特别行政区和台湾地区旅游，以及招徕、组织、接待在中国内地的外国人、在内地的香港特别行政区、澳门特别行政区居民和在大陆的台湾地区居民出境旅游的业务。

**第四条**　对旅行社及其分支机构的监督管理，县级以上旅游行政管理部门应当按照《条例》、本细则的规定和职责，实行分级管理和属地管理。

**第五条**　鼓励旅行社实行服务质量等级制度；鼓励旅行社向专业化、网络化、品牌化发展。

### 第二章　旅行社的设立与变更

**第六条**　《条例》第六条第(一)项规定的经营场所应当符合下列要求：

(一)申请者拥有产权的营业用房，或者申请者租用的、租期不少于1年的营业用房；

(二)营业用房应当满足申请者业务经营的需要。

**第七条** 《条例》第六条第(二)项规定营业设施应当至少包括下列设施、设备：

(一) 2部以上的直线固定电话；

(二) 传真机、复印机；

(三) 具备与旅游行政管理部门及其他旅游经营者联网条件的计算机。

**第八条** 申请设立旅行社，应当向省、自治区、直辖市旅游行政管理部门(简称省级旅游行政管理部门，下同)提交下列文件：

(一) 设立申请书。内容包括申请设立的旅行社的中英文名称及英文缩写，设立地址，企业形式、出资人、出资额和出资方式，申请人、受理申请部门的全称、申请书名称和申请的时间；

(二) 法定代表人履历表及身份证明；

(三) 企业章程；

(四) 依法设立的验资机构出具的验资证明；

(五) 经营场所的证明；

(六) 营业设施、设备的证明或者说明；

(七) 工商行政管理部门出具的《企业名称预先核准通知书》。

省级旅游行政管理部门可以委托设区的市(含州、盟，下同)级旅游行政管理部门，受理当事人的申请并作出许可或者不予许可的决定。

**第九条** 受理申请的旅游行政管理部门可以对申请人的经营场所、营业设施、设备进行现场检查，或者委托下级旅游行政管理部门检查。

**第十条** 旅行社申请出境旅游业务的，应当向国务院旅游行政主管部门提交原许可的旅游行政管理部门出具的，证明其经营旅行社业务满两年、且连续两年未因侵害旅游者合法权益受到行政机关罚款以上处罚的文件。

旅行社取得出境旅游经营业务许可的，由国务院旅游行政主管部门换发旅行社业务经营许可证。旅行社持旅行社业务经营许可证向工商行政管理部门办理经营范围变更登记。

国务院旅游行政主管部门可以委托省级旅游行政管理部门受理旅行社经营出境旅游业务的申请，并作出许可或者不予许可的决定。

旅行社申请经营边境旅游业务的，适用《边境旅游暂行管理办法》的规定。

旅行社申请经营赴台湾地区旅游业务的，适用《大陆居民赴台湾地区旅游管理办法》的规定。

**第十一条** 旅行社因业务经营需要，可以向原许可的旅游行政管理部门申请核发旅行社业务经营许可证副本。

旅行社业务经营许可证及副本，由国务院旅游行政主管部门制定统一样式，国务院旅游行政主管部门和省级旅游行政管理部门分别印制。

旅行社业务经营许可证及副本损毁或者遗失的，旅行社应当向原许可的旅游行政管理部门申请换发或者补发。

申请补发旅行社业务经营许可证及副本的，旅行社应当通过本省、自治区、直辖市范围内公开发行的报刊，或者省级以上旅游行政管理部门网站，刊登损毁或者遗失作废声明。

**第十二条** 旅行社名称、经营场所、出资人、法定代表人等登记事项变更的，应当在办理变更登记后，持已变更的《企业法人营业执照》向原许可的旅游行政管理部门备案。

旅行社终止经营的，应当在办理注销手续后，持工商行政管理部门出具的注销文件，向原许可的旅游行政管理部门备案。

外商投资旅行社的，适用《条例》第三章的规定。未经批准，旅行社不得引进外商投资。

**第十三条** 国务院旅游行政主管部门指定的作为旅行社存入质量保证金的商业银行，应当提交具有下列内容的书面承诺：

(一) 同意与存入质量保证金的旅行社签订符合本实施细则第十五条规定的协议；

(二) 当县级以上旅游行政管理部门或者人民法院依据《条例》规定，划拨质量保证金后 3 个工作日内，将划拨情况及其数额，通知旅行社所在地的省级旅游行政管理部门，并提供县级以上旅游行政管理部门出具的划拨文件或者人民法院生效法律文书的复印件；

(三) 非因《条例》规定的情形，出现质量保证金减少时，承担补足义务。

旅行社应当在国务院旅游行政主管部门指定银行的范围内，选择存入质量保证金的银行。

**第十四条**　旅行社在银行存入质量保证金的，应当设立独立账户，存期由旅行社确定，但不得少于 1 年。账户存期届满，旅行社应当办理续存手续。

**第十五条**　旅行社存入、续存、增存质量保证金后 7 个工作日内，应当向作出许可的旅游行政管理部门提交存入、续存、增存质量保证金的证明文件，以及旅行社与银行达成的使用质量保证金的协议。

前款协议应当包含下列内容：

(一) 旅行社与银行双方同意依照《条例》规定使用质量保证金；

(二) 旅行社与银行双方承诺，除依照县级以上旅游行政管理部门出具的划拨质量保证金，或者省级以上旅游行政管理部门出具的降低、退还质量保证金的文件，以及人民法院作出的认定旅行社损害旅游者合法权益的生效法律文书外，任何单位和个人不得动用质量保证金。

**第十六条**　旅行社符合《条例》第十七条降低质量保证金数额规定条件的，原许可的旅游行政管理部门应当根据旅行社的要求，在 10 个工作日内向其出具降低质量保证金数额的文件。

**第十七条**　旅行社按照《条例》第十八条规定补足质量保证金后 7 个工作日内，应当向原许可的旅游行政管理部门提交补足的证明文件。

## 第三章　旅行社的分支机构

**第十八条**　旅行社分社(简称分社，下同)及旅行社服务网点(简称服务网点，下同)，不具有法人资格，以设立分社、服务网点的旅行社(简称设立社，下同)的名义从事《条例》规定的经营活动，其经营活动的责任和后果，由设立社承担。

**第十九条**　设立社向分社所在地工商行政管理部门办理分社设立登记后，应当持下列文件向分社所在地与工商登记同级的旅游行政管理部门备案：

(一) 设立社的旅行社业务经营许可证副本和企业法人营业执照副本；

(二) 分社的《营业执照》；

(三) 分社经理的履历表和身份证明；

(四) 增存质量保证金的证明文件。

没有同级的旅游行政管理部门的，向上一级旅游行政管理部门备案。

**第二十条**　分社的经营场所、营业设施、设备，应当符合《条例》第六条第(一)项、第(二)项及本实施细则第六条、第七条规定的要求。

分社的名称中应当包含设立社名称、分社所在地地名和“分社”或者“分公司”字样。

**第二十一条**　服务网点是指旅行社设立的，为旅行社招徕旅游者，并以旅行社的名义与旅游者签订旅游合同的门市部等机构。

设立社设立服务网点的区域范围，应当在设立社所在地的设区的市的行政区划内。

设立社不得在前款规定的区域范围外，设立服务网点。

**第二十二条**　服务网点应当设在方便旅游者认识和出入的公众场所。

服务网点的名称、标牌应当包括设立社名称、服务网点所在地地名等，不得含有使消费者误解为是旅行社或者分社的内容，也不得作易使消费者误解的简称。

服务网点应当在设立社的经营范围内，招徕旅游者、提供旅游咨询服务。

**第二十三条** 设立社向服务网点所在地工商行政管理部门办理服务网点设立登记后，应当在 3 个工作日内，持下列文件向服务网点所在地与工商登记同级的旅游行政管理部门备案：

(一) 设立社的旅行社业务经营许可证副本和企业法人营业执照副本；

(二) 服务网点的《营业执照》；

(三) 服务网点经理的履历表和身份证明。

没有同级的旅游行政管理部门的，向上一级旅游行政管理部门备案。

**第二十四条** 分社、服务网点备案后，受理备案的旅游行政管理部门应当向旅行社颁发《旅行社分社备案登记证明》或者《旅行社服务网点备案登记证明》。

**第二十五条** 设立社应当与分社、服务网点的员工，订立劳动合同。

设立社应当加强对分社和服务网点的管理，对分社实行统一的人事、财务、招徕、接待制度规范，对服务网点实行统一管理、统一财务、统一招徕和统一咨询服务规范。

## 第四章 旅行社经营规范

**第二十六条** 旅行社及其分社、服务网点，应当将《旅行社业务经营许可证》、《旅行社分社备案登记证明》或者《旅行社服务网点备案登记证明》，与营业执照一起，悬挂在经营场所的显要位置。

**第二十七条** 旅行社业务经营许可证不得转让、出租或者出借。

旅行社的下列行为属于转让、出租或者出借旅行社业务经营许可证的行为：

(一) 除招徕旅游者和符合本实施细则第三十四条第一款规定的接待旅游者的情形外，准许或者默许其他企业、团体或者个人，以自己的名义从事旅行社业务经营活动的；

(二) 准许其他企业、团体或者个人，以部门或者个人承包、挂靠的形式经营旅行社业务的。

**第二十八条** 旅行社设立的办事处、代表处或者联络处等办事机构，不得从事旅行社业务经营活动。

**第二十九条** 旅行社以互联网形式经营旅行社业务的，除符合法律、法规规定外，其网站首页应当载明旅行社的名称、法定代表人、许可证编号和业务经营范围，以及原许可的旅游行政管理部门的投诉电话。

**第三十条** 《条例》第二十六条规定的旅行社不得安排的活动，主要包括：

(一) 含有损害国家利益和民族尊严内容的；

(二) 含有民族、种族、宗教歧视内容的；

(三) 含有淫秽、赌博、涉毒内容的；

(四) 其他含有违反法律、法规规定内容的。

**第三十一条** 《条例》第三十四条所规定的旅行社不得要求导游人员和领队人员承担接待旅游团队的相关费用，主要包括：

(一) 垫付旅游接待费用；

(二) 为接待旅游团队向旅行社支付费用；

(三) 其他不合理费用。

**第三十二条** 旅行社招徕、组织、接待旅游者，其选择的交通、住宿、餐饮、景区等企业，应当符合具有合法经营资格和接待服务能力的要求。

**第三十三条** 在签订旅游合同时，旅行社不得要求旅游者必须参加旅行社安排的购物活动或者需要旅游者另行付费的旅游项目。

同一旅游团队中，旅行社不得由于下列因素，提出与其他旅游者不同的合同事项：

(一) 旅游者拒绝参加旅行社安排的购物活动或者需要旅游者另行付费的旅游项目的；

(二) 旅游者存在的年龄或者职业上的差异。但旅行社提供了与其他旅游者相比更多的服务，或者旅游者主动要求的除外。

**第三十四条** 旅行社需要将在旅游目的地接待旅游者的业务作出委托的，应当按照《条例》第三十六条的规定，委托给旅游目的地的旅行社并签订委托接待合同。

旅行社对接待旅游者的业务作出委托的，应当按照《条例》第三十六条的规定，将旅游目的地接受委托的旅行社的名称、地址、联系人和联系电话，告知旅游者。

**第三十五条** 旅游行程开始前，当发生约定的解除旅游合同的情形时，经征得旅游者的同意，旅行社可以将旅游者推荐给其他旅行社组织、接待，并由旅游者与被推荐的旅行社签订旅游合同。

未经旅游者同意的，旅行社不得将旅游者转交给其他旅行社组织、接待。

**第三十六条** 旅行社及其委派的导游人员和领队人员的下列行为，属于擅自改变旅游合同安排行程：

(一) 减少游览项目或者缩短游览时间的；

(二) 增加或者变更旅游项目的；

(三) 增加购物次数或者延长购物时间的；

(四) 其他擅自改变旅游合同安排的行为。

**第三十七条** 在旅游行程中，当发生不可抗力、危及旅游者人身、财产安全，或者非旅行社责任造成的意外情形，旅行社不得不调整或者变更旅游合同约定的行程安排时,应当在事前向旅游者作出说明；确因客观情况无法在事前说明的，应当在事后作出说明。

**第三十八条** 在旅游行程中，旅游者有权拒绝参加旅行社在旅游合同之外安排的购物活动或者需要旅游者另行付费的旅游项目。

旅行社及其委派的导游人员和领队人员不得因旅游者拒绝参加旅行社安排的购物活动或者需要旅游者另行付费的旅游项目等情形，以任何借口、理由，拒绝继续履行合同、提供服务，或者以拒绝继续履行合同、提供服务相威胁。

**第三十九条** 旅行社及其委派的导游人员、领队人员，应当对其提供的服务可能危及旅游者人身、财物安全的事项，向旅游者作出真实的说明和明确的警示。

在旅游行程中的自由活动时间，旅游者应当选择自己能够控制风险的活动项目，并在自己能够控制风险的范围内活动。

**第四十条** 为减少自然灾害等意外风险给旅游者带来的损害，旅行社在招徕、接待旅游者时，可以提示旅游者购买旅游意外保险。

鼓励旅行社依法取得保险代理资格，并接受保险公司的委托，为旅游者提供购买人身意外伤害保险的服务。

**第四十一条** 发生出境旅游者非法滞留境外或者入境旅游者非法滞留境内的，旅行社应当立即向所在地县级以上旅游行政管理部门、公安机关和外事部门报告。

**第四十二条** 在旅游行程中，旅行社及其委派的导游人员、领队人员应当提示旅游者遵守文明旅游公约和礼仪。

**第四十三条** 旅行社及其委派的导游人员、领队人员在经营、服务中享有下列权利：

(一) 要求旅游者如实提供旅游所必需的个人信息，按时提交相关证明文件；

(二) 要求旅游者遵守旅游合同约定的旅游行程安排，妥善保管随身物品；

(三) 出现突发公共事件或者其他危急情形，以及旅行社因违反旅游合同约定采取补救措施时，要求旅游者配合处理防止扩大损失，以将损失降低到最低程度；

(四) 拒绝旅游者提出的超出旅游合同约定的不合理要求；

(五) 制止旅游者违背旅游目的地的法律、风俗习惯的言行。

**第四十四条** 旅行社应当妥善保存《条例》规定的招徕、组织、接待旅游者的各类合同及相关文件、资料，以备县级以上旅游行政管理部门核查。

前款所称的合同及文件、资料的保存期，应当不少于两年。

旅行社不得向其他经营者或者个人，泄露旅游者因签订旅游合同提供的个人信息；超过保存期限的旅游者个人信息资料，应当妥善销毁。

## 第五章 监督检查

**第四十五条** 根据《条例》和本实施细则规定，受理旅行社申请或者备案的旅游行政管理部门，可以要求申请人或者旅行社，对申请设立旅行社、办理《条例》规定的备案时提交的证明文件、材料的原件，提供复印件并盖章确认，交由旅游行政管理部门留存。

**第四十六条** 县级以上旅游行政管理部门对旅行社及其分支机构实施监督检查时，可以进入其经营场所，查阅招徕、组织、接待旅游者的各类合同、相关文件、资料，以及财务账簿、交易记录和业务单据等材料，旅行社及其分支机构应当给予配合。

县级以上旅游行政管理部门对旅行社及其分支机构监督检查时，应当由两名以上持有旅游行政执法证件的执法人员进行。

不符合前款规定要求的，旅行社及其分支机构有权拒绝检查。

**第四十七条** 旅行社应当按年度将下列经营和财务信息等统计资料，在次年 3 月底前，报送原许可的旅游行政管理部门：

(一) 旅行社的基本情况，包括企业形式、出资人、员工人数、部门设置、分支机构、网络体系等；

(二) 旅行社的经营情况，包括营业收入、利税等；

(三) 旅行社组织接待情况，包括国内旅游、入境旅游、出境旅游的组织、接待人数等；

(四) 旅行社安全、质量、信誉情况，包括投保旅行社责任保险、认证认可和奖惩等。

对前款资料中涉及旅行社商业秘密的内容，旅游行政管理部门应当予以保密。

**第四十八条** 《条例》第十七条、第四十二条规定的各项公告，县级以上旅游行政管理部门应当通过本部门或者上级旅游行政管理部门的政府网站向社会发布。

质量保证金存缴数额降低、旅行社业务经营许可证的颁发、变更和注销的，国务院旅游行政主管部门或者省级旅游行政管理部门应当在作出许可决定或者备案后 20 个工作日内向社会公告。

旅行社违法经营或者被吊销旅行社业务经营许可证的，由作出行政处罚决定的旅游行政管理部门，在处罚生效后 10 个工作日内向社会公告。

旅游者对旅行社的投诉信息，由处理投诉的旅游行政管理部门每季度向社会公告。

**第四十九条** 因下列情形之一，给旅游者的合法权益造成损害的，旅游者有权向县级以上旅游行政管理部门投诉：

(一) 旅行社违反《条例》和本实施细则规定的；

(二) 旅行社提供的服务，未达到旅游合同约定的服务标准或者档次的；

(三) 旅行社破产或者其他原因造成旅游者预交旅游费用损失的。

划拨旅行社质量保证金的决定，应当由旅行社或者其分社所在地处理旅游者投诉的县级以上旅游行政管理部门作出。

**第五十条** 县级以上旅游行政管理部门，可以在其法定权限内，委托符合法定条件的同级旅游质监执法机构实施监督检查。

## 第六章 法律责任

**第五十一条** 违反本实施细则第十二条第三款、第二十三条、第二十六条的规定，擅自引进外商投资、设立服务网点未在规定期限内备案，或者旅行社及其分社、服务网点未悬挂旅行社业务经营许可证、备案登记证明的，由县级以上旅游行政管理部门责令改正，可以处 1 万元以下的罚款。

**第五十二条**　违反本实施细则第二十二条第三款、第二十八条的规定，服务网点超出设立社经营范围招徕旅游者、提供旅游咨询服务，或者旅行社的办事处、联络处、代表处等从事旅行社业务经营活动的，由县级以上旅游行政管理部门依照《条例》第四十六条的规定处罚。

**第五十三条**　违反本实施细则第三十二条的规定，旅行社为接待旅游者选择的交通、住宿、餐饮、景区等企业，不具有合法经营资格或者接待服务能力的，由县级以上旅游行政管理部门责令改正，没收违法所得，处违法所得 3 倍以下但最高不超过 3 万元的罚款，没有违法所得的，处 1 万元以下的罚款。

**第五十四条**　违反本实施细则第三十三条的规定，要求旅游者必须参加旅行社安排的购物活动、需要旅游者另行付费的旅游项目，或者对同一旅游团队的旅游者提出与其他旅游者不同合同事项的，由县级以上旅游行政管理部门责令改正，处 1 万元以下的罚款。

**第五十五条**　违反本实施细则第三十四条第二款的规定，旅行社未将旅游目的地接待旅行社的情况告知旅游者的，由县级以上旅游行政管理部门依照《条例》第五十五条的规定处罚。

**第五十六条**　违反本实施细则第三十五条第二款的规定，旅行社未经旅游者的同意，将旅游者转交给其他旅行社组织、接待的，由县级以上旅游行政管理部门依照《条例》第五十五条的规定处罚。

**第五十七条**　违反本实施细则第三十八条第二款的规定，旅行社及其导游人员和领队人员拒绝继续履行合同、提供服务，或者以拒绝继续履行合同、提供服务相威胁的，由县级以上旅游行政管理部门依照《条例》第五十九条的规定处罚。

**第五十八条**　违反本实施细则第四十四条的规定，未妥善保存各类旅游合同及相关文件、资料，保存期不够两年，或者泄露旅游者个人信息的，由县级以上旅游行政管理部门责令改正，没收违法所得，处违法所得 3 倍以下但最高不超过 3 万元的罚款；没有违法所得的，处 1 万元以下的罚款。

**第五十九条**　吊销旅行社业务经营许可证的行政处罚，由原许可的省级以上旅游行政管理部门作出。

对旅行社作出停业整顿行政处罚的，旅行社在停业整顿期间，不得招徕旅游者、签订旅游合同；停业整顿期间，不影响已签订的旅游合同的履行。

### 第七章　附　　则

**第六十条**　本实施细则由国务院旅游行政主管部门负责解释。

**第六十一条**　本实施细则自 2009 年 5 月 3 日起施行。2001 年 12 月 27 日国家旅游局公布的《旅行社管理条例实施细则》同时废止。

## 附录 3.2　旅行社责任保险管理办法(节选)

(2010 年 11 月 25 日国家旅游局和中国保监会第 35 号令公布，自 2011 年 2 月 1 日起施行)

### 第一章　总　　则

**第一条**　为保障旅游者的合法权益，根据《中华人民共和国保险法》和《旅行社条例》，制定本办法。

**第二条**　在中华人民共和国境内依法设立的旅行社，应当依照《旅行社条例》和本办法的规定，投保旅行社责任保险。

本办法所称旅行社责任保险，是指以旅行社因其组织的旅游活动对旅游者和受其委派并为旅游者提供服务的导游或者领队人员依法应当承担的赔偿责任为保险标的的保险。

……

### 第二章　投　　保

**第四条**　旅行社责任保险的保险责任，应当包括旅行社在组织旅游活动中依法对旅游者的人身伤亡、财产损失承担的赔偿责任和依法对受旅行社委派并为旅游者提供服务的导游或者领队人员的人身伤亡承担的赔偿责任。

具体包括下列情形：

(一) 因旅行社疏忽或过失应当承担赔偿责任的；

(二) 因发生意外事故旅行社应当承担赔偿责任的；

(三) 国家旅游局会同中国保险监督管理委员会(以下简称中国保监会)规定的其他情形。

……

**第七条** 旅行社投保旅行社责任保险的，应当与保险公司依法订立书面旅行社责任保险合同(以下简称保险合同)。

……

**第十条** 保险合同成立后，旅行社按照约定交付保险费。保险公司应当及时向旅行社签发保险单或者其他保险凭证，并在保险单或者其他保险凭证中载明当事人双方约定的合同内容，同时按照约定的时间开始承担保险责任。

……

**第十二条** 保险合同成立后，旅行社要解除保险合同的，应当同时订立新的保险合同，并书面通知所在地县级以上旅游行政管理部门，但因旅行社业务经营许可证被依法吊销或注销而解除合同的除外。

……

**第十五条** 旅行社责任保险的保险期间为 1 年。

**第十六条** 旅行社应当在保险合同期满前及时续保。

**第十七条** 旅行社投保旅行社责任保险，可以依法自主投保，也可以有组织统一投保。

## 第三章 赔 偿

**第十八条** 旅行社在组织旅游活动中发生本办法第四条所列情形的，保险公司依法根据保险合同约定，在旅行社责任保险责任限额内予以赔偿。

责任限额可以根据旅行社业务经营范围、经营规模、风险管控能力、当地经济社会发展水平和旅行社自身需要，由旅行社与保险公司协商确定，但每人人身伤亡责任限额不得低于 20 万元人民币。

**第十九条** 旅行社组织的旅游活动中发生保险事故，旅行社或者受害的旅游者、导游、领队人员通知保险公司的，保险公司应当及时告知具体的赔偿程序等有关事项。

**第二十条** 保险事故发生后，旅行社按照保险合同请求保险公司赔偿保险金时，应当向保险公司提供其所能提供的与确认保险事故的性质、原因、损失程度等有关的证明和资料。

保险公司按照保险合同的约定，认为有关的证明和资料不完整的，应当及时一次性通知旅行社补充提供。

旅行社对旅游者、导游或者领队人员应负的赔偿责任确定的，根据旅行社的请求，保险公司应当直接向受害的旅游者、导游或者领队人员赔偿保险金。旅行社怠于请求的，受害的旅游者、导游或者领队人员有权就其应获赔偿部分直接向保险公司请求赔偿保险金。

**第二十一条** 保险公司收到赔偿保险金的请求和相关证明、资料后，应当及时做出核定；情形复杂的，应当在 30 日内作出核定，但合同另有约定的除外。保险公司应当将核定结果通知旅行社以及受害的旅游者、导游、领队人员；对属于保险责任的，在与旅行社达成赔偿保险金的协议后 10 日内，履行赔偿保险金义务。

**第二十二条** 因抢救受伤人员需要保险公司先行赔偿保险金用于支付抢救费用的，保险公司在接到旅行社或者受害的旅游者、导游、领队人员通知后，经核对属于保险责任的，可以在责任限额内先向医疗机构支付必要的费用。

**第二十三条**　因第三者损害而造成保险事故的，保险公司自直接赔偿保险金或者先行支付抢救费用之日起，在赔偿、支付金额范围内代位行使对第三者请求赔偿的权利。旅行社以及受害的旅游者、导游或者领队人员应当向保险公司提供必要的文件和所知道的有关情况。

**第二十四条**　旅行社与保险公司对赔偿有争议的，可以按照双方的约定申请仲裁，或者依法向人民法院提起诉讼。

**第二十五条**　保险公司的工作人员对当事人的个人隐私应当保密。

……

### 第五章　罚　　则

**第二十八条**　违反本办法第十二条、第十六条、第十八条的规定，旅行社解除保险合同但未同时订立新的保险合同，保险合同期满前未及时续保，或者人身伤亡责任限额低于20万元人民币的，由县级以上旅游行政管理部门依照《旅行社条例》第四十九条的规定处罚。

……

### 第六章　附　　则

**第三十一条**　本办法由国家旅游局和中国保监会负责解释。

**第三十二条**　本办法自2011年2月1日起施行。国家旅游局2001年5月15日发布的《旅行社投保旅行社责任保险规定》同时废止。

## 附录3.3　旅游投诉处理办法(节选)

(2010年1月4日国家旅游局第1次局长办公会议审议通过，2010年5月5日国家旅游局令第32号公布，自2010年7月1日起施行)

### 第一章　总　　则

**第一条**　为了维护旅游者和旅游经营者的合法权益，依法公正处理旅游投诉，依据《中华人民共和国消费者权益保护法》、《旅行社条例》、《导游人员管理条例》和《中国公民出国旅游管理办法》等法律、法规，制定本办法。

**第二条**　本办法所称旅游投诉，是指旅游者认为旅游经营者损害其合法权益，请求旅游行政管理部门、旅游质量监督管理机构或者旅游执法机构(以下统称“旅游投诉处理机构”)，对双方发生的民事争议进行处理的行为。

**第三条**　旅游投诉处理机构应当在其职责范围内处理旅游投诉。

**第四条**　旅游投诉处理机构在处理旅游投诉中，发现被投诉人或者其从业人员有违法或犯罪行为的，应当按照法律、法规和规章的规定，作出行政处罚、向有关行政管理部门提出行政处罚建议或者移送司法机关。

### 第二章　管　　辖

**第五条**　旅游投诉由旅游合同签订地或者被投诉人所在地县级以上地方旅游投诉处理机构管辖。

需要立即制止、纠正被投诉人的损害行为的，应当由损害行为发生地旅游投诉处理机构管辖。

**第六条**　上级旅游投诉处理机构有权处理下级旅游投诉处理机构管辖的投诉案件。

**第七条**　发生管辖争议的，旅游投诉处理机构可以协商确定，或者报请共同的上级旅游投诉处理机构指定管辖。

### 第三章　受　　理

**第八条**　投诉人可以就下列事项向旅游投诉处理机构投诉：

(一) 认为旅游经营者违反合同约定的；

(二) 因旅游经营者的责任致使投诉人人身、财产受到损害的；

(三) 因不可抗力、意外事故致使旅游合同不能履行或者不能完全履行，投诉人与被投诉人发生争议的；

(四) 其他损害旅游者合法权益的。

**第九条** 下列情形不予受理：

(一) 人民法院、仲裁机构、其他行政管理部门或者社会调解机构已经受理或者处理的；

(二) 旅游投诉处理机构已经作出处理，且没有新情况、新理由的；

(三) 不属于旅游投诉处理机构职责范围或者管辖范围的；

(四) 超过旅游合同结束之日 90 天的；

(五) 不符合本办法第十条规定的旅游投诉条件的；

(六) 本办法规定情形之外的其他经济纠纷。

属于前款第(三)项规定的情形的，旅游投诉处理机构应当及时告知投诉人向有管辖权的旅游投诉处理机构或者有关行政管理部门投诉。

**第十条** 旅游投诉应当符合下列条件：

(一) 投诉人与投诉事项有直接利害关系；

(二) 有明确的被投诉人、具体的投诉请求、事实和理由。

**第十一条** 旅游投诉一般应当采取书面形式，一式两份，并载明下列事项：

(一) 投诉人的姓名、性别、国籍、通讯地址、邮政编码、联系电话及投诉日期；

(二) 被投诉人的名称、所在地；

(三) 投诉的要求、理由及相关的事实根据。

**第十二条** 投诉事项比较简单的，投诉人可以口头投诉，由旅游投诉处理机构进行记录或者登记，并告知被投诉人；对于不符合受理条件的投诉，旅游投诉处理机构可以口头告知投诉人不予受理及其理由，并进行记录或者登记。

**第十三条** 投诉人委托代理人进行投诉活动的，应当向旅游投诉处理机构提交授权委托书，并载明委托权限。

**第十四条** 投诉人 4 人以上，以同一事由投诉同一被投诉人的，为共同投诉。

共同投诉可以由投诉人推选 1 至 3 名代表进行投诉。代表人参加旅游投诉处理机构处理投诉过程的行为，对全体投诉人发生效力，但代表人变更、放弃投诉请求或者进行和解，应当经全体投诉人同意。

**第十五条** 旅游投诉处理机构接到投诉，应当在 5 个工作日内作出以下处理：

(一) 投诉符合本办法的，予以受理；

(二) 投诉不符合本办法的，应当向投诉人送达《旅游投诉不予受理通知书》，告知不予受理的理由；

(三) 依照有关法律、法规和本办法规定，本机构无管辖权的，应当以《旅游投诉转办通知书》或者《旅游投诉转办函》，将投诉材料转交有管辖权的旅游投诉处理机构或者其他有关行政管理部门，并书面告知投诉人。

## 第四章 处 理

**第十六条** 旅游投诉处理机构处理旅游投诉，除本办法另有规定外，实行调解制度。

旅游投诉处理机构应当在查明事实的基础上，遵循自愿、合法的原则进行调解，促使投诉人与被投诉人相互谅解，达成协议。

**第十七条** 旅游投诉处理机构处理旅游投诉，应当立案办理，填写《旅游投诉立案表》，并附有关投诉材料，在受理投诉之日起 5 个工作日内，将《旅游投诉受理通知书》和投诉书副本送达被投诉人。

对于事实清楚、应当即时制止或者纠正被投诉人损害行为的，可以不填写《旅游投诉立案表》和向被投诉人送达《旅游投诉受理通知书》，但应当对处理情况进行记录存档。

**第十八条**　被投诉人应当在接到通知之日起 10 日内作出书面答复，提出答辩的事实、理由和证据。

**第十九条**　投诉人和被投诉人应当对自己的投诉或者答辩提供证据。

**第二十条**　旅游投诉处理机构应当对双方当事人提出的事实、理由及证据进行审查。

旅游投诉处理机构认为有必要收集新的证据，可以根据有关法律、法规的规定，自行收集或者召集有关当事人进行调查。

**第二十一条**　需要委托其他旅游投诉处理机构协助调查、取证的，应当出具《旅游投诉调查取证委托书》，受委托的旅游投诉处理机构应当予以协助。

**第二十二条**　对专门性事项需要鉴定或者检测的，可以由当事人双方约定的鉴定或者检测部门鉴定。没有约定的，当事人一方可以自行向法定鉴定或者检测机构申请鉴定或者检测。

鉴定、检测费用按双方约定承担。没有约定的，由鉴定、检测申请方先行承担；达成调解协议后，按调解协议承担。

鉴定、检测的时间不计入投诉处理时间。

**第二十三条**　在投诉处理过程中，投诉人与被投诉人自行和解的，应当将和解结果告知旅游投诉处理机构；旅游投诉处理机构在核实后应当予以记录并由双方当事人、投诉处理人员签名或者盖章。

**第二十四条**　旅游投诉处理机构受理投诉后，应当积极安排当事双方进行调解，提出调解方案，促成双方达成调解协议。

**第二十五条**　旅游投诉处理机构应当在受理旅游投诉之日起 60 日内，作出以下处理：

(一) 双方达成调解协议的，应当制作《旅游投诉调解书》，载明投诉请求、查明的事实、处理过程和调解结果，由当事人双方签字并加盖旅游投诉处理机构印章；

(二) 调解不成的，终止调解，旅游投诉处理机构应当向双方当事人出具《旅游投诉终止调解书》。

调解不成的，或者调解书生效后没有执行的，投诉人可以按照国家法律、法规的规定，向仲裁机构申请仲裁或者向人民法院提起诉讼。

**第二十六条**　在下列情形下，经旅游投诉处理机构调解，投诉人与旅行社不能达成调解协议的，旅游投诉处理机构应当做出划拨旅行社质量保证金赔偿的决定，或向旅游行政管理部门提出划拨旅行社质量保证金的建议：

(一) 旅行社因解散、破产或者其他原因造成旅游者预交旅游费用损失的；

(二) 因旅行社中止履行旅游合同义务、造成旅游者滞留，而实际发生了交通、食宿或返程等必要及合理费用的。

……

## 第五章　附　　则

**第三十一条**　本办法由国家旅游局负责解释。

**第三十二条**　本办法自 2010 年 7 月 1 日起施行。《旅行社质量保证金暂行规定》、《旅行社质量保证金暂行规定实施细则》、《旅行社质量保证金赔偿暂行办法》同时废止。

# 附录4 最高人民法院的司法解释

## 最高人民法院关于审理旅游纠纷案件适用法律若干问题的规定

(2010年9月13日最高人民法院审判委员会第1496次会议通过，自2010年11月1日起施行)

为正确审理旅游纠纷案件，依法保护当事人合法权益，根据《中华人民共和国民法通则》、《中华人民共和国合同法》、《中华人民共和国消费者权益保护法》、《中华人民共和国侵权责任法》和《中华人民共和国民事诉讼法》等有关法律规定，结合民事审判实践，制定本规定。

**第一条** 本规定所称的旅游纠纷，是指旅游者与旅游经营者、旅游辅助服务者之间因旅游发生的合同纠纷或者侵权纠纷。

“旅游经营者”是指以自己的名义经营旅游业务，向公众提供旅游服务的人。

“旅游辅助服务者”是指与旅游经营者存在合同关系，协助旅游经营者履行旅游合同义务，实际提供交通、游览、住宿、餐饮、娱乐等旅游服务的人。

旅游者在自行旅游过程中与旅游景点经营者因旅游发生的纠纷，参照适用本规定。

**第二条** 以单位、家庭等集体形式与旅游经营者订立旅游合同，在履行过程中发生纠纷，除集体以合同一方当事人名义起诉外，旅游者个人提起旅游合同纠纷诉讼的，人民法院应予受理。

**第三条** 因旅游经营者方面的同一原因造成旅游者人身损害、财产损失，旅游者选择要求旅游经营者承担违约责任或者侵权责任的，人民法院应当根据当事人选择的案由进行审理。

**第四条** 因旅游辅助服务者的原因导致旅游经营者违约，旅游者仅起诉旅游经营者的，人民法院可以将旅游辅助服务者追加为第三人。

**第五条** 旅游经营者已投保责任险，旅游者因保险责任事故仅起诉旅游经营者的，人民法院可以应当事人的请求将保险公司列为第三人。

**第六条** 旅游经营者以格式合同、通知、声明、告示等方式作出对旅游者不公平、不合理的规定，或者减轻、免除其损害旅游者合法权益的责任，旅游者请求依据消费者权益保护法第二十四条的规定认定该内容无效的，人民法院应予支持。

**第七条** 旅游经营者、旅游辅助服务者未尽到安全保障义务，造成旅游者人身损害、财产损失，旅游者请求旅游经营者、旅游辅助服务者承担责任的，人民法院应予支持。

因第三人的行为造成旅游者人身损害、财产损失，由第三人承担责任；旅游经营者、旅游辅助服务者未尽安全保障义务，旅游者请求其承担相应补充责任的，人民法院应予支持。

**第八条** 旅游经营者、旅游辅助服务者对可能危及旅游者人身、财产安全的旅游项目未履行告知、警示义务，造成旅游者人身损害、财产损失，旅游者请求旅游经营者、旅游辅助服务者承担责任的，人民法院应予支持。

旅游者未按旅游经营者、旅游辅助服务者的要求提供与旅游活动相关的个人健康信息并履行如实告知义务，或者不听从旅游经营者、旅游辅助服务者的告知、警示，参加不适合自身条件的旅游活动，导致旅游过程中出现人身损害、财产损失，旅游者请求旅游经营者、旅游辅助服务者承担责任的，人民法院不予支持。

**第九条** 旅游经营者、旅游辅助服务者泄露旅游者个人信息或者未经旅游者同意公开其个人信息，旅游者请求其承担相应责任的，人民法院应予支持。

**第十条** 旅游经营者将旅游业务转让给其他旅游经营者，旅游者不同意转让，请求解除旅游合同、追究旅游经营者违约责任的，人民法院应予支持。

旅游经营者擅自将其旅游业务转让给其他旅游经营者，旅游者在旅游过程中遭受损害，请求与其签订旅游合同的旅游经营者和实际提供旅游服务的旅游经营者承担连带责任的，人民法院应予支持。

**第十一条** 除合同性质不宜转让或者合同另有约定之外，在旅游行程开始前的合理期间内，旅游者将其在旅游合同中的权利义务转让给第三人，请求确认转让合同效力的，人民法院应予支持。

因前款所述原因，旅游经营者请求旅游者、第三人给付增加的费用或者旅游者请求旅游经营者退还减少的费用的，人民法院应予支持。

**第十二条** 旅游行程开始前或者进行中，因旅游者单方解除合同，旅游者请求旅游经营者退还尚未实际发生的费用，或者旅游经营者请求旅游者支付合理费用的，人民法院应予支持。

**第十三条** 因不可抗力等不可归责于旅游经营者、旅游辅助服务者的客观原因导致旅游合同无法履行，旅游经营者、旅游者请求解除旅游合同的，人民法院应予支持。旅游经营者、旅游者请求对方承担违约责任的，人民法院不予支持。旅游者请求旅游经营者退还尚未实际发生的费用的，人民法院应予支持。

因不可抗力等不可归责于旅游经营者、旅游辅助服务者的客观原因变更旅游行程，在征得旅游者同意后，旅游经营者请求旅游者分担因此增加的旅游费用或旅游者请求旅游经营者退还因此减少的旅游费用的，人民法院应予支持。

**第十四条** 因旅游辅助服务者的原因造成旅游者人身损害、财产损失，旅游者选择请求旅游辅助服务者承担侵权责任的，人民法院应予支持。

旅游经营者对旅游辅助服务者未尽谨慎选择义务，旅游者请求旅游经营者承担相应补充责任的，人民法院应予支持。

**第十五条** 签订旅游合同的旅游经营者将其部分旅游业务委托旅游目的地的旅游经营者，因受托方未尽旅游合同义务，旅游者在旅游过程中受到损害，要求作出委托的旅游经营者承担赔偿责任的，人民法院应予支持。

旅游经营者委托除前款规定以外的人从事旅游业务，发生旅游纠纷，旅游者起诉旅游经营者的，人民法院应予受理。

**第十六条** 旅游经营者准许他人挂靠其名下从事旅游业务，造成旅游者人身损害、财产损失，旅游者请求旅游经营者与挂靠人承担连带责任的，人民法院应予支持。

**第十七条** 旅游经营者违反合同约定，有擅自改变旅游行程、遗漏旅游景点、减少旅游服务项目、降低旅游服务标准等行为，旅游者请求旅游经营者赔偿未完成约定旅游服务项目等合理费用的，人民法院应予支持。

旅游经营者提供服务时有欺诈行为，旅游者请求旅游经营者双倍赔偿其遭受的损失的，人民法院应予支持。

**第十八条** 因飞机、火车、班轮、城际客运班车等公共客运交通工具延误，导致合同不能按照约定履行，旅游者请求旅游经营者退还未实际发生的费用的，人民法院应予支持。合同另有约定的除外。

**第十九条** 旅游者在自行安排活动期间遭受人身损害、财产损失，旅游经营者未尽到必要的提示义务、救助义务，旅游者请求旅游经营者承担相应责任的，人民法院应予支持。

前款规定的自行安排活动期间，包括旅游经营者安排的在旅游行程中独立的自由活动期间、旅游者不参加旅游行程的活动期间以及旅游者经导游或者领队同意暂时离队的个人活动期间等。

**第二十条** 旅游者在旅游行程中未经导游或者领队许可，故意脱离团队，遭受人身损害、财产损失，请求旅游经营者赔偿损失的，人民法院不予支持。

**第二十一条** 旅游者提起违约之诉，主张精神损害赔偿的，人民法院应告知其变更为侵权之诉；旅游者仍坚持提起违约之诉的，对于其精神损害赔偿的主张，人民法院不予支持。

**第二十二条** 旅游经营者或者旅游辅助服务者为旅游者代管的行李物品损毁、灭失，旅游者请求赔偿损失的，人民法院应予支持，但下列情形除外：

(一) 损失是由于旅游者未听从旅游经营者或者旅游辅助服务者的事先声明或者提示，未将现金、有价证券、贵重物品由其随身携带而造成的；

(二) 损失是由于不可抗力、意外事件造成的；

(三) 损失是由于旅游者的过错造成的；

(四) 损失是由于物品的自然属性造成的。

**第二十三条** 旅游者要求旅游经营者返还下列费用的，人民法院应予支持：

(一) 因拒绝旅游经营者安排的购物活动或者另行付费的项目被增收的费用；

(二) 在同一旅游行程中，旅游经营者提供相同服务，因旅游者的年龄、职业等差异而增收的费用。

**第二十四条** 旅游经营者因过错致其代办的手续、证件存在瑕疵，或者未尽妥善保管义务而遗失、毁损，旅游者请求旅游经营者补办或者协助补办相关手续、证件并承担相应费用的，人民法院应予支持。

因上述行为影响旅游行程，旅游者请求旅游经营者退还尚未发生的费用、赔偿损失的，人民法院应予支持。

**第二十五条** 旅游经营者事先设计，并以确定的总价提供交通、住宿、游览等一项或者多项服务，不提供导游和领队服务，由旅游者自行安排游览行程的旅游过程中，旅游经营者提供的服务不符合合同约定，侵害旅游者合法权益，旅游者请求旅游经营者承担相应责任的，人民法院应予支持。

旅游者在自行安排的旅游活动中合法权益受到侵害，请求旅游经营者、旅游辅助服务者承担责任的，人民法院不予支持。

**第二十六条** 本规定施行前已经终审，本规定施行后当事人申请再审或者按照审判监督程序决定再审的案件，不适用本规定。

# 参 考 文 献


[1] 黄恢月. 旅游合同纠纷实务解析[M]. 北京：中国旅游出版社，2004.

[2] 蒋炳辉. 旅游案例分析与启示[M]. 北京：中国旅游出版社，2003.

[3] 梁智，等. 旅游投诉与旅游事故案例精选解析[M]. 北京：旅游教育出版社，2009.

[4] 刘敢生. 旅游服务纠纷精选案例分析[M]. 北京：中国旅游出版社，2004.

[5] 王立波. 旅游法规教程[M]. 北京：清华大学出版社，2010.

[6] 李建于，等. 旅游法规与实务教程[M]. 北京：对外经济贸易大学出版社，2008.

[7] 杨富斌，等. 旅游法案例教程[M]. 北京：知识产权出版社，2006.

[8] 王兴运. 新编消费者权益保护法案例大点拨[M]. 西安：陕西人民出版社，2002.

[9] 吴景明. 消费者权益保护法案例评析[M]. 北京：对外经济贸易大学出版社，2010.

[10] 杨富斌. 旅游法学教程[M]. 北京：中国旅游出版社，2006.

[11] 赵利民. 旅游法律法规[M]. 太原：山西经济出版社，2007.

[12] 韩玉灵. 旅游法规教程[M]. 大连：东北财经大学出版社，2004.

[13] 王志雄. 旅游法规常识[M]. 北京：旅游教育出版社，2007.

[14] 郭明瑞. 民法总论案例教程[M]. 北京：北京大学出版社，2004.

[15] 张文显. 法理学[M]. 北京：高等教育出版社，2003.